2020年重庆市教育委员会人文社会科学研究规划项目（重点项目）：
企业创新行为选择及价值决定研究——基于股权结构和高管激励双重视角
（项目编号：20SKGH001）

企业创新行为及其对企业价值的影响

——基于股权结构和高管激励双重视角

Enterprise Innovation Behavior and its Impact on Enterprise Value

—A Dual Perspective of Ownership Structure and Executive Incentive

张玉娟　著

中国财经出版传媒集团

经济科学出版社

Economic Science Press

图书在版编目（CIP）数据

企业创新行为及其对企业价值的影响：基于股权结构和高管激励双重视角/张玉娟著. —北京：经济科学出版社，2021.1

ISBN 978 - 7 - 5218 - 2367 - 7

Ⅰ.①企… Ⅱ.①张… Ⅲ.①企业创新 Ⅳ.①F273.2

中国版本图书馆 CIP 数据核字（2021）第 026016 号

责任编辑：李一心
责任校对：李　建
责任印制：范　艳　张佳裕

企业创新行为及其对企业价值的影响
——基于股权结构和高管激励双重视角
张玉娟　著

经济科学出版社出版、发行　新华书店经销
社址：北京市海淀区阜成路甲 28 号　邮编：100142
总编部电话：010 - 88191217　发行部电话：010 - 88191522
网址：www.esp.com.cn
电子邮箱：esp@esp.com.cn
天猫网店：经济科学出版社旗舰店
网址：http://jjkxcbs.tmall.com
北京季蜂印刷有限公司印装
710×1000　16 开　14.25 印张　240000 字
2021 年 5 月第 1 版　2021 年 5 月第 1 次印刷
ISBN 978 - 7 - 5218 - 2367 - 7　定价：57.00 元
(图书出现印装问题，本社负责调换。电话：010 - 88191510)
(版权所有　侵权必究　打击盗版　举报热线：010 - 88191661
QQ：2242791300　营销中心电话：010 - 88191537
电子邮箱：dbts@esp.com.cn)

摘　要

党的十九大报告中明确提出了创新是引领发展的第一动力,是建设现代化经济体系的战略支撑。以十九大精神为指引,企业创新体系的构建是国家创新体系构建的必要前提。剖析企业的创新决定机制,一方面公司治理机制作为现代企业制度的核心,决定了企业的资源配置,是企业运行的基本规范;另一方面公司治理机制作为企业技术创新的制度基础,是企业技术创新的决定性因素。由此可见,良好的公司治理机制是企业技术创新顺利实施的关键所在。所以,企业创新行为的实施必定需要更加合理与完善的公司治理机制来支撑。公司治理机制的完善和优化,离不开双重委托代理理论下两大矛盾的解决:大股东和中小股东之间矛盾的解决有待于股权结构的合理安排,委托人和代理人之间矛盾的解决依赖于高管激励机制的设置。基于此,本书选取公司治理机制中的股权结构和高管激励机制两个视角,探讨公司治理机制对企业创新行为的影响,主要研究股权结构和高管激励对企业创新行为的影响,以及二者在企业创新行为提升企业价值中的调节效应。

具体而言,研究内容及结论主要包括以下几个方面:

第一,建立了系统的理论研究体系。一方面,对股权结构和高管激励影响企业创新行为的理论基础进行全面梳理。劳动价值论和经济增长理论为企业创新行为影响企业价值奠定了理论基础;创新理论为股权结构和高管激励影响企业创新行为指明了方向;双重委托代理理论突显了上市公司在实现价值创造和经济高质量发展方面中需要解决的主要矛盾。另一方面,对国内外已有研究成果进行梳理和评述,国内相关研究缺乏完整性和系统性,国外有关研究成果虽然为本书的选题奠定了理论基础,但鉴于国内外社会经济政治环境的巨大差异,不能完全依照国外研究思路。基于此，本书立足我国实际情况，以双重委托代理理论为出发点，系统研究了股权结构、高管激励与创新决策、创新投入、创新产出各个过程之间的关联效应。

第二，基于股权结构和高管激励双重视角的企业创新行为选择及其影响企业价值的机理分析。首先，在对创新这一逻辑起点进行分析的基础上，基于创新型的资源配置观，提出了要构建支持创新的公司治理机制。其次，提出了研究股权结构、高管激励影响企业创新行为的基本要求。最后，表明了公司治理机制影响企业创新行为要以实现企业价值创造、实现经济高质量发展为终极目标。这部分内容为第四章、第五章和第六章实证研究部分构建了完整的逻辑关联体系。

第三，从双重委托代理理论出发，进行股权结构、高管激励影响企业创新行为的实证分析。研究结果表明：股权集中显著抑制了企业创新行为，股权制衡、高管股权激励和高管薪酬激励都能显著地促进企业创新行为。此外，宏观经济变量——市场化程度，对企业创新行为起到了重要的外部促进作用。基于此，证明了股权结构和高管激励对于解决我国上市公司创新行为中的双重委托代理矛盾是有效的。

第四，股权结构、高管激励影响企业创新行为的产权性质差异分析。以A股上市公司中国有企业和民营企业为主要研究对象，实证检验中纳入比较分析法。实证结果表明：相对而言，民营企业更具有创新性；股权制衡和高管股权激励更能促进国有企业创新行为，高管薪酬激励更能促进民营企业创新行为；而股权集中对创新行为的消极影响在民营企业中更显著。

第五，企业创新行为影响企业价值的实证分析。不论公司治理机制的优化，还是企业创新能力的提升，最终都要实现价值创造，并以此促进经济高质量发展。实证检验结果表明：企业创新行为能显著提升企业价值；较低的股权制衡程度，在正向调节创新投入与企业价值的关系中具有显著性；过高的股权集中程度，在负向调节创新投入与企业价值的关系中具有显著性；高管股权和薪酬激励的正向调节效应显著。由此可见，国内上市公司治理机制的优化，不能一味搬用国外研究成果，不能过于夸大股权制衡的优点，要结合我国上市公司治理结构的实际情况，设置符合我国上市公司实际情况的公司治理机制。

本书的研究创新主要体现在以下几个方面：

第一，以双重委托代理理论为基础，指出良好的公司治理机制才是促进企业创新的关键所在,提出以创新为导向优化公司治理机制,分别构建了股权结构、高管激励与创新行为的关联关系模型,从理论上阐明了股权结构、高管激励与创新行为的关联机理。

第二,在股权结构和高管激励影响企业创新行为的实证检验及研究分析中,达到了系统性、过程性、动态性的融合及高度统一。实现了制度创新与企业技术创新关联关系研究的系统性、从创新决策到创新投入再到创新产出一系列创新行为研究的过程性、针对不同产权性质分别优化公司治理机制的动态性。

第三,构建了股权结构、高管激励在企业创新行为影响企业价值中调节效应的实证模型。鉴于公司治理因素是创新投入作用于企业价值的权变影响因素,结合我国上市公司治理结构实际情况,提出了应以创新为导向、以价值创造为目标来优化公司治理机制。

目录
contents

第一章　导论 ·· 1
　　第一节　选题背景与研究意义 ··· 1
　　第二节　研究目的与研究方法 ··· 5
　　第三节　研究思路与结构安排 ··· 7
　　第四节　基本概念约定 ·· 11
第二章　股权结构、高管激励与企业创新的理论基础和研究评述 ······ 14
　　第一节　股权结构、高管激励与企业创新的理论基础 ············ 14
　　第二节　股权结构、高管激励与企业创新的文献综述 ············ 29
　　第三节　已有研究成果评述 ··· 39
第三章　企业创新行为及其影响企业价值的机理分析 ····················· 42
　　第一节　企业创新的内生动力 ·· 43
　　第二节　企业创新行为及其影响企业价值研究的基本要求 ······ 47
　　第三节　企业创新行为及其影响企业价值研究的本质和目标 ··· 52
第四章　股权结构、高管激励影响企业创新行为的实证分析 ··········· 56
　　第一节　理论分析与研究假设 ·· 57
　　第二节　研究设计 ··· 62
　　第三节　实证结果分析 ··· 68
　　第四节　稳健性检验 ·· 79
　　第五节　本章小结 ··· 89

第五章 股权结构、高管激励影响企业创新行为的产权性质差异分析 …… 91

第一节 理论分析与研究假设 …… 92
第二节 研究设计 …… 97
第三节 实证结果分析 …… 103
第四节 稳健性检验 …… 117
第五节 本章小结 …… 129

第六章 企业创新行为影响企业价值的实证分析 …… 132

第一节 理论分析与研究假设 …… 132
第二节 研究设计 …… 138
第三节 实证结果分析 …… 144
第四节 稳健性检验 …… 161
第五节 本章小结 …… 178

第七章 结语 …… 180

第一节 研究结论 …… 180
第二节 研究创新 …… 184
第三节 政策建议 …… 187
第四节 研究局限及后续研究方向 …… 188

参考文献 …… 190

第一章

导　　论

第一节　选题背景与研究意义

一、选题背景

纵观世界各国的发展历程与兴衰演变,创新对国家的发展进步至关重要,全球创新指数表明,强有力的创新能力是排名靠前的高收入经济体的共同特征。所以,创新对于促进经济增长,改善宏观经济运行状况,乃至综合国力的增强都是不可或缺的。创新是经济成功与经济增长的重要推动力。2019 年 1 月 22 日,彭博社（Bloomberg News）以研发强度、制造业附加值、生产率、高科技密度、高等教育率、研发人员密集度、专利活动 7 个标准,综合分析后对全球国家创新能力进行排名,韩国位居第 1 位,中国则名列第 16 位[1]。截止到 2015 年,韩国的研发强度为 4.23%[2],而我国研发强度 2018 年才达到 2.19%[3]。在知识经济时代,提高创新能力

---

[1] 新浪财经:彭博全球创新力排名:韩国六连冠　中国位列16,2019 年 1 月 22 日,http://finance.sina.com.cn/stock/usstock/c/2019-01-22/doc-ihrfqziz9975136.shtml,2019 年 12 月 31 日。

[2] 科技部,欧盟发布最新研发支出统计数据,2018 年 01 月 05 日,http://www.most.gov.cn/gnwkjdt/201801/t20180104_137428.htm,2019 年 12 月 31 日。

[3] 国家统计局、科学技术部、财政部:2018 年全国科技经费投入统计公报,2019 年 8 月 30 日,http://www.stats.gov.cn/tjsj/tjgb/rdpcgb/qgkjjftrtjgb/201908/t20190830_1694754.html,2019 年 12 月 31 日。

是各国获取核心竞争优势的关键（Chen I. S. and Chen J. K., 2013）。创新是组织财富和社会财富的来源，也是未来竞争中所需要的能力（Amidon, 1998）。随着我国知识产权强国战略、创新驱动发展战略的实施，我国的创新能力在不断增强。全球创新指数报告显示，2019年我国排名第14位，较2018年提升3位①。这是我国知识产权强国战略、创新驱动发展战略实施的直接显示。创新是经济成功与经济增长的关键推动力——创新驱动发展。

　　企业作为国家创新体系中的重要组成部分，与国家（地区）、产业、区域、城市等创新主体相比，企业属于微观层面的创新主体，其创新能力的提升是产业、区域、国家等宏观创新主体创新能力提升的根基和参照。可见，探索加强企业创新的路径机制对于企业所在区域、所属产业，乃至整个国家的创新能力都具有重要的参考价值。在竞争激烈且不断变化的市场环境中，只有持续不断的创新才能保证企业的生存与发展，实现价值增值和积累、促进经济增长。那么，对经济增长起决定性作用的因素到底是外生的，还是内在的？对该问题的争议与讨论，伴随着20世纪80年代内生增长理论和20世纪90年代制度经济绩效理论的提出而得以终结。内生增长理论（Romer, 1986; Lucas, 1988）认为经济增长由内部的技术创新与进步、人力资本等因素所决定。诺斯（North, 1990, 1994, 1997）肯定了新增长理论的观点，同时也提出制度创新能加速技术创新所引发的经济增长这一观点，着重强调了制度因素对技术创新的推动和保护。技术创新与制度创新之间的协同理论逐渐被大家熟识，并成为创新经济学的主要研究议题（汤业国，2013）。公司治理机制的设置与完善，作为企业制度创新的核心内容，通过股权结构安排、资源整合、激励机制设置等内容，凝聚成企业创新的动力；企业技术创新的实现对公司治理机制提出了更高的要求，从而促进了以完善公司治理机制为核心的制度创新。所以，研究如何以创新为导向优化公司治理机制，是上市公司持续不断进行创新的重要理论支撑和经验证据，对宏观创新主体创新能力的提升以及宏观经济发展、综合国力的增强都具有重要的理论与现实意义。

　　公司治理作为企业创新的制度基础（O'Sullivan, 2000; Belloc, 2012），企业创新因不同的公司治理制度而有所不同，如果一个公司要加强创新，

---

① 国家知识产权局：全球创新指数2019：中国排名再创新高，2019年7月25日，http://www.sipo.gov.cn/zscqgz/1140826.htm，2019年12月31日。

那么应该更多地关注公司治理机制，因为公司要创新或通过创新提升经营效益，是需要高管和董事会进行决策的（Tseng et al.，2013）。良好的公司治理使企业更加关注长期发展，有利于企业建立起创新的长效投入机制（党印和鲁桐，2012），公司治理是影响创新的重要因素（鲁桐和党印，2014）。诸多研究认为，公司治理中的股权结构和高管激励对企业创新行为的影响较为显著（李文贵和余明桂，2016；杨风和李卿云，2016；罗正英等，2015；Belloc，2012）。在探讨高管激励对企业创新的影响研究中，考虑到企业的创新决策通常是顶层做出的，所以研究对象是高管的薪酬激励，而不是级别较低的管理者（Xue，2007）。由于管理者要承担创新项目不确定性带来的风险，所以管理者对具有创新性的项目并不是非常青睐（Hill and Snell，1988）。一定程度的管理者薪酬补偿可以促使管理者做出提升公司创新能力的战略性选择，而且较高的管理层持股或具有合理股权制衡的公司则更具创新性（Xue，2007）。

综上所述，公司治理中的股权结构和高管激励是影响企业创新行为的重要因素。但是对于股权结构和高管激励在企业创新行为影响企业价值中的调节作用，以及公司治理机制在不同市场程度、不同产权性质下对企业创新的影响研究，现有文献的研究结论大相径庭。那么，有利于企业创新行为选择的股权结构和高管激励机制应该如何设置？在不同外部环境、不同产权性质下，这一影响又表现出哪些显著差异？股权结构和高管激励在创新投入影响企业价值中是否具有调节效应？基于此，在已有文献的研究基础上，本书选择公司治理中的股权结构和高管激励为主要研究对象，探讨在不同时间点、不同外部环境、不同产权性质下公司治理机制对企业创新行为的影响。如果能找到股权结构和高管激励影响企业创新行为的确切证据，进一步对其影响路径进行梳理，则能帮助企业有的放矢地进行股权结构和高管激励机制设置与完善，更好地发掘企业的创新能力，提高其核心竞争力，防范经营风险，合理优化公司治理机制。更深层次方面，可以实现价值增值和资本积累，促进经济增长。

二、研究意义

本书围绕技术创新和以公司治理机制为核心的企业制度创新，以及以二者之间的互相影响对企业永续经营和经济高质量发展的影响为出发点。以公司治理中的股权结构和高管激励对企业创新行为的影响为研究内容，重点揭示了股权结构和高管激励如何影响企业创新决策、创新投入和创新产出；以及不同的公司治理模式在国有企业和民营企业中对创新行为影响存在的差异；最后试图结合企业价值来厘清其影响机制。从而有针对性地给上市公司在股权结构和高管激励机制设定方面提供相应的对策建议。

本书的理论意义和现实意义可归纳如下：

1. 理论意义

从公司治理层面探讨企业创新行为的影响因素一直是理论界和实务界较为关注的热点之一。学术界虽然对这一问题研究颇多，形成了大量研究成果，但研究结论莫衷一是，本书从公司治理角度探讨如何加强企业创新，丰富了委托—代理理论，完善了公司治理和企业创新关系研究的理论体系。

首先，丰富了委托—代理理论，拓展了其研究范围。

研究了在不同的产权性质和外部环境条件下高管激励对高管创新决策行为的中介作用和调节效应，间接深化了对高管决策如何促进企业创新行为选择的理解，实证部分研究结论在一定程度上丰富了委托—代理理论，拓展了其理解范畴，为后续相关研究提供了新的理论视角。

其次，拓展了股权结构和高管激励影响企业创新行为的相关研究，完善了公司治理和企业创新关系研究的理论体系。

现有文献关于公司治理和创新关系的研究大多基于所有制类型、最终控制人性质、企业外部治理环境等对企业创新的影响，首次直接探讨了不同产权性质和不同外部环境条件下股权结构和高管激励对企业创新行为的影响，完善了现有公司治理和企业创新关系研究的理论体系。

最后，深化了制度创新与技术创新之间关联关系的研究。技术创新和以公司治理机制为核心的制度创新是相辅相成、互相影响、缺一不可的。制度创新是技术创新顺利实施的保障与前提，技术创新是制度创新改革和完善的推动力。深化了公司治理机制与技术创新的理论研究体系。

2. 现实意义

顺应国家"创新驱动发展战略"和"知识产权强国战略"的具体目标，本书对企业微观层面的战略选择和公司治理机制的完善、中观层面的利益相关者决策机制及国家宏观层面的政策制定具有一定的实践指导意义。

微观上，为企业提供创新发展战略选择、股权结构和高管激励设置与完善的经验借鉴。

创新是企业成长、业绩优良和保持核心竞争力的关键，而企业创新能力的提升，对企业所在区域、所属产业，乃至整个国家寻求创新能力提升机制和实现路径有着重要的社会经济价值。在此背景下，从公司治理的股权结构和高管激励角度探讨企业创新行为的影响因素，显得尤为重要，如果能找到促进企业创新的确切证据，探讨如何配置股权结构既能发挥所有者对企业自主创新行为的促进作用，又能通过高管激励增强经理人创新的主动性，进而影响企业创新行为，以更好地推进企业创新，提高其核心竞争力，防范经营风险。更深层次方面，可以合理优化公司治理机制，从而提升企业价值。

中观上，为利益相关者提供了考察企业未来创新能力的依据。

企业的创新能力受诸多公司治理因素的影响，不同的利益相关者对企业创新的关注点存在较大差别。虽然利益相关者对企业的评价是众多因素的综合，但毋庸置疑的是，企业价值是一项重点考察因素。本书关于创新投入影响企业价值部分的实证分析结论有助于利益相关者更加全面深入地考察不同的股权结构和高管激励机制下，创新投入如何影响企业价值，从而为其评价企业未来的创新能力、进行投资以及决策制定等相关经济活动提供依据。

宏观上，为国家创新驱动发展战略和知识产权强国战略的顺利实施提供有力支撑。

在创新驱动发展战略这一现实背景下，本书阐释了公司治理层面的股权结构和高管激励在不同产权性质以及不同外部环境下对企业创新行为的影响机理，并进一步分析了股权结构和高管激励在创新投入影响企业价值中的调节作用。试图寻找最适宜企业开展创新行为的公司内部治理机制以提升企业价值，是对国家创新驱动发展战略和知识产权强国战略下如何推进创新研究的有力支撑。

第二节 研究目的与研究方法

一、研究目的

以经济学和管理学中的相关基本理论为起点，结合我国"创新驱动发展战略"和"知识产权强国战略"，在对国内外相关研究成果分析的基础上，提出了以创新为导向设置和优化公司治理机制，构建了研究股权结构、高管激励与企业创新行为关联关系的实证模型，并对其影响路径和机制进行深入剖析。运用 A 股上市公司的非平衡面板数据，对股权集中、股权制衡、高管股权激励和高管薪酬激励等公司治理因素与创新投资决策、创新投入、创新产出之间的关联性进行实证检验和分析研究，以期为公司治理机制与技术创新的理论体系构建提供经验借鉴。具体而言，主要实现以下研究目的：

第一，利用经济增长理论和创新理论，对技术创新和以公司治理机制为核心的企业制度创新，如何影响价值创造和经济增长的演进路径进行分析，构建公司治理与创新行为的关联模型和研究体系。

第二，基于公司治理与创新的关联模型，结合我国上市公司治理机制特征和现状，从双重委托代理理论出发，解析公司治理机制研究维度，以股权结构和高管激励为核心，对公司治理机制与企业创新行为的关联关系进行实证检验和分析。并对不同产权性质下这一关联性的差异进行深入剖析。

第三，基于前文的理论和实证研究结论，构建股权结构、高管激励的创新行为与价值创造的关联模型。旨在通过公司治理机制的优化，更好地发掘企业的创新能力，提升企业价值。宏观方面，实现企业永续经营，促进全社会经济增长。

二、研究方法

基于现有国内外研究成果，立足研究背景，围绕研究目的和研究意义，融合哲学、经济学、管理学、统计学等多学科知识，将定量研究与定性研究结合，规范研究与实证研究结合，对书中所提出的问题进行深入细致的研究。

拟采用如下研究方法：

（1）文献分析法。文献分析法是基于对文献的搜集、整理、鉴别以及分析等，形成对某一研究主题科学认识的方法。本书对已有国内外相关文献进行系统的梳理，运用规范分析和定性分析方法，在回顾现有相关文献的基础上，立足研究背景，理清了研究方向及内容等，再根据分析判断，确定待研究的问题，形成相应的研究主题。

（2）统计分析法。运用计量经济学和数学理论，构建模型，通过选取的样本数据进行统计分析，揭示事物之间的内在联系，通过定量分析，形成研究结论的一种研究方法。本书在实证检验中构建数学模型，获取实证结果的过程中，均采用这一研究方法。

（3）比较分析法。是指通过对比获取研究结论的方法。在第四章、第五章和第六章中探讨不同股权集中程度、不同产权性质以及不同的外部环境条件下，股权结构和高管激励对企业创新行为影响的差异，以便有针对性地为企业提供有利于其创新的公司治理模式的选择。在此研究过程中，均使用了比较分析法。

第三节 研究思路与结构安排

一、研究思路

本书主要基于股权结构和高管激励视角解析企业创新行为选择及价值创造，依照"理论研究—机理分析—实证检验—对策建议"的研究路线展开研究。首先，确定研究的理论基础，并对国内外已有文献研究进行梳理，寻找研究的突破点。劳动价值论作为经济学理论基础，揭示了价值创造的完整过程，明确了科学技术影响价值的决定性作用。伴随着经济增长理论和创新理论的历史演进，尤其是内生增长理论和制度经济绩效理论的提出，更加明确了创新对于经济增长的重要影响，凸显了创新在企业存亡发展中的关键作用。首先，双重委托代理理论作为管理学理论基础，揭示了我国上市公司中存在的双重委托代理矛盾，为股权结构的安排、高管激励机制的设置提供了理论参照。其次，基于股权结构和高管激励视角，构建了企业创新行为及其影响企业价值的研究机理。依照机理分析所形成的研究框架开展实证检验和分析，分别就股权结构和高管激励影响企业创新行为为主要研究内容，从不同角度、不同产权性质以及价值创造角度，通过总体把握和系统的实证分析寻找企业创新行为及其影响企业价值的经验证据，并在此基础上提供相应的政策建议。

本书的研究思路如图 1-1 所示。

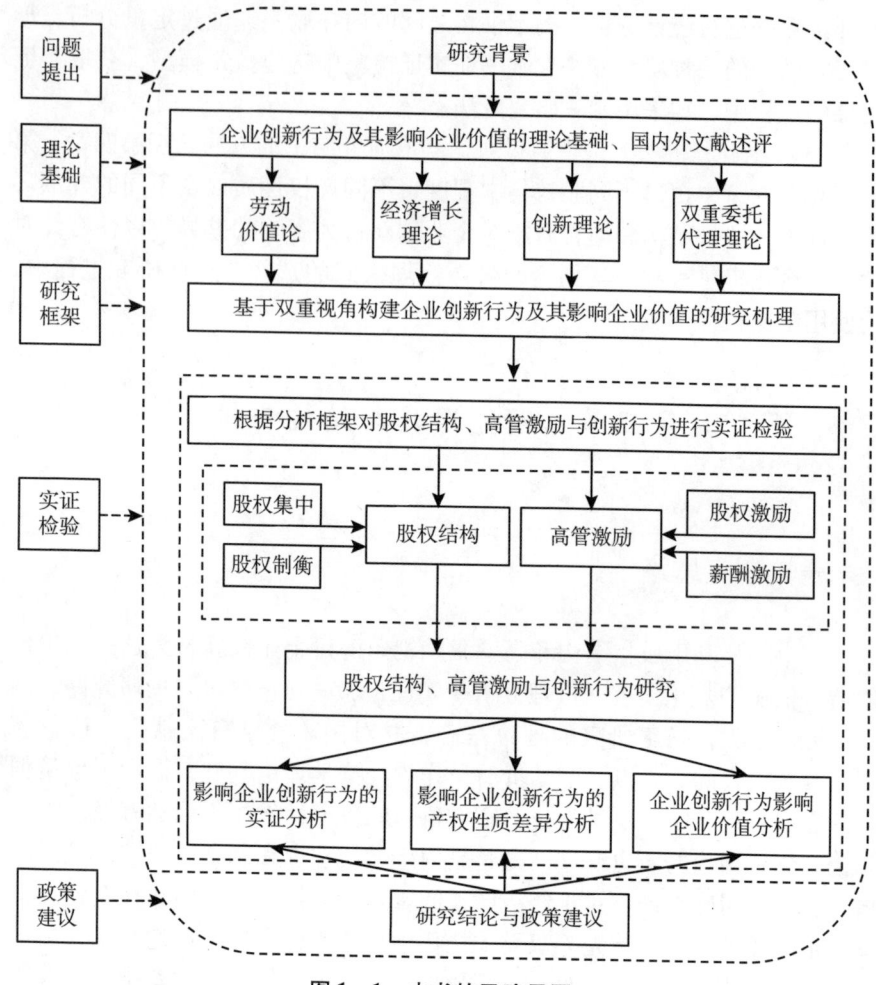

图 1-1　本书的思路导图

二、结构安排

创新在促进经济增长、改善宏观经济状况、增强综合国力等方面都是至关重要的。企业作为创新的微观主体，研究其创新就显得必要而紧迫。选择 2010~2015 年沪深 A 股上市公司为研究对象，在总体结构安排上，除了导论和结语部分外，主要包括理论基础、实证分析、政策建议三大部分。理论分析部分主要是以经济学和管理学的基本理论为基础，以现有的国内外相关文献研究为借鉴，对企业创新行为的具体形成路径及其对企业价值的影响进行逻辑推理；实证分析部分主要在理论分析的基础上，实证检验股权结构、高管激励影响企业创新行为的路径机制，并验证产权性质在其中的作用，以及创新行为对企业价值的影响；政策建议部分，以理论分析和实证分析的结论为依据，探讨如何构建具有中国特色的以创新为引导的股权结构和高管激励机制，以促进企业创新，提升企业价值。具体章节安排如下：

第一章，导论。本部分详细阐述了本书的研究背景，选题的理论意义和重大现实意义，研究中所采用的主要研究方法，涉及的主要研究内容。并在此基础上描述了详细的研究思路以及具体的研究框架。为后续研究章节的安排起到了提纲挈领的作用。

第二章，股权结构、高管激励与企业创新的理论基础和研究评述。第二章主要以理论分析为主，包括两大部分内容。第一部分，股权结构、高管激励与企业创新的理论基础。主要从经济学和管理学角度构建本研究的理论框架：劳动价值论和经济增长理论作为本研究的经济学理论基础，进一步凸显了本研究的重大现实意义；创新理论也属于经济学理论基础，它详细阐述了制度创新和技术创新在经济增长中的作用，为本研究指明了方向；委托代理理论作为本研究的管理学理论基础，为公司治理机制完善提供了详细的理论参照。第二部分，文献综述及研究述评。主要对企业创新行为及其影响因素、公司治理机制及其对创新行为的影响、企业创新与企业价值研究相关的国内外文献研究进行了详细的梳理，并肯定了现有研究取得的主要成果，揭示了现有研究的不足。

第三章，企业创新行为及其影响企业价值的机理分析。第三章揭示了各章节的逻辑联系与安排。首先，揭示了企业创新的内生动力。即以创新为逻辑起点、基于创新型资源配置观、以形成支持创新的公司治理机制为核心。其次，重点强调了股权结构、高管激励影响企业创新为的过程性和动态性。创新具有动态性，这就要求企业创新行为代理变量的选取具有动态性和过程性，以及股权结构和高管激励机制设置的过程性和动态性。从不同的角度选取了三个创新行为的代理变量、符合创新行为的过程性要求；针对国有企业和民营企业分别寻找适合不同产权性质下企业创新行为的股权结构和高管激励机制，符合动态性的要求；揭示了企业创新行为的本质是进行价值创造，微观上实现企业价值增值，宏观上促进经济高质量发展。

第四章，股权结构、高管激励影响企业创新行为的实证分析。本部分以第二章的理论研究为基础，以第三章的机理分析为指引，展开实证分析。首先，从理论上详细分析了公司治理机制中的股权结构和高管激励对企业创新投资决策、创新投入和创新产出的影响，提出理论假设。其次，结合研究背景和数据获取情况，确定研究样本区间和范围，并构建实证研究模型。最后，进行实证分析，包括描述性统计、相关性检验、方差膨胀因子检验、多元回归、工具变量法、稳健型检验等。对实证分析结果进行总结，主要得出以下研究结论：第一，股权集中程度与企业创新行为显著负相关。第二，股权制衡有效抑制了股权集中对企业创新行为造成的消极影响，增强了企业创新投资意愿，扩大了研发支出规模，增加了创新产出。第三，高管激励机制中的长期股权激励和短期薪酬激励都促进了高管和企业长期发展目标的一致性，对企业的创新行为具有显著的积极影响。进行各种稳健性检验后，上述结论仍然成立。这一部分研究结论为后续更加具体的股权结构、高管激励影响企业创新行为的实证研究奠定了基础。

第五章，股权结构、高管激励影响企业创新行为的产权性质差异分析。本部分主要探讨了不同产权性质下的国有企业和民营企业在股权结构、高管激励影响企业创新行为方面的差异。首先，从理论上分析了国有企业和民营企业在创新投入以及创新产出方面的差异，对比了股权集中、股权制衡、高管股权激励和高管薪酬激励对不同产权性质下企业创新行为的影响差异，并在此基础上提出了假设。其次，在第四章研究数据的基础上，结合本章研究目的，对研究样本进行了筛选并重新整理了研究数据。最后，在理论分析基础上结合研究数据，对假设进行实证检验，包括描述性统计、样本差异检验、相关性检验、方差膨胀因子检验以及稳健性检验。结果表明：第一，民营企业比国有企业进行更多的研发创新行为；第二，股权集中对企业创新有显著的负效应，这种负效应在民营企业中表现得更为明显；第三，股权制衡促进了企业创新，且对国有企业创新的积极影响更显著；第四，高管激励促进了高管和股东目标的一致，鼓励了高管的创新行为。其中，股权激励更能促进国有企业创新，而薪酬激励则更能促进民营企业创新。进一步分析发现，良好的市场化环境是企业技术创新的外部推动力量。本部分通过对比两类不同产权性质下的股权结构和高管激励影响企业创新行为的差异，为有针对性地根据上市公司性质来进行股权结构和高管激励机制设置提供了经验借鉴。

第六章，企业创新行为影响企业价值的实证分析。本部分在前面章节实证研究的基础上，对股权集中和股权制衡程度进行更深层次的细分，分为股权集中程度高组和低组、股权制衡程度高组和低组。本部分主要与创新投入作为企业创新行为的代理变量，研究企业创新行为对企业价值的影响，以及公司治理机制中的股权集中、股权制衡、高管股权激励和高管薪酬激励在其中的调节效应。首先，通过理论分析提出研究假设：理论上阐述了创新投入对企业价值可能的影响；按照股权集中程度分为高低两组，从理论上论证了高低两组样本中股权集中变量的调节效应差异；按照股权制衡程度分为高低两组，从理论上论证在这两组中股权制衡变量的调节效应差异；对高管股权激励和高管薪酬激励的调节效应进行了理论归纳和总结。其次，在第三章研究数据的基础上进行筛选，确定本章研究数据，并构建了含有交互项的实证模型。最后，以本章第一节理论分析为基础，利用第二节实证数据对假设进行检验。研究结论表明：第一，以创新投入为代理变量的企业创新行为能显著地提升企业价值。第二，在股权集中程度低组，股权集中度在创新投入影响企业价值中的负向调节作用不明显；在股权集中程度高组，股权集中度的负向调节效应显著。第三，在股权制衡程度低组，股权制衡正向调节了创新投入对企业价值的影响；在股权制衡程度高组，股权制衡的正向调节效应不显著。第四，高管股权激励和高管薪酬激励在创新投入影响企业价值中都具有显著的正向调节作用。实证研究结论的启示：不能一味放大股权集中的负效应，也不能一味鼓吹股权制衡的正效应，股权结构的设置要结合我国经济社会发展所处阶段和背景。

第七章，结语。对全书进行高度的概括和总结，归纳各部分研究结论，并进一步提出政策建议，同时指明本书的创新之处以及研究局限，提出未来进一步的研究方向。

第四节 基本概念约定

一、公司治理机制

公司治理机制作为企业运行的基本规范（鲁桐和党印，2014），是企业开展创新活动的基础，包含了内部治理机制和外部治理机制（张洪辉等，2010；于忠泊等，2011）。其中，内部治理机制包括董事会特征、股权结构、高管激励以及财务信息披露等（Arthurs，2008；Gompers，2008；白重恩等，2005）；外部治理机制则涵盖了法律环境、市场环境、控制权市场等（白重恩等，2005）。公司治理机制的关键在于协调各方利益，优化公司治理结构，抑制企业的非效率投资（Giroud and Mueller，2010）。

双重委托代理理论阐述了公司治理机制中的两大主要矛盾：一是传统的第一类委托代理理论，即委托人和代理人之间的矛盾；二是股东之间的矛盾，即大股东对中小股东利益的侵占。以解决和缓解这两大主要矛盾为出发点，来探讨如何优化和完善公司治理机制，以提高企业创新活动投资意愿、增大研发投入、并增加创新产出。所以，本书主要针对双重委托代理理论下的内部公司治理机制进行研究，将分别从股权结构和高管激励两方面来探讨如何通过公司治理机制的优化和完善，以更好地促进企业创新，进而提升企业价值。

二、企业创新行为

创新，最早见于北齐史学家魏收所著《魏书》："革弊创新者，先皇之志也"（《魏书》卷六十二），主要涉及制度的革新和改造（廖志豪，2012）。熊彼特（Schumpeter，1912）认为创新的概念范围，不仅包括技术创新，而且涵盖了非技术的组织创新，提出经济发展的本质正是这种新组合不断实现的结果[①]。效应，是指某种动因或者原因产生的作用或引起的结果（俪全民，2015；胡潇，2015）。创新效应，顾名思义，即与创新有关的作用或结果。

本书主要研究公司治理机制的设置对企业创新行为的影响，以及公司治理因素在创新提升企业价值中的调节作用。基于双重委托代理理论，主要探讨公司治理机制中的股权结构和高管激励对企业创新行为的影响，研究股权结构、高管激励对创新行为整个过程的影响，不仅涵盖了对企业创新投资决策、创新投入以及创新产出的影响路径及影响机制研究；还包括了股权结构和高管激励在创新提升企业价值过程中作为权变因素所起到的调节作用。

结合本书对公司治理机制的研究范围界定：从解决双重委托代理理论

---

① Schumpeter, J. A. The Theory of Economic Development: An Inquiry into Profits, Capital, Credit, Interest, and the Business Cycle, New York, Social Science Electronic Publishing, 1934, p. 90 – 91.

下主要矛盾为出发点优化公司治理机制，目的在于促进企业创新，进而提升企业价值。所以，本书主要包含两个层次，一是指股权结构和高管激励对企业创新行为的影响；二是股权结构和高管激励在创新行为提升企业价值中的调节效应。

第二章

股权结构、高管激励与企业创新的理论基础和研究评述

第一节 股权结构、高管激励与企业创新的理论基础

股权结构、高管激励与企业创新的相关理论基础，主要从经济学和管理学角度构建本书的理论框架：劳动价值论作为本书的经济学理论基础，进一步凸显了研究企业创新行为及其影响企业价值的重大现实意义；经济增长理论和创新理论属于经济学理论基础，它详细阐述了制度创新和技术创新在经济增长中的关键作用，为本书指明了方向；委托代理理论作为本书的管理学理论基础，界定了本书的研究范围，基于双重委托代理理论的公司治理机制研究，旨在通过解决双重委托代理理论下的两大矛盾[①]，优化和完善公司治理机制，从而加强企业创新，最终提升企业价值。

一、劳动价值论与企业创新

劳动价值论为公司创新行为指明了战略方向。劳动价值论以其极为深刻的内涵对现实经济问题及政策选择有着重要的现实意义和理论启示。现有公司治理机制的完善、对企业创新行为的大力支持，也是为了产生更多价值，因此，要提升企业价值，就要追根溯源了解劳动价值论的内涵。随

---

① 双重委托代理理论下的两大矛盾：一是委托人和代理人之间的矛盾，二是股东之间的矛盾。

着社会的发展进步，生产活动的环境发生了变化，生产的商品不仅有实体商品，还出现了以知识和信息为主的非实体的商品形式（孙乐强，2017）。马克思把劳动力界定为人们在生产过程中为实现某商品的使用价值所耗费的体力和脑力的集合[①]，知识作为一种特殊的商品存在，要生产出来，则需要劳动者具有较高的专业技能、丰富的知识储备和经验，因而这种劳动更复杂、更高级，当然，从事诸如此类劳动的劳动者所需的教育成本也比较高（孙乐强，2017）。这一劳动过程生产出来的饱含智力的商品也具有更高的使用价值，也拥有较强的竞争力。

（一）劳动价值论的起源、形成及其主要内容

劳动价值论是西方经济学的一般理论基础，它的发展经历了漫长的演变过程（晏智杰，2002）。1776 年，亚当·斯密（Adam Smith）提出经济活动中物品的价值有两方面的含义：一是物品本身所蕴含的实际效用的大小，这部分价值称之为"使用价值"；二是该物品可以用来换取其他物品的能力的大小，称之为"交换价值"；并进一步论述了两种价值此消彼长的关系[②]。斯密（1776）在明确了价值的含义之后，开始讨论商品的价格决定因素。任一商品的价值取决于为了获得这件商品付出的辛劳；用于交换的商品的价值，源于在交换过程中，交换商品本身能购买的劳动数量。劳动是衡量商品价值和交换价值的标准。但是，首先，确定商品生产过程中所耗费的劳动数量实属不易，且经济活动中实现的是商品之间的交换，而不是劳动之间的交换；其次，商品之间的交换价值更直观的是以它所能交换到的商品的数量来衡量，而不是劳动；最后，物物交换也不总是方便的，此时，货币作为一般等价物的交换媒介，被大众所接受。考虑到由于货币的价格本身也会发生变化，加之环境的变化，同样的货币会有不同的购买力，所以，货币衡量的只是商品的名义价格。但凝结在商品中的劳动是不会改变的，因而劳动衡量的是商品的真实价格。具有同样真实价格的商品，其价值必定相等，但是具有同样名义价格的商品，却由于货币价格的变化，其价值不一定相等。所以，斯密（1776）认为劳动才是衡量商品价值最准确的尺度。他进一步强调，如果生产某种物品所耗费的劳动需要

---

① 《马克思恩格斯全集（第 44 卷）》，人民出版社 2001 年版，第 195 页。
② ［英］亚当·斯密：《国民财富的性质与原理》，中国社会科学出版社 2007 年版，第 55 ~ 125 页。

更多的经验、独创性和才能①，那么拥有这种独创性和才能的人会得到大家的尊重，同时这种物品也会具有更高的价值。斯密（1776）指出，随着社会的发展进步，当出现了土地私有和资本积累以后，价值不再是由劳动唯一所决定，还受到工资、地租和利润的影响。

学者们对斯密有关劳动价值论的论述褒贬不一，王亚南（1965）认为其中存在着一些互相矛盾和错误的论点，也依然有很多科学合理的成分②。蔡继明（2010）认为是斯密将劳动价值论发展成为一种体系。无论学者们如何评价斯密有关"劳动价值论"的阐述，它依然是后续学者研究中不可缺少的理论参照。

李嘉图（Ricardo，1817）以斯密（1776）的劳动价值论为基础，继续深入研究：第一，指出了虽然商品的效用是极其关键的，但并不能成为经济活动中交换价值的标准，交换价值是由商品的稀缺程度和获取商品时所付出的劳动量来决定的。第二，影响商品价值的因素不仅包括和商品相关的直接劳动，还包括商品运输、管理和销售等环节所产生的间接劳动。第三，推翻了"商品相对价值等于生产商品所耗费的劳动量"这一观点。商品生产过程中涉及的低值易耗品以及厂房和设备等资产的耐用程度、使用过程中的耗损程度，也对商品相对价值有一定程度的影响。第四，商品价值的影响因素多而杂，影响的路径也千差万别，所以，无法寻找到能够准确衡量商品价值的参照标准。第五，劳动和资本的交换产生了利润③。李嘉图（1817）所阐述的"劳动价值论"被称为古典劳动价值论，但由于其理论和现实之间存在巨大差异，受到了大量的抨击。

19世纪60年代，马克思在古典劳动价值论的基础上，突破已有研究并实现了劳动价值中质和量的统一，形成了马克思主义的劳动价值论。马克思将交换价值定义为：两种使用价值交换过程中的数量关系或比例关系。随着交换内容、范围的扩大，经济活动中简单的商品交换关系就演变为扩大的商品交换关系。当所有商品的使用价值都以某一种商品的使用价值为尺度而完成交换时，商品交换过程就发展为一般的价值交换形式④。

---

① ［英］亚当·斯密：《国民财富的性质与原理》，中国社会科学出版社2007年版，第55~125页。

② ［英］亚当·斯密：《国民财富的性质和原因的研究（上）》，郭大力、王亚南译，商务印书馆2003年版，第6页。

③ ［英］大卫·李嘉图：《政治经济学及赋税原理》，丰俊功译，光明日报出版社2009年版，第11~43页。

④ 《马克思恩格斯全集（第23卷）》，人民出版社1975年版，第40~92页。

马克思在论证价值分配与价值决定之间的关系时，指出生产关系和分配关系是统一的，分配关系是生产关系的背面，以工资和利润为例，工资是生产过程中生产要素劳动力的价格，同时也是分配过程中对工人辛勤劳动的补偿；利润是分配活动中的要素，但同时它又被当作资本投入再生产过程[①]。马克思提出的级差地租理论阐述了土地质量较好的优等土地在商品价值创造中的重要作用，以实例论证了劳动生产率的提高会提升商品的价值量，同时也蕴含着价值决定与价值分配的统一[②]。马克思在劳动价值论中把按照阶级划分的群体作为经济活动的研究主体，群体作为阶级关系和利益关系的主体而存在[③]。马克思主义劳动价值论的有以下主要特征：第一，商品价值是由生产过程中实际具体的因素决定的；第二，采用剩余分析法计算经济剩余；第三，生产和再生产过程不仅生产商品，也产生剩余价值，同时也是生产关系的重新塑造过程（蔡继明，2010）。

蔡继明（2010）提出了"广义价值决定论"。认为商品的广义价值取决于该商品和其他部门相比较形成的成本和生产力水平，比较生产力水平高，所生产出的产品价值高于生产商品的绝对成本，比较生产力水平低，所生产出的产品价值低于生产商品的绝对成本，只有达到全社会平均生产力水平，商品的价值量等于绝对成本。蔡继明（2010）还论证了技术进步能提高劳动生产力。

（二）劳动价值论的理论启示及现实意义

生产力迅猛发展，创新已经成为影响企业商品价值的决定性因素。一方面，科技创新意味着资源的合理配置和高效利用，从而生产率提高，使商品价值高于生产商品的绝对成本，商品获得价格优势，可见，科技进步为企业在激烈的竞争环境中争取到了成本领先优势，创造了更多的价值；另一方面，创新意味着商品生产工艺和水平的提升，从而推动商品质量不断优化，在此基础上不断加强企业研发和创新，培育企业的技术领先优势，从而获得核心竞争力（晏智杰，2002），实现价值创造。因此，劳动价值论为实证部分研究创新投入如何影响企业价值，以及公司治理变量在创新投入影响企业价值中如何发挥调节效应，奠定了深厚的理论基础。

[①]《马克思恩格斯全集（第26卷）》，人民出版社1975年版，第532~533页。
[②]《马克思恩格斯全集（第25卷）》，人民出版社1975年版，第729~745页。
[③]《马克思恩格斯全集（第23卷）》，人民出版社1975年版，第12页。

二、经济增长理论与企业创新

经济增长理论是公司治理影响企业创新的经济学理论基础。本部分对经济增长理论的研究，主要以经济增长理论的历史演进为思路，伴随时间发展考察不同阶段经济增长理论的发展，以新增长理论作为研究重点，试图通过经济增长理论的核心与发展历程，找到本书的理论支撑。

（一）经济增长理论的形成及其主要内容

在经济增长理论发展史上，逐步形成了两大派系，一是围绕马克思经济学发展起来的马克思主义的经济增长理论；二是以西方经济学为核心的经济增长理论。

1. 马克思主义的经济增长理论

马克思（Karl Heinrich Marx）被认为是经济增长理论的奠基人，他制定了科学系统的经济增长理论（吴易风，2000，2007）。马克思提出的经济增长理论，大量论述了物质、技术、制度因素对经济增长的影响，并将三者有机紧密地结合到了一起，丰富了经济增长影响因素的研究成果，马克思经济增长理论的核心在于制度与技术的协同演化（沈炳珍，2009）。马克思主义的经济增长理论的发展大致经历了以下两个阶段：

第一阶段：马克思的经济增长理论。

马克思的经济增长理论的形成过程：简单再生产——剩余价值转化为资本（规模扩大的生产过程）——资本主义积累的一般规律（马克思，1867）。首先，简单再生产阶段。从互相联系和持续更新的生产过程来看，每一个社会生产的条件、过程、生产形式同时也是再生产过程的条件、过程、生产形式。纵向考察资本主义的生产过程，就是再生产过程，生产出的产物有商品、剩余价值、资本家和雇佣工人[①]。其次，规模扩大的资本主义再生产过程。将收入的一部分转化为资本投入到再生产过程中，称为资本积累[②]。在生产过程中要实现资本的积累，须将一部分剩余价值转化为资本，其中社会劳动生产率伴随着科学技术的进步而提升，随着劳动生产率的提高还有生产规模和剩余价值的提高，从而引发累积的增长[③]。最

---

① 《马克思恩格斯全集（第23卷）》，人民出版社1972年版，第621~634页。
② ［英］马尔萨斯（T. R. Malthus），《政治经济学定义》，何新译，商务印书馆1960年版。
③ 《马克思恩格斯全集（第23卷）》，人民出版社1972年版，第635~671页。

后，资本主义积累的一般规律。剩余价值不断投入再生产过程中，再生产过程中投入资本的增长为生产规模的扩大奠定了基础，随之又进一步引起劳动生产力和剩余价值的提高。总之，一定程度的资本积累表现为生产方式的改变，生产方式的改变又反过来加速了资本的积累。在这一过程中，随着社会的进步，新技术会对旧资本进行全面的革新，较少的劳动足以推动较多生产资料的生产①。至此，马克思形成了系统完整的经济增长理论。

第二阶段：菲尔德曼（Feldman）的经济增长模型。

1928年，菲尔德曼基于苏联的经济背景，在马克思经济增长理论的基础上建立了第一个有关经济增长的数学模型，被称为国民收入增长模型②，是马克思主义经济增长理论研究的典型代表。菲尔德曼（1928）建立的经济增长模型具有重大现实意义，也是现代经济增长理论的先驱。这是因为：首先，菲尔德曼（1928）建立的经济增长模型运用了马克思再生产图式，将再生产过程的总产出划分为两大部类。最初的第一部类包含了全部能提高产出能力的活动，第二部类包含了维持现有产出水平的活动。但这一划分的实践性较差，后又将第一部类修改为资本品部门，第二部类包含所有的消费品和生产原料。其次，菲尔德曼（1928）构造的经济增长模型立足于公共政策的要求，得出的结论与苏联最早两个五年计划在内容和形式上是一致的，可见，这一模型是具有政策含义的。最后，菲尔德曼（1928）提出了资本是限制增长的唯一要素，即收入增长率是由资本的积累率和利用效率所决定的③。

2. 西方经济学经济增长理论

马克思在再生产过程中提出的扩大再生产图式实际上就是西方经济学中所提到的经济增长理论，扩大再生产的分析方法就是西方经济学在研究经济增长时所使用的长期和动态的概念（朱勇，1999）。西方经济学家所创立的经济增长理论是对马克思主义经济增长理论的继承和发展，但二者在理论基础、制度框架、假设条件等方面也存在本质的差别（吴易风和朱勇，2015）。纵观西方经济增长理论的历史演进大致经历了以下阶段：

---

① 《马克思恩格斯全集（第23卷）》，人民出版社1972年版，第672~780页。

② [苏联] 菲尔德曼：《关于国民收入增长理论》，转引自苏联计委《计划经济》，1928年，第34页。

③ [英] 海韦尔·G. 琼斯：《现代经济增长理论导引》，郭家麟、许强、李吟风译，商务印书馆1999版，第152~160页。

第一阶段，哈罗德—多马经济增长模型。

20世纪40年代前后，哈罗德（Harrod）和多马（Domar）发展了凯恩斯的短期、静态宏观经济理论体系，提出了长期动态的分析方法，建立了哈罗德—多马模型，这是西方经济学增长理论史上的第一个数学模型。该模型认为经济增长取决于资本产出比和储蓄率。提出经济的实际增长率要符合两个条件：一是满足充分就业的增长率，二是资本家的愿意出资的投资比率所形成的经济增长率。经济的增长过程会有起伏，是不稳定的状态[①]。

第二阶段，新古典增长理论。

20世纪50年代，针对哈罗德—多马模型中提出的经济增长具有不稳定性这一特征，索洛（Solow）和斯旺（Swan）对这一模型进行了修订，将外生技术进步因素考虑进去，形成了新古典增长模型。新古典增长模型既继承了哈罗德—多马模型的优点，又肯定了外生技术进步在经济增长中的重要作用，并从理论上分析了外生的技术进步因素是如何实现经济增长的。索洛（1956）提出经济增长存在稳定的、平衡的增长方式，认为人均收入的增长是由外生的技术进步因素所决定的。20世纪60年代，卡斯（Cass）和库普曼斯（Koopmans）针对索洛和斯旺的新古典增长理论没有考虑消费者偏好这一情况，将动态均衡分析方法引入经济增长模型中，对新古典增长理论进行了修正，引入了柯布-道格拉斯型的技术进步因素。修正后新古典增长模型与索洛和斯旺提出的模型只存在细微的差别，因此，一般将二者合并在新古典增长理论中进行分析和研究。

第三阶段：新增长理论。

20世纪80年代中期，经济增长理论家对外生因素决定经济增长越来越质疑，新增长理论由此而诞生。代表学者有罗默（Romer）和卢卡斯（Lucas），该理论认为构建总经济增长模型必须考虑创新和技术变革、强调了技术进步在经济增长中的决定性地位、分析了技术进步促进经济增长的实现机制。罗默（1986）构建了边际生产率递增的知识溢出模型，认为知识是具有溢出效应的内生经济变量，知识的溢出效应提高了社会福利水平和经济增长率。卢卡斯（1988）提出增长理论的构建与经济发展规律相一致，肯定了人力资本的内外部效应，认为经济增长的根本在于人力资本的积累。新增长理论的观点主要有：经济增长是持续的、均衡的增长状

---

① 朱勇：《新增长理论》，商务印书馆1999年版，第Ⅳ页。

态；知识和人力资本的溢出效应是实现经济增长的关键因素。新增长理论为知识经济时代的来临奠定了良好的基础。总之，内生增长理论认为经济增长主要是由内生的技术进步和人力资本所决定的，而非外部力量的结果。

第四阶段：制度经济绩效理论

20世纪90年代，诺思（North，1990，1994，1997）阐述了制度和技术对经济增长的影响。他认为技术对经济增长具有重要影响，但不是决定经济增长的唯一因素，如若没有技术创新，制度的创新也会促进生产率的提高和经济的增长。在研究经济增长的影响因素时，不能把制度和技术割裂开来，二者是相辅相成的，共同促进经济增长。诺思（1990，1994，1997）肯定了新增长理论中内生的技术进步因素对经济增长的重要作用，但同时也强调了社会、经济、文化及产权制度等制度因素对技术进步的推动和保护作用，制度保障和加速了技术进步对经济增长的促进作用。

（二）经济增长理论对经济活动影响

通过对经济增长理论的发展历程和基本内容进行梳理，发现经济增长理论对我国现在所处的经济发展阶段和经济活动实践具有重要指导价值。我国作为一个发展中国家，逐步缩小与世界发达国家的差距，增强我国综合国力，是实现中华民族伟大复兴的中国梦的关键[1]。其中，经济增长问题依旧是重中之重，新增长理论将技术进步、知识积累、人力资本视为决定经济增长的关键因素，促使我们更加清晰地认识到"创新"的重要性，坚定不移地继续推进"创新驱动发展战略"。

企业作为微观经济的主体，其创新能力的提升是行业、区域、国家等宏观经济主体的基石。首先，新经济增长理论中对技术创新的重要定位，凸显了技术创新是关乎企业存亡发展的关键因素，更加促使我们关注企业创新行为。其次，诺思（1990，1994，1997）的制度经济绩效理论，阐述了制度创新对经济增长的重要作用，创新行为的开展离不开良好的制度环境的支持。诺思通过论述技术和制度对经济增长的作用，对我国经济体制的改革具有一定的启迪作用。经济增长理论提示我们，创新需要有良好的制度环境作为支撑，制度创新是实现技术创新的基础。相信在良好的内外部环境下，企业创新突飞猛进，从而国家民族繁荣昌盛。

---

[1] 习近平：《决胜全面建成小康社会 夺取新时代中国特色社会主义伟大胜利——在中国共产党第十九次全国代表大会上的报告》2017年10月18日，http://cpc.people.com.cn/n1/2017/1028/c64094-29613660.html，2019年12月31日。

三、创新理论与企业创新

创新理论是本研究的经济学理论基础。在竞争激烈且不断变化的市场环境中，只有持续不断的创新才能保证企业的生存与发展，实现价值增值和积累。本书所研究的创新不仅包含了以创新投入和创新产出为主的技术创新，还涵盖了以优化股权结构和高管激励机制为核心内容的制度创新。本部分通过对技术创新理论和制度创新理论的历史演进、核心内容以及二者关联关系的研究与梳理，试图阐明创新理论对本研究的理论支撑作用。

（一）创新理论的形成及其主要内容

创新理论涵盖了技术创新理论和制度创新理论两大体系。熊彼特（Schumpeter，1912）的创新理论指出了创新是促进经济增长的内生变量；强调了模仿、创新以及适应性对经济增长的决定性作用；认为企业创新必然伴随着大规模的投资，是创造性的破坏过程[1]。诺思（1987）的研究进一步表明，伴随着技术创新会产生一系列的获利机会，现有的制度安排已无法满足技术创新的需求，从而产生了制度创新。技术创新和制度创新相辅相成、缺一不可，经济发展过程就是技术创新和制度创新相融合的过程（李玉虹和马勇，2011）。

1. 技术创新理论

1912年，熊彼特（Joseph Alois Schumpeter）所著的《经济发展理论》出版，标志着创新理论的诞生[2]。熊彼特（1912）界定了创新的概念，认为创新是企业家将生产要素进行重组而产生的新组合，包含了新产品、新的生产方式、新市场、新的组织形式。熊彼特（1912）围绕其创立的创新理论研究经济增长和经济周期，指出伴随着经济周期的变动，实现了经济的增长，经济周期和经济增长是密切相关的。经济增长必然引起竞争，企业在这一过程中也历经了一次优胜劣汰的选择。

20世纪60年代，美国国家科学基金会（National Science Foundation of U.S.A.，NSF）的建立标志着对"创新"的研究步入正轨，迈尔斯和马奎斯（Myers and Marquis，1969）对创新概念的界定是这一阶段标志性的研

---

[1] 朱勇：《新增长理论》，商务印书馆1999年版，第47~48页。
[2] Schumpeter, J. A. *The Theory of Economic Development: An Inquiry into Profits, Capital, Credit, Interest, and the Business Cycle*, New York, Social Science Electronic Publishing, 1934, p. 90–91.

究成果,认为创新是一项复杂的活动过程,通过解决经济活动过程中产生的一系列问题,最终使新项目实现其经济价值和社会价值。20 世纪 80 年代,弗里曼(Freeman,1982)认为创新是新产品、新过程、新服务等新事物的商业化过程;创新是企业从未尝试的新理念和新行动(Damanpour and Evan,1984)。傅家骥(1998)对技术创新的概念进行了重新界定,认为技术创新是一系列经济活动的综合,这些活动是在企业家以营利为目的的安排下进行的,涵盖了组织生产要素、建立生产经营系统、推出新产品新服务、开拓新市场,建立新组织等组织活动、金融活动、科技活动及商业活动等内容。

2. 制度创新理论

19 世纪 60 年代,属于旧制度经济学时代,这一阶段没有明确提出"制度创新"的概念,但从这一时期学者的研究内容中,有关"制度创新"的思想显露端倪。康芒斯(1962)指出随着经济社会的发展变化,制度也需要与时俱进,制度可以规范经济主体的行为,同时制度也受到经济主体的影响[①]。凡勃伦(Veblen,1964)认为制度是对外部环境的反映,制度要随着外部环境的改变而进行调整,制度是处于不断地变化之中的[②]。

科斯(Coase,1960)发表《社会成本问题》一文,被誉为经典之作。他提出了在经济活动的交易中,权利的界定和安排是极其重要的。因为在清晰的产权安排下,经济活动中各参与方才能找到交易费用最低的制度安排。制度安排的确定以它能带来的经济利益高于运作所需的交易费用为标准。Coase(1960)进一步指出,正是为了减少这些交易费用,企业作为一种制度安排应运而生,企业制度的创新,使得经济活动变得更加复杂。德姆塞茨(Demsetz,1967)认为产权是人们为了获取预期的"收益—成本"水平进行调整所形成的。阿尔钦(Alchian,1969)根据权利的最终归属不同,产权分为私有产权、共有产权和国有产权。相比私有产权,共有产权和国有产权导致外部性的可能性较大[③]。

从 19 世纪 70 年代开始,开启了新制度经济学时代。诺思(North,

---

① [美] 康芒斯(Commons):《制度经济学 [珍藏本]》,赵睿译,华夏出版社 2013 年版,第 15 页。
② [美] 凡勃伦(Veblen):《有闲阶级论》,甘平译,武汉大学出版社 2014 年版,第 29 页。
③ 阿曼·A. 阿尔钦(Alchian Armen A.):《产权,一个经典注释》,转引自 [美] 罗纳德·H. 科斯(Ronald H. Coase)等:《财产权利与制度变迁:产权学派与新制度学派译文集》,刘守英等译,陈昕主编,格致出版社、上海三联书店、上海人民出版社 2014 年版,第 121~129 页。

1987)正式提出了制度创新理论。他认为由于经济活动中出现了新的获利机会,且人们预期这一机会的收益将大于所支出的成本,而局限在现有的制度安排下这一获利机会无法实现,那么受利益驱使,人们会创新现有制度,从而产生了新的制度。林毅夫(1989)认为制度创新包含两层含义:一是诱致性制度变迁。个人或组织基于获利机会而对现行制度进行的更新或替代或产生新的制度安排。这一类型的制度创新类似于诺思提出的制度创新。二是强制性的制度变迁。这是由国家、政府或法律规定所强制安排的制度创新[①]。

3. 技术创新与制度创新的关系

技术创新和制度创新都属于创新的一种,进行创新的动力源于潜在的经济利益,技术创新的目的在于降低生产过程中的直接成本,制度创新则是为了降低经济活动中的交易成本(汤业国,2013)。诺思(1987)认为制度创新对技术创新起到决定性的作用,良好的制度安排对技术创新有利,否则制度安排会阻碍技术创新活动的开展。傅家骥(1992)认为企业制度安排会影响创新的积极性、效率和质量,因此制度创新要考虑对企业技术创新的影响。经济增长是技术创新和制度创新相互匹配的结果(王建安,2001)。

(二)创新理论与经济增长

技术创新是企业在激烈的行业竞争和市场竞争中立于不败之地的制胜法宝,只有通过创新培育企业的核心竞争力,才能实现竞争环境下战略性的可持续发展,技术创新理论为此提供了理论支持。公司治理机制作为现代企业制度的核心内容,通过企业内部制度安排,来合理配置资源,从而为技术创新提供良好的制度环境。技术创新理论和制度创新理论,形成了优化公司治理机制以促进企业创新的理论体系;为企业创新行为选择及其影响企业价值研究提供了强大的理论支撑。

四、双重委托代理理论与企业创新

双重委托代理理论是本研究的管理学理论基础。双重委托代理理论的

[①] 林毅夫:《关于制度变迁的经济学理论:诱致性变迁与强制性变迁》,转引自[美]罗纳德·H. 科斯(Ronald H. Coase)等:《财产权利与制度变迁:产权学派与新制度学派译文集》,刘守英等译,陈昕主编,格致出版社、上海三联书店、上海人民出版社2014年版,第260~281页。

主旨在于设置最优的公司治理机制,这一治理机制既能避免代理人的道德风险和逆向选择行为,也能避免大股东凭借其控制权对小股东利益的侵占。双重委托代理理论明确了上市公司在实现价值创造和经济增长的进程中需要解决的主要矛盾,本部分对双重委托代理理论的历史演进和主要内容进行梳理,以期为公司治理机制中两大委托代理矛盾的解决寻求理论支撑。

(一) 双重委托代理理论的起源与形成

委托代理理论问题的起源可追溯至亚当·斯密于1776年所著的《国富论》,斯密(1776)指出:经理人管理股东的财物肯定不会像对待自己的财务一样细心周到[①]。斯密(1776)所论述的这种现象,就是因经营权和所有权分离而导致利益冲突,即委托代理问题。1932年,伯利和米恩斯(Berle and Means)正式研究了公司中因控制权和经营权分离而导致的代理成本问题:股东应采取何种方式,才能保证经营者围绕股东的目标和利益而努力工作,这也成为委托代理理论的经典问题。斯宾塞和泽克豪森(Spence and Zeckhauser,1971)、莫里斯(Mirrlees,1973)针对委托代理问题,尝试通过效应函数、不确定性和报酬来设计模型,进而制定合同,以缓解委托代理所导致的矛盾。詹森和麦克林(Jensen and Meckling,1976)围绕委托代理问题的影响因素,考虑设置激励机制,以期将代理成本降至最低。霍斯金森和托克(Hoskisson and Turk,1990)研究认为经营者就职于某一公司,相当于将自身的人力资本全部投入这一公司,为降低自身的就业风险,倾向于追求公司多元化发展和扩大公司规模。霍斯金森等(Hoskisson et al.,1993)指出经理人属于风险规避型,不愿意进行风险大的研发投资活动,从而损害了公司的竞争力。张维迎(1995)认为代理问题要解决的是股东如何设计一种有效的合约,以控制代理人的行为。并进一步指出了委托代理理论的两个基本命题:一是制定委托人效用最大化的合约,合约中对代理人设置约束和激励机制,代理人要承担一定的风险;二是如果代理人属风险中立类型,可以让代理人成为唯一剩余权益者,以获取最优的结果(张维迎,1999)。上述以西方学者研究占据主导地位的西方传统委托代理理论又被称为单委托

[①] [英]亚当·斯密:《国民财富的性质和原因的研究》下卷(中译本),商务印书馆2003年版,第303页。

代理理论（冯根福，2004），或被称为第一类委托代理问题（Berle and Means，1932；王奇波和宋常，2006）。

委托代理理论研究中，多数是以美国的上市公司为研究对象，这些公司的股权结构较为分散，所以总结的关于委托人和代理人之间的矛盾是基于股权分散这一前提的。而在我国上市公司中股权较为集中的现象是非常普遍的（冯根福等，2002），所以在以股权集中为主要特征的中国及其他国家中，不仅要考虑委托人和代理人之间的第一类委托代理问题，还要解决股权结构中存在的第二类委托代理问题，即大股东与小股东之间的矛盾（Rajan，1992；Weinstein and Yafeh，1998）等。具体而言，在股权相对集中或高度集中的公司中，大股东对公司的决策具有绝对的话语权，大股东凭借其控制权会采取诸如资金占用、资源转移及现金股利等手段来损害中小股东的利益，获取较多的私人收益（Shleifer and Vishny，1997；唐清泉等，2005；陈红和吴卫华，2011），在相关法律制度不完善甚至缺失的国家和地区，这一现象更为严重。第二类委托代理理论的出现缓解了第一类委托代理下的利益冲突（王奇波和宋常，2006）。为解决公司治理机制中两类委托代理矛盾，戈麦斯和诺瓦埃斯（Gomes and Novaes，2005）提出了设置"几个大股东互相制衡"的股权结构。

综上所述，在股权相对集中或高度集中的上市公司中，不仅存在着委托人和代理人之间的传统的委托代理矛盾，还存在着大股东和小股东之间的委托代理矛盾，将解决这两种委托代理矛盾的理论称之为双重委托代理理论。

（二）双重委托代理理论的主要内容

根据侯永庭等（1999）的研究，第一类委托代理理论主要包含以下三个方面的内容：第一，委托代理成本问题研究。代理成本主要源于经济活动中的信息不对称，由于委托人无法完全掌握企业经营活动的全部信息，代理人出于自身利益最大化的目的，一方面，会做出对企业所有者不利的决策，这样的行为给委托人带来了一定的损失；另一方面，为了抑制代理人"道德风险"和"逆向选择"的发生，委托人不得不增加监督成本。这两项共同构成了代理成本的内容。第二，委托代理收益问题研究。委托代理关系作为一种契约安排，委托人和代理人在经济活动中各司其职，发挥自身专长，为双方带来经济利益。第三，委托代理关系中约束机制和激励机制研究。主要是关于对代理人行为的约束机制和激励机制，由于委托代理双方都以各自的利益最大化为目标,所以二者的目标函数不一样,代理人在经营过程中不可避免地会有"道德风险"和"逆向选择"行为的发生,为了规避代理人的这些行为,委托人不得不制定一些规章制度来约束代理人,与此同时,为了让代理人更好地服务于企业,还需要有配套的激励机制。

第二类委托代理问题的研究,主要包括以下两个方面:第一,如何保障小股东的利益。我国上市公司中控股股东(大股东)恶意侵占中小股东利益问题较为严重(唐宗明和蒋位,2004)。此时,法律法规体系的缺失,控股股东通过控制权获取私人收益的动机会更为强烈,控股股东的这些行为,不仅对企业长期发展不利,还加剧了对小股东利益的侵占。几个权利互相制衡的大股东的存在,可以弥补法律保护缺失的不足(Porta et al.,1999)。第二,最优股权结构的研究。股权结构的含义主要有两方面的内容,一是各类股东所持有的股份比例,反映了股权结构中"量"的关系,也代表了股东权力的大小;二是持有股票的股东的性质,决定了股东的目标(张兆国,2004)。按照企业产权理论的观点,股权结构决定企业制度安排,确定了公司治理机制的制定者和实施者,因而股权结构是公司治理中的核心问题(王奇波和宋常,2006)。同时,也将"最优股权结构问题(theory of the optimal shareholder structure design)"的研究推向了理论界和实务界研究的热点。最优的股权结构是使企业价值最大化的股权集中和股权分散相互权衡后的结果(王奇波和宋常,2006)。

(三)双重委托代理理论在企业发展中的重要作用

委托代理理论的产生是社会发展进步的表现,对经济发展、企业发展都具有重要的作用(罗建钢,2004)。第一,委托代理理论,是企业实现可持续发展的重要基础。所有权和经营权的分离,使得委托人和代理人都致力于自身擅长的领域。职业经理人在企业经营决策、投资决策以及企业长期稳定发展方面更具专业知识、实践经验和战略眼光。因此,将企业交由经理人来负责运营,将比委托人自己管理更有效率,对企业长期发展更有益。第二,委托代理关系的出现,为委托人实现多元化投资,降低投资风险,提供了可能。委托代理关系将委托人从烦冗的企业经营管理活动中解放出来,使委托人有时间和精力考虑其他投资项目,分散了委托人的投资资金,降低了投资风险。第三,督促代理人提升自身专业技能和管理水平。委托人将资产交由代理人打理，会对代理人的专业素养具有较高的要求，只有不断提升自身专业技能和管理水平，代理人才能在竞争激烈的经理人市场上脱颖而出。

第二类委托代理问题的出现，使人们重点关注如何使小股东真正成为公司的所有者，行使作为股东的话语权。不仅引起了人们对中小股东利益的保护，以及与之相关的公司治理机制和法律法规制度的完善，还减少控制权溢价（王奇波和宋常，2006），有利于企业价值的提升。

（四）双重委托代理理论对完善公司治理机制的启示

第一类委托代理理论为高管激励机制和约束机制的设置提供了理论基础。委托代理矛盾产生的主要原因在于信息不对称条件下，经营者以自身利益最大化为行为准则，而不顾委托人的利益。为缓解这一矛盾，在高管激励机制设置时要考虑到激励的最终结果不仅要能满足经营者当前的利益诉求，又能促进经营者和股东的利益诉求趋于一致，从而达到最优的激励效果（余津津和朱东辰，2003）。此时在激励机制的设置方面可以考虑短期和长期激励相结合，短期激励保障经营者的当前利益需求，长期利益促使经营者和股东目标相一致。这些研究为高管激励机制的设置提供了完整的理论依据。

第二类委托代理理论中有关股权结构的安排，引发了对股权制衡的探讨。股权制衡是指在股权结构中存在几个大股东互相制衡的情况。茨维伯（Zwiebel，1995）认为股权结构有三种均衡状态：一是由几个大股东共享控制权组成的股权结构，二是由一个大股东和多个小股东构成的股权结构，三是没有大股东，全部由大量小股东组成的股权结构。冯根福和闫冰（2004）将由几个大股东（一般指三个及以上）共享控制权、持有的股份比例较为接近且公司决策必须经由这几个大股东共同商议决策的股权结构称之为"寡头垄断股权结构"。国内外现有股权制衡的研究结论对公司治理机制的完善具有一定的指导意义。

传统的委托代理理论作为一种单委托代理关系，不适合我国实际情况，而双重委托代理理论针对股权高度集中或相对集中的上市公司而言，提出了设置和构建公司治理机制的基本要求：既要保证代理人和股东利益目标的一致性，也要防止大股东对中小股东利益的侵害。这就要求在公司治理机制的完善中需重点关注高管激励的设置和股权结构的安排。总之，以双重委托代理理论指导我国上市公司治理机制的设置和安排，更有利于我国上市公司治理机制的完善和治理水平的提升。

第二节 股权结构、高管激励与企业创新的文献综述

前已述及，本书主要探索公司治理机制的设置对企业创新行为的影响，以及公司治理因素在创新提升企业价值中的调节作用。基于双重委托代理理论，本书主要研究股权结构和高管激励对企业创新投资决策、创新投入以及创新产出的影响路径及影响机制研究；以及股权结构和高管激励在创新提升企业价值过程中作为权变因素所起到的调节作用。

所以，本部分文献综述主要对国内外已有研究文献进行梳理和评述，主要包括三个方面：企业创新行为及其影响因素、公司治理机制及其对企业创新行为的影响、公司治理变量在企业创新行为影响企业价值中的调节作用。通过对国内外相关研究文献进行梳理，总结已有的研究成果，揭露现有研究成果的不足，为后续研究指明了方向。

一、企业创新行为及其影响因素

企业成长和未来业绩优良的关键在于创新（Carayannis，2008），创新不仅影响企业的生存，对国家的发展进步也有至关重要的作用。本部分文献综述首先通过对国内外有关企业创新的文献研究进行梳理，更加明确了创新对企业发展的重要影响；其次，了解了国内外已有研究文献中对企业创新行为的界定，判断分析各代理变量的利弊，为后续实证研究中企业创新行为代理变量的选择提供理论支撑；最后，从内外两个层次探讨了企业创新行为的影响因素。

（一）企业创新行为的研究综述

创新（Innovation）本意是创造及改变。《简明不列颠百科全书》对创新的解释是提出解决问题的新途径、完成一项新设计或新方法，或是创造一种新的艺术形式。1912年，熊彼特在《经济发展理论》中提出了创新，并将其定义为新的生产函数的创立，即生产体系中将生产要素和生产条件进行新的组合，涵盖了新的产品、生产方式、市场、供应渠道及组织形式

五个方面的内容。《经济发展理论》是一部具有深远影响的著作，其界定的创新概念范围，不仅包括技术创新，而且涵盖了非技术的组织创新，熊彼特认为，经济发展的本质是这种新组合不断实现的结果[1]。通过对文献的梳理和分析，发现涉及创新的研究主要集中在以下四个方面：

第一，科学技术角度理解创新。创新是新技术、新产品、新服务等。1960 年，罗斯托（Rostow）提出了经济发展六阶段论，在创新的基础上提出了技术创新。提倡创新现有产品和服务，提升企业价值（Freeman, 1974；Counte and Glandon, 1988；Leonard and Rayport, 1997）。泽尔布曼（Selbmann, 1997）提出创新管理的最终目标是实现全面质量管理。第二，行为学角度阐述创新。创新是各种互相联系的复杂行为协同后的结果，是制定规划、建立组织、资本投入、发明选择、员工雇佣及开拓新市场等活动的综合（Mueller, 1962；Enos, 1962；Myers and Marquis, 1969；Teece, 1986；傅家骥，1998；刘助柏和梁辰，2002）。汤湘希等（2009）提出创新促进无形资产理论的发展，创新体现了智力资本的价值，人的创造力不可或缺。在知识经济为主的今天，提高创新能力是各个国家获得持续竞争优势的关键（Chen and Chen, 2013）。创新推动经济发展依托的是知识积累、人力资源和激励机制等无形资产的组合，要注重协同创新（洪银兴，2013）。第三，探索创新的影响因素：环境和知识积累。厄特巴克（Utterback, 1971）研究表明，创新能力受到环境、技术信息传播、公司内部特征和企业周围环境变化的影响。现代管理学之父德鲁克（Drucker, 1985）认为，创新需要管理，需要才能、独创性和知识的支撑，他首次将管理创新认定为企业的工作任务和目标。还有学者也探讨了知识积累对企业持续经营的重要性，他们指出成功的创新取决于以下关键因素：决策制定、公司绩效、组织联合或隔离、创新或新技术的适应、知识产权的开发和保护、公共或私人的研究资助（Borg, 2001；Schoenecker and Swanson, 2002）。第四，创新的功能界定。1972 年，英国萨塞克斯大学科学政策研究所（Science Policy Research Unit, SPRU）根据创新的重要作用，将技术创新分为渐进性创新、根本性创新、技术系统变更和技术经济范式的变更四类[2]。纳尔森和温特（Nelson and Winter, 1980）研究表明，组织形式、

---

[1] Schumpeter, J. A. *The Theory of Economic Development: An Inquiry into Profits, Capital, Credit, Interest, and the Business Cycle*, New York, Social Science Electronic Publishing, 1934, p. 90 – 91.

[2] Report on Project SAPPHO by the Science Policy Research Unit, *Success and failure in industrial innovation*, London, Center for the Study of Industrial Innovation, University of Sussex, 1972.

创新和路径依赖对企业发展有重要影响。

对企业而言,创新是一项风险大、收益高、不确定性强的投资机会(石晓军、王骜然,2017)。企业创新包含了管理创新、技术创新、治理机制创新和产品创新等(Mazzanti et al.,2006;Armbruster et al.,2008;赵红梅,2006)。一般而言,认为企业创新包含技术创新和管理创新两大部分,企业创新的目的在于获取核心竞争力,提升企业价值(荆树伟和牛占文,2016)。技术创新主要是针对产品、服务、生产工艺等进行创新。技术创新是关于研发支出和研发人员支出的函数(Acemoglu,2009)。管理创新是指在企业中采用全新的管理方法以更好地实现组织目标(Birkinshaw and Mol,2006),即创新现有的管理方法或管理流程(Vaccaro etal.,2012)。技术创新和管理创新是企业创新的两大核心,二者缺一不可,相辅相成,只有互相协作才能获得最好的创新效果(Daft,1978),共同完成企业创新的使命。持续不断的创新使企业在激烈竞争中立于不败之地。企业应以创新驱动为指引,以保持独具特色的竞争优势为核心,追求可持续发展,以达到企业价值增值的目的(张蕊,2015)。

(二)企业创新行为的约定

在实证研究中,学者们习惯用指标衡量企业创新行为,以R&D(research and development)投入衡量企业创新投入(Wu and Tu,2007;Xue,2007;Fong,2010;Lazonick,2007);以企业获得的专利数衡量企业创新产出(Scherer,1965;Smyth and Samuels,1972;Gayle,2001);以专利被引次数来衡量企业创新产出(Gayle,2001);以R&D支出和新产品销售收入来衡量企业创新行为(Jefferson et al.,2006)等。

李春涛和宋敏(2010)、李文贵和余明桂(2015)以研发投资参与意愿、研发投入占销售收入比重来衡量企业创新投入。鲁桐和党印(2014)以研发投入占总资产的比重和研发投入占营业收入的比重共同衡量企业创新投入活动。周黎安和罗凯(2006)将企业创新活动定义为专利的人均拥有量。张杰等(2017)用研发投入与主营业务收入的比率衡量企业创新投入,以当年获取的发明专利的授权量衡量创新产出。毛其淋和许家云(2014)用新产品销售额和研发支出额来衡量企业创新。翟淑萍和毕晓方(2016)用企业R&D投资占年初资产总额的比例来衡量企业创新投入。李文贵和余明桂(2015)用新产品产值占营业收入比例来衡量创新产出。鞠晓生等(2013)、李健等(2016)用无形资产增量来反映企业创新的持续性。

综上所述，实证分析在研究企业创新的影响因素时，主要从创新投资意愿、创新投入和创新产出三个方面来衡量企业创新行为，在后续的实证分析中将延续这一做法，从这三个角度来研究企业创新行为。

（三）企业创新行为的影响因素

企业是否参与创新、创新投入强度以及创新产出受企业内外多重因素影响，良好的企业外部环境和高效的内部公司治理机制是决定企业创新的关键因素。国内外学者也对此进行了诸多探讨。

1. 影响企业创新的外部因素

影响企业创新的外部因素包含了法律环境、企业利益相关者、市场状况等（Shleifer and Vishny, 1997）。外部制度环境影响企业创新（Hirshleifer et al., 2012; Hsu et al., 2014; Sapra and Subramanian, 2014）。不完善的企业外部监督机制不利于企业创新行为的开展。英美两国的公司治理制度对企业创新产生了不同影响，美国的制度适合电子信息企业进行创新，而英国的公司治理制度对航天工业企业的创新更有利（Tylecote and Ramirez, 2006）。可见，企业创新行为与技术体制是密切相关的（Malerba and Orsenigo, 1995）。

实施并购能促进企业创新，原因在于并购后外资股东会提供创新技术（Guadalupe et al., 2012）。从风险承担角度入手，发现外资股东持股比例与企业投资风险正相关，风险较大的创新性项目对外资股东更具吸引力（Boubakri et al., 2013）。外国机构投资者提升了企业的创新水平（Luong et al., 2014）。企业创新具有规模效应，规模越大的企业，创新效率越高（Galbraith, 1952; Kaplan, 1954）。研发人数与企业销售收入具有高度的正相关关系（Comanor and Scherer, 1969）。

在市场化程度高的地区，各项监督机制比较完善，避免了企业在R&D活动方面的简单模仿和无效重复，提升了企业创新的效率（Almeida and Campello, 2007）。行业内竞争程度越激烈，行业内企业的R&D投资活动越活跃（Gu and Wang, 2005）。也有学者研究表明，竞争强度和企业创新之间存在倒"U"型关系（Hecker et al., 2013）、竞争强度和企业创新之间没有显著的相关性（Negassi and Hung, 2014）。

研究表明，出于稳定经济和社会环境的目的，政府会阻止国有企业进行高风险的创新项目投资（Boubakri et al., 2013）。企业中非国有股权比例越高，政府对企业施加压力的成本越大，企业的自主权增加，从而围绕企业价值最大化为目标开展更多创新活动（Shleifer and Vishny，1994）。

国内在研究影响企业创新的外部因素方面：吴延兵（2007）认为产权制度、市场经济发展状况和法律等制度因素对我国企业创新都有一定影响。罗思平和于永达（2012）也提出了外部制度环境会影响企业创新这一观点。党力等（2015）结合我国实际情况，立足我国十八来以来的反腐败背景，发现对于有政治关联的企业，反腐败政策出台以后，这些企业的研发支出有所增加。

李政和陆寅宏（2014）、陈建军等（2017）指出日益严峻的市场竞争环境迫使企业进行创新。何慧爽（2010）认为弱竞争环境更有利于企业创新。杨慧军和杨建君（2015）实证研究证明不同的竞争环境和领导风格都会影响企业创新。周黎安和罗凯（2005）研究证明，在合理的所有制或公司治理结构下，企业创新是具有规模效应和累积效应的。施先旺和刘馨月（2017）指出企业研发支出受到外界的融资约束，足够的现金流是进行企业创新的基础，而合理避税行为为此提供了契机。董晓芳和袁燕（2014）研究证实了企业创新受其所处的生命周期的影响。张玉臣和吕宪鹏（2013）进一步研究表明政府的税收和补贴优惠政策对初创期的企业创新有积极影响，而随着企业规模扩大，这种积极影响逐渐减弱。

2. 影响企业创新的内部因素

内部因素主要考虑企业自身及其内部特征对企业创新行为的影响。熊彼特（1912）认为企业家精神是创新最根本的来源。管理者对问题的认知及其心理素质是影响企业决策的关键因素（Priem et al.，1999），这一观点也得到了实证研究的支持（Bertrand and Schoar，2003；Hirshleifer et al.，2012）。CEO 的过度自信会增加企业研发投入，从而促进企业创新（Galasso and Simcoe，2011；Herz et al.，2014）。张妍等（2015）认为供应商和客户关系也能影响企业创新。

探讨创新的影响因素，需要考虑个体、团体以及组织三层次及它们三者之间的相互作用（Woodman et al.，1993）。产品创新团队是一个组织内部知识创造的源泉（Nonaka and Konno，2005）。不同的组织结构特征影响着企业内部的知识整合，进而影响企业创行为（Donate and Guadamillas，2011）。集权化的组织结构限制了信息和知识在企业内部的分享（Hill and Levenhage，1995），而只有增加多维度横向的沟通和交流，才能有效提高组织内部人员对信息和知识的共享（Cabrera and Cabrera，2002）。规范化的组织结构营造了刚性的工作环境,影响到创新知识的获取及分享(Mohamed et al.,2004),从而对企业创新产生不利影响。

陆建军等(2017)认为组织结构决定企业的运营管理,进而对企业创新产生影响。林山和黄培伦(2007)、齐旭高等(2013)指出组织的集权化和规范化程度均对企业创新有消极的影响,这是因为集权化程度制约了员工的决策权、规范化程度则要求所有行为决策需要相关文件支持,从而压制了员工的创造性思维和行动。吴延兵(2012)和徐欣(2015)认为产权结构影响企业的创新行为和创新绩效。

柯江林等(2007)强调了创新团队在企业创新活动中的重要作用。刘小禹等(2011)指出企业内部的团队特征、组织氛围、企业文化等都会对企业的创新产生影响。易靖韬等(2015)、张信东和郝盼盼(2017)证实了高管过度自信能显著提升企业的创新投入和创新产出。徐欣和唐清泉(2012)通过对国有控股和非国有控股企业的对比研究,发现国有控股企业重视创新的"量",而非国有控股企业更重视创新的"质"和"利"。

二、公司治理机制对企业创新行为的影响

股权结构、高管激励对企业创新行为的影响以及在创新提升企业价值中所起到的调节作用。公司治理机制作为企业创新的制度基础,影响着企业创新决策的选择、创新投入的多寡以及创新产出的效果。因此,首先对公司治理机制的内涵及其所包含的内容进行了文献梳理,界定了本书所研究的公司治理机制的范畴:基于双重委托代理理论下的内部公司治理机制进行研究;其次,探讨了公司治理机制对企业创新行为的影响,围绕双重委托代理理论下两大矛盾的解决,着重分析了股权结构安排和高管激励设置对企业创新行为的影响。

(一)公司治理机制与企业创新行为

在公司治理机制中引入契约理论和制度分析法,划分为依赖于法律的公共治理机制和法律之外的私人治理机制(Berglöf and Claessens,2004)。公共治理机制是由检察机关或监管部门来执行的,私人治理机制是如市场竞争、媒体监督和企业声誉等不受法律约束的。公司内部治理结构包括大股东监督、高管持股、高管激励、董事会特征、长期负债等(Arthurs,2008;Compers,2008)。詹森和麦克林(Jeensen and Mechling,1976)指

出公司治理的重点是协调各方利益。积极的公司治理因素能有效抑制企业的非效率投资（Richardson，2006），公司治理差的公司更容易发生非效率投资（Giroud and Mueller，2010）。

公司治理是内部治理机制和外部治理机制的集合（张洪辉等，2010；于忠泊等，2011），是企业运行的基本规范（鲁桐和党印，2014），是企业创新的基础。白重恩等（2005）指出公司内部治理机制包括董事会、股权结构、高管薪酬以及财务信息披露等，公司外部治理机制涵盖了控制权市场、法律保护体系和市场竞争程度等。杨典（2013）通过实证研究证明"最佳"的公司治理是与特定的社会、经济、文化、政治等制度环境相契合的，是在制度环境背景下各种利益相关者相互博弈的结果，并不存在"普遍的"最优公司治理模式。杨汉明和刘广瑞（2014）从治理上市公司过度投资角度出发，提出消除控股股东或经营者谋求私利的动机，建立有效的股东和经营者激励制度和监督约束机制是完善公司治理机制中的必要手段。陈丽霖和冯星昱（2015）认为公司治理机制是影响企业研发投入、创新以及获取竞争优势的关键因素。

综上所述，按照企业边界可以将公司治理机制分为外部治理机制和内部治理机制。外部治理机制主要包括融资环境、市场结构、行业特征、法律保护等；内部治理机制主要包括股权结构、董事会和高管特征、激励机制等内容。主要针对双重委托代理理论下的内部公司治理机制进行研究，以解决双重委托代理理论所产生的两大矛盾为出发点，将分别从股权结构和高管激励两方面来探讨如何通过公司治理机制的优化和完善，以更好地促进企业创新，进而提升企业价值。

（二）股权结构对企业创新行为的影响

控股股东的存在，会减轻股权分散下的搭便车问题，有利于高管选择对企业价值有利的创新投资活动（Holderness and Sheehan，1988）。提高所有者的持股比例，对企业增加研发投入具有显著的积极影响（Bogliacino et al.，2013）。但是，股权集中的股权结构降低了决策效率，增加了由于决策机制烦琐而导致的信息不对称（Damanpour，1991）。公司中控制权的集中会导致代理问题，这是公司治理需要重点关注的问题（杨贤和卢昌崇（译），2010；Halla and Oriani，2006）。随着股权集中程度的提高，易产生大股东利用控制权攫取私人收益的问题（Wu et al.，2011）。

不同的股权结构体现了不同的公司治理机制，进而决定了不同的公司治理效率（隋静，2016）。股权结构概念的界定不仅要考虑各类股东所持股份占公司全部股份的比例，而且要考虑股东的性质，它们共同决定了股东的目标和对经营者的管理方式（张兆国，2004）。股权结构作为公司治理机制的基础，明确了公司的风险承担、利益分配、治理结构等，进而决定了公司的治理行为及效率（唐国平和李龙会，2013）。股权结构规定了股东行使其权利的方式方法，也是影响公司外部治理机制发挥效用的关键因素（李琳和张敦力，2017）。分散的股权结构会增加股东对经营管理者的监督成本，缺乏对管理者监督的积极性（李文洲等，2014）。股权集中程度越高，面临不确定性较大的研发投资，大股东面临的风险越大，从而越有可能拒绝创新项目投资（朱德胜和周晓珮，2016）。在我国上市公司中，无论是国有企业还是民营企业都有股权集中的现象，存在控股股东（何威风等，2016）。

（三）高管激励对企业创新行为的影响

股权结构和高管激励对企业创新行为的影响，以及二者在创新提升企业价值中所起到的调节作用。霍斯金森（Hoskission，2002）提出公司治理机制权衡各方利益相关者的利益，与企业创新密不可分。企业是否进行创新项目投资，以及如何进行资源的合理优化与配置等，都取决于公司治理机制（Belloc，2012）。公司治理机制通过分配控制权和剩余收益权，决定了决策者在投资过程中的投机机会，继而影响企业创新行为。对创新投资的决策者给予激励，能促进企业创新（Aghion et al.，2013）。现有实证研究方面：研究证实了 11 个人的董事会规模对企业创新最有利（Zahra et al.，2000）；对经理人的激励对企业创新有较大的影响（Lin et al.，2009）；对经理人的监督力度越大，越有利于企业创新（Olivier et al.，2013）；对经理人的监督力度越大，越不利于企业创新（Bianchini et al.，2015）；具有良好的经理人治理机制的公司，会有更多的外部合作机会，从而对企业创新有利（Bodnaruk et al.，2013）。

高管会采取较为保守的低风险投资策略，为自己谋取私利（Mishra，2011）。企业往往会对高管进行股权激励来鼓励其选择风险较高的创新项目进行投资（Coles et al.，2006）。CEO 持股对公司价值的影响受到外部治理环境的影响（Kim and Lu，2011）。当 CEO 持股比例较低时，CEO 持股可以缓解代理问题；当 CEO 持股比例过高时，反而会降低企业价值。CEO 持股是通过研发活动这一渠道来影响企业价值的。股东在研发投入中扮演着重要角色，如果控股股东期望获得较多的汇报，则会倾向于进行更多的创新投入（Miozzo and Dewick，2002）。股东对经营者的监督机制越完善，公司的创新投入越多（Lhuillery，2006）。

委托代理理论下，所有权和经营权相分离，在利己动机的驱使下，公司高管追求个人利益最大化，从而损害了公司利益，为了使高管和股东利益趋于一致，高管薪酬激励应运而生（李四海等，2015）。吕长江和赵宇恒（2008）则持不同的观点，在研究中指出为了解决委托代理问题而给予的高管薪酬激励，放大了高管的权利，从而会导致新的代理问题。李四海等（2015）实证研究证明高管薪酬激励在民营企业中敏感性较强，在国有企业中不敏感，国有企业对晋升激励较为敏感。

三、公司治理变量在企业创新行为影响企业价值中的调节作用

劳动价值论为企业创新行为影响企业价值奠定了坚实的理论基础。创新是影响企业价值的重要因素，创新通过降低成本或者提升产品质量进而提升企业价值。以创新为导向设置公司治理机制，加强企业创新，最终目的在于提升企业价值。因此，首先对企业价值的含义进行文献梳理，为实证部分选取合适的代理变量提供经验借鉴；其次梳理了国内外有关研发投入与企业价值关系的文献研究，着重分析了公司治理变量作为创新投入影响企业价值的权变因素，其影响路径和机制是如何发挥作用的。

（一）企业价值的含义

波特（Porter，1985）将公司的经济活动划分为具体的、单独的活动，把这些性质功能各异的活动称为价值创造活动。雷鲍特和斯维奥克拉（Rayport and Sviokla，1995）提出了虚拟价值链的概念，提出企业利用物资资源和信息资源共同为顾客创造价值。斯莱沃斯基等（1998）[1]认为价值网是由企业内部员工的互相合作而建立起来的，员工通过资源共享和优势互补为顾客创造价值。这些都是基于流程或顾客视角来研究企业价值创造。

---

① ［美］亚德里安·J. 斯莱沃斯基等：《发现利润区》，凌晓东等译，中信出版社 2003 年版，第 65 页。

从财务视角提出的企业价值概念,认为企业价值是企业未来现金流入的现值(Modigliani and Miller,1958)。根据不同的评估方法,形成了不同的观点。第一,基于现金流和企业未来经济增加值现值的企业价值观(Rappaport,1986)。企业价值源于预期货币收入的权利,以及该权利下未来收入的折现值(Fisher,1906)。第二,基于托宾Q值的企业价值观(Tobin,1969),这一观点将企业价值定义为市场价值,企业价值等于市场价值与重置价值的比率。

企业未来价值取决于有效的创新行为(Freeman and Soete,1997)。增加研发投入,促进企业创新,有助于企业获取并保持核心竞争优势,从而提升企业价值(Guth and Ginsberg,1990)。研发投入之所以能提升企业价值,在于研发投入优化了企业的生产经营能力(Stopford and BadFuller,1994)。

财务学上企业价值的研究以计量为中心,伴随着产权市场的形成,提出了企业价值的概念,企业价值最初在财务管理领域,而后向战略管理领域扩展,并运用于企业整个运营管理过程(孙艳霞,2012)。相比短期的绩效指标,企业价值具有长期性,它建立在企业未来预期收益的基础之上(陈艳莹,2000)。企业价值是未来现金流的现值,管理创新是企业价值增长的核心(王永海和郑忠良,2006)。陆正飞和施瑜(2002)认为企业价值是一项综合指标,不仅包含企业的获利能力,而且涵盖了企业适应市场环境和获取并保持核心竞争优势的能力。

(二) 企业创新行为对企业价值的影响

研发投入的目的是增强企业创新能力,获取核心竞争力,从而提升企业价值(Johnson and Pazderka,1993)。研发投入强度能显著提升企业价值(Hirschey and Weygandt,1985;Han and Manry,2004)。随着研究的深入,学者们开始关注在不同的条件下,研发投入对企业价值的影响机制(Lin et al.,2006;Chung et al.,2003)。胡(Hu,2001)研究了股权性质在创新影响企业价值中的调节作用,他认为国有企业肩负了更多的政治使命,从而不能有效合理配置资源,降低了创新效率,进而影响企业价值。伯利和米恩斯(Berle and Means,1932)是较早开始进行股权结构研究的,认为股权结构的分散度和公司绩效之间存在负相关,这一研究也开启了股权结构和公司绩效关系研究的热点。詹森和麦克林(Jensen and Meckling,1976)根据股东的权利属性将其划分为内部股东和外部股东,并证实了内部股东所占比例与公司价值呈正相关。德姆塞茨（Demsetz，1983）提出股权结构作为内生变量，无论是集中还是分散，都应以股东利益最大化为目标，因而股权结构和公司绩效之间不存在相关性。

鉴于创新项目具有风险大、不确定强等特征，部分学者围绕风险偏好和风险承担角度来研究企业创新对其价值的影响。研究发现控股股东的风险偏好对企业的风险承担意愿有着显著影响（Faccio et al.，2011）。愿意承担高风险的公司在增加资本支出并进行创新投资方面较为积极主动，使公司把握住了更多发展机会，提升了企业价值且增加了股东财富，但这是建立在创新项目周期长、风险大的前提下；不愿承担高风险的公司，倾向于减少资本支出，从而导致其未来可持续发展能力受损，发展前景堪忧（何威风等，2016）。因此，如何在企业风险承担意愿和高风险所导致的经济后果之间进行权衡，是公司治理机制需要重点关注的问题。企业风险承担意愿受诸多因素的影响，比如股权结构、高管激励、管理者特征以及企业文化等。

研发投入与企业价值正相关（陈修德等，2011；汪利锬和谭云清，2016；吴建祖和肖书锋，2016）。受权变理论的影响，徐二明和张晗（2011）、张其秀等（2012）、陈守明等（2012）、陈丽霖和冯星昱（2015）等开始研究公司治理机制在研发投入影响企业价值中所起的作用。舒谦和陈治亚（2014）研究证明研发投入对企业业绩的提升以及企业创新效率的提高都深受公司治理机制的影响，刘银国和朱龙（2011）证实了公司治理水平的提升与企业价值正相关。吕怀立和李婉丽（2010）认为股权制衡作为公司治理的主要手段在缓解委托代理问题，提升企业价值方面具有重要影响。但安灵等（2008）认为适度的股权制衡能抑制控股股东的过度投资，提升企业价值，但是过度的股权制衡会导致投资不足，从而降低企业价值。

第三节 已有研究成果评述

一、已有研究取得的主要成果

前已述及，国内外已有研究文献在企业创新行为的影响因素、企业创新行为与企业价值的关系，以及在企业创新行为影响企业价值关系中起到调节作用的权变因素方面的研究主要取得了以下研究成果：

第一，明确了创新在企业发展中的重要作用，以及对经济增长的重大贡献，基本认同了创新行为能提升企业价值这一观点。指出创新具有周期长、风险大、不确定高等一系列异质性特征。逐步形成了以技术创新和管理创新为核心的企业创新内容。

第二，从内外两方面探讨了企业创新行为的影响因素。影响企业创新行为的外部因素主要有制度环境、法律环境、行业环境、市场环境等，影响企业创新行为的内部因素主要有企业文化、组织结构特征、高管特征、风险偏好、股权结构、激励机制等。

第三，在完善公司治理机制方面进行了大量探讨。最优的公司治理机制是与企业特定的内外环境相协调的，不存在适合所有企业的一成不变的公司治理机制。

第四，在公司治理机制影响企业创新行为，进而影响企业价值方面进行了有益的探讨。鉴于创新投资项目的异质性特征，是否进行投资、投资多少？主要受到董事会特征、股权结构、股东风险偏好、高管激励和监督机制等公司治理因素的影响。在此基础上，对这些公司治理因素在企业创新影响企业价值中所起到的调节作用也展开了初步的探讨。

第五，揭示了我国上市公司中普遍存在股权集中的现象，证实了国有企业创新和民营企业创新具有差异性。

第六，提出了企业价值的概念及界定方法。企业价值是基于预期未来现金流的现值、是结合了企业市场价值的价值，是衡量企业经营状况的综合性指标。

二、已有研究存在的主要不足

受制于制度环境、市场状况、研究思路、实证方法等因素，国内外学者在研究公司治理机制、企业创新行为和企业价值三者关系时，还存在以下不足之处：

第一，无论在理论方面，还是实证检验方面，学者们对股权结构与企业创新行为之间的关系都无法形成统一的结论。造成这一结果的原因是研究者在研究样本、研究方法、创新行为代理变量等选取上存在差异。比如部分文献在研究时，仅选取了国有企业或者民营企业为单一研究对象、仅选取某一行业为研究对象、仅选取创业板上市公司为研究对象、仅选取代表企业创新行为某一阶段的代理变量进行研究等，从而造成了研究结果大相径庭，参考价值较低。

第二，高管激励机制的设置会形成利益趋同效应，从而促进企业创新；还是会产生高管的管理防御效应，从而阻碍企业创新？有待进一步商榷。高管的激励机制对企业创新行为的影响至关重要，目前有关长期和短期高管激励影响企业创新行为不同阶段的研究成果不够丰富，这方面相关的经验证据极其有限，已有的研究结论也不尽相同，缺乏研究体系，代表性文献较少。

第三，在国有企业和民营企业谁更具有创新性这一问题上存在分歧，缺乏如何针对这两类上市公司进行股权结构和高管激励机制设置的理论分析和实证检验。单独研究国有企业或民营企业公司治理机制对企业创新行为的影响，无法全面掌握不同产权性质下公司治理机制设置的侧重点有何差异。然而，目前鲜有文献同时把国有企业和民营企业作为研究对象，通过理论分析和经验证据说明哪种股权结构或高管激励机制设置更适合国有企业或民营企业。

第四，现有关于股权结构和高管激励在企业创新行为影响企业价值中的调节效应的研究成果不足，缺乏系统性的研究思路，代表性的文献较少。虽然，目前有个别文献在寻找企业创新影响企业价值中的调节变量时，尝试用到了一些代表公司治理状况的变量，但没有区分公司治理机制中各因素的重要性，也没有考虑研究的前后连贯性，使我们无法获得系统完整的关于公司治理机制调节效应的认识。

第五，国内现有关于完善公司治理机制的研究中，受国外研究成果的影响，得出的研究结论在国内环境中并不具备可行性或者可行性较差。发达地区国家的制度环境、法律保护、市场状况等优于我国，而国内学者在进行相关研究时跟随国外学者的研究思路，立足于国外的研究背景，而忽略了我国历史、社会、经济等方面的实际情况，使得研究结论并不适用于国内上市公司。而且在研究的深度和广度方面也有待进一步完善。

基于此，为了全面系统地探讨股权结构、高管激励与企业创新行为之间的关系，本书选取代表企业创新行为不同阶段的三个代理变量：企业创新投资决策、创新投入、创新产出。重点探索公司治理机制中不同的股权结构和高管激励安排下，企业愿意承担高风险进行创新投资的经验证据，以及在不同的公司治理机制下创新投入对企业价值的影响。

第三章

企业创新行为及其影响企业价值的机理分析

基于股权结构和高管激励双重视角的企业创新行为及其影响企业价值的机理分析，是本书的重要内容，机理研究将理论和实证部分紧密结合，也从逻辑上对全书研究内容进行了梳理。

明确企业创新行为的动力。首先，创新是研究的起点，只有了解了创新的理论内涵和创新在企业发展中所起的关键作用，才能凸显研究的意义。紧密结合机理分析，本书的第二章第一节详细阐述了创新理论的相关内容。其次，要想实现企业创新，那么以创新为指引，合理优化配置企业资源，即形成创新型的资源配置观是企业创新的基础。第三章第一节详细概括了创新性资源配置观的内涵。再次，要实现创新型的资源配置观，关键在于要拥有一个支持创新的公司治理机制。第二章第一节的第四部分、第二章第二节、第四章、第五章、第六章则是选取了公司治理机制中的股权结构、高管激励两大因素从理论和实证角度阐述了如何加强企业创新。

研究企业创新行为及其影响企业价值的基本要求。首先，企业创新行为代理变量选择的过程性和动态性。企业创新活动是一个过程，因此在实证研究中选取了代表企业创新行为不同发展阶段的三个代理变量：创新投资决策、创新投入和创新产出。第四章、第五章以及第六章的内容都体现了这一要求。其次，股权结构和高管激励机制设置的动态性和过程性。不同产权性质约束下的上市公司的管理要求和经营模式各有差异，这就要求有针对性地依据产权性质不同进行股权结构和高管激励机制设置。第五章的研究内容实现了这一要求。

企业创新行为对企业价值的影响研究。鉴于创新在企业发展中的重要作用，需要支持创新行为的股权结构安排和高管激励机制来实现创新型的资源配置，最终目的是实现企业的可持续发展以及企业价值的提升。紧密结合机理分析，第二章第一节中的劳动价值论和经济增长理论为本部分研究奠定了坚实的理论基础；第五章则进行了与企业价值相关的实证分析。

第一节 企业创新的内生动力

企业创新行为的内生动力是以企业创新为起点、基于创新型的资源配置观、以创新为导向设置股权结构和高管激励三个方面来展开分析。首先，创新作为影响企业生存与发展的关键因素之一，也影响着企业所在区域、所属行业甚至整个国家的发展与进步，可见，创新是经济成功与经济增长的关键推动力——创新驱动发展，因此，将创新作为研究的逻辑起点，其余研究均是围绕创新而展开。其次，创新型的资源配置观要求以创新为导向对企业资源进行合理配置，鼓励企业的创新行为，培养员工的创新意识，这是企业创新的基础。最后，创新受公司治理机制中股权结构和高管激励的约束和影响，因此将创新置于公司治理机制中，来探讨如何安排股权结构和高管激励更能促进企业创新，进而提升企业价值。

一、创新的起点：企业创新活动

持续不断的创新是经济主体持续经营且获得长期竞争优势的关键，创新既包含技术创新，也涵盖技术创新以外有助于技术创新价值实现的知识积累、管理创新、企业家才能、战略制定、组织管理等各种无形资产的协同作用（张玉娟和汤湘希，2017）。创新的含义有广义和狭义之分，广义上来说，创新是指随着时间的变化，成功的经济体或者公司提升其绩效获取核心竞争优势过程中的核心内容，这一过程也是不同公司决一胜负的过程；创新还是资源的开发和利用过程，以此获取质量更好或成本更低的产品；因此，将创新的广义含义界定为：经济体或者公司获取高质量或低成本竞争优势的全部活动（O'Sullivan，2000）[1]。广义的创新同时涵盖了技术创新和制度创新，狭义的创新只涉及了技术创新。基于技术创新和制度创新协同理论，从公司治理角度展开技术创新研究的文献日益增多（汤业国，2013）。本书研究的创新是广义上的创新，即同时具有制度创新和技

---

[1] ［美］玛丽·奥沙利文（Mary A. O'Sullivan）：《公司治理百年美国和德国公司治理演变》，黄一义、谭晓青、冀书鹏译，人民邮电出版社2007年版，第2页。

术创新。制度创新的研究内容主要围绕股权结构和高管激励的设置与完善，技术创新的研究内容主要涉及上市公司创新投资决策、创新投入和创新产出三个维度。

创新为经济体长期持续不断的积累财富提供了可能。在日益激烈的竞争环境中，上市公司只有发掘并保持自身的创新能力，才能在激烈的竞争中立于不败之地（汤业国，2013）。创新不仅关乎企业的存亡，对国家的发展进步也至关重要。美国康奈尔大学、世界知识产权组织和英士国际商学院2015年共同发布的全球创新指数显示，强大的创新性是排名前25位的经济体的共同特征。在当下以知识经济为主的环境中，提升并保持创新的能力是获取核心竞争力的关键（Chen and Chen，2013），创新是财富的来源，也是企业持续经营必备的基本素质之一（Amidon，1998）。上市公司作为创新体系中的重要组成部分，其创新活动的成败不仅关乎企业发展，还影响着企业所属行业、所在区域甚至整个国家的创新能力。综上所述，以创新为逻辑起点的公司治理机制的设置与完善具有重大的理论意义和现实意义。创新在企业持续经营以及价值创造过程中至关重要，因此将创新理论置于公司治理的概念框架中，才能说明何种公司治理机制下能达到企业价值的最大化。

二、企业创新的现实基础：创新型资源配置

鉴于创新在企业发展中的关键作用，以创新为导向对企业资源进行高效合理的调配才是最优的资源配置观，或称之为创新型资源配置。资源配置影响企业的创新行为，为了鼓励企业中个人和集体进行创新，不仅要配备相应的物质资源、对员工进行知识和能力的培训，还需要一定的激励机制，使员工具有创新意识、乐于从事创新行为。创新经济学家强调创新型资源配置具有以下三个特征（O'Sullivan，2000）[1]。

第一，战略性特征。以"战略"的方式对创新型的资源进行配置，资源配置过程中要克服既定的市场、经济、技术条件的限制。熊彼特（1996）指出"战略"本身是"眼光""直觉"，是具有主观性的，以经济活动为例，经济主体在没有设计出全部详细的活动细节的时候也必须要开

---

[1] ［美］玛丽·奥沙利文（Mary A. O'Sullivan）：《公司治理百年美国和德国公司治理演变》，黄一义、谭晓青、冀书鹏译，人民邮电出版社2007年版，第11页。

展经济活动，这些活动在执行过程中依靠的就是"直觉"；"直觉"是一种能力，这种能力在当时无法确定好坏，但事后被证明是成功的；"直觉"并不是凭空捏造的，是依据全面系统的准备工作，结合逻辑分析而形成的。创新本质上取决于决策者的主观"直觉"。战略不是一次性的，是一个过程，伴随着创新活动中不确定性的出现而发生，具有尝试性的特征，比如结果证明制定的解决方案不可行，那么就要重新尝试使用新的解决方案，在创新型经济活动中以"战略"的方式设置组织结构，会激发隐藏在组织内部的潜能，以潜能带动创新（O'Sullivan，2000）[1]。

第二，开发性特征。极具不确定性的创新型项目的实施需要持续的资源投入。创新型资源配置是对资源进行开发利用的过程。这一资源配置过程具有较大的不确定性，包括开发过程不确定和开发成功后获取回报的不确定性。纵使开发过程极具风险，但鉴于创新对经济主体的重要作用，依然要对创新型项目进行投资，并实施创新型资源配置。把资源投入到不确定性较大的创新活动中，就放弃了创新资源的其他用途，产生一定的机会成本。在资源配置过程中，会不断产生新的问题，人们处理问题的方式方法都会随着他们知识和经验的积累而发生变化。创新具有累积性，创新型资源配置的规模不仅依赖于对资源、人力、其他配套项目的投资规模，还受到这一投资过程持续性的影响（Freeman，1974）。创新资源的开发过程充满了不确定性，至于最后是否能获取高质量或低成本的竞争优势不得而知（Schumpeter，1996）。但是，如果不考虑这一过程的持续性，在创新型资源配置完成以前把资源从开发性过程中撤出，会损害整个资源配置过程。由此可见，虽然创新项目在各个环节都充满了不确定性，但仍要持续不断地进行投资（O'Sullivan，2000）[2]。

第三，组织性特征。组织通过人力资源和物质资源的高效整合而获得收益。经济主体的创新行为及创新效果都依托组织进行，组织内部员工为实现共同目标而努力工作、互相协作。组织内工作的分工和合作方式，决定着知识形成的范围和方式。工作分工决定员工工作的自主性，工作整合决定员工在工作中的互相协作。资源配置过程的组织性意味着创新投资和创新效果的界限是模糊不清的。具体而言：首先，创新过程是集体性质的经济活动，无法将创新效果归功于参与创新活动中的某个人（Alchian and

---

[1][2] [美] 玛丽·奥沙利文（Mary A. O'Sullivan）：《公司治理百年美国和德国公司治理演变》，黄一义、谭晓青、冀书鹏译，人民邮电出版社 2007 年版，第 23 页。

Demsetz, 1972)。企业通过创新取得竞争优势，会建立起一系列针对创新活动参与者的激励机制，这些优势是很难被轻易模仿的；竞争者在自己的企业中试图模仿优势企业的资源配置，以获取竞争力，但是这一模仿的过程往往是浪费资源且难以成功的；基于此，竞争者会在优势企业创新效果的基础上，努力实现新的创新并获取竞争优势，从而使得优势企业竞争优势消失（O'Sullivan，2000）[①]。企业间这些与创新相关的竞争活动，会使得产品或工艺发生质的改变，而这些改变很难归功于某个人的贡献。其次，创新投资和创新收益在时间上无法完全匹配，本期间获取的创新收益，有可能是本期或者前期参与者的贡献形成的。

三、企业创新的核心：支持创新的公司治理机制

公司治理机制是决定资源配置和收入分配的制度，公司治理机制明确了谁有权力决定公司投资决策、投资的类型、投资收益的分配。完善并优化公司治理机制，为创新提供持续稳定的根基，才是促进企业创新的关键所在。支持创新的公司治理机制需要满足以下两个要求：

首先，处理好利益相关者之间的关系。创新行为的顺利实施受制于各方利益相关者对创新活动的欢迎程度。创新的异质性特征，如高风险、长周期、不确定性等，加剧了创新活动开展的难度，从而制约了创新投入水平，影响了企业的创新产出，此时，良好的公司治理机制为解决这些矛盾提供了契机（任海云，2013）。将企业的利益相关者分为两类，一是内部利益相关者；二是外部利益相关者。内部利益相关者的矛盾主要集中在大股东和小股东，以及委托人和代理人之间。大股东出于风险规避目的，有可能损害小股东的利益，大量攫取控制权私人收益；委托人和代理人之间获取利益的途径不同，决定了他们目标的差异，从而代理人会出现道德风险和逆向选择；利用制度设计和治理机制的完善促使委托人和代理人目标和利益趋于一致，并保护小股东的利益，是公司治理的基础功能之一（汤业国，2013）。可见，公司治理机制中的股权结构安排和高管激励机制设置是处理好内部利益相关者的关键。外部利益相关者的矛盾，主要是供应商、客户、政府、债权人等之间的利益协调问题，企业需要一套高效有序

---

① ［美］玛丽·奥沙利文（Mary A. O'Sullivan）：《公司治理百年美国和德国公司治理演变》，黄一义、谭晓青、冀书鹏译，人民邮电出版社 2007 年版，第 22 页。

的制度安排来界定各方权利和义务，这也是公司治理机制的重要功能（汤业国，2013）。

其次，以创新为导向设置公司治理机制。现有文献对创新和公司治理关联性的研究逐渐揭示了一个问题：企业创新活动具有公司治理属性，与企业的股权结构（Hoskisson et al., 2002）、高管激励机制（Makri et al., 2006）、控制权市场（Hitt et al., 1996）等公司治理因素密切相关。公司治理影响着实际控制人的创新行为，进而影响着企业创新决策、创新投入以及创新产出。这也解释了为什么在相似的内外部环境条件下，企业之间的创新状况存在着巨大差异。通过公司治理机制中相应的资源配置和制度安排，为企业的创新活动配备资源。

总之，公司治理作为企业制度的核心内容，基于资源配置观以创新为导向优化公司治理机制，是当前激烈竞争环境中保证公司永续发展最有利的公司治理机制。基于双重委托代理理论，本研究主要探讨股权结构和高管激励对企业创新投资决策、创新投入以及创新产出的影响路径；以及股权结构和高管激励在创新提升企业价值过程中作为权变因素所起到的调节作用。

第二节 企业创新行为及其影响企业价值研究的基本要求

企业创新行为及其影响企业价值研究的基本要求，要求理论分析和实证检验都要体现研究的过程性与动态性。公司治理机制的完善和公司创新活动的顺利实施都需要多部门的合作和监督，这不仅是一个长期的过程，具有过程性特征；而且由于不同公司间组织结构、企业文化、风险承担等各方面的差异，股权结构和高管激励机制的完善必须要考虑公司自身独有的特征，要根据公司的实际情况进行动态调整，不存在"最优的"股权结构和高管激励的设置。由此我们推断公司的创新、资源配置以及公司治理机制的完善，都要从动态的角度出发加以考虑。过程性和动态性是开展研究的基本要求，具体而言：创新具有动态性，这就决定了企业创新行为代理变量的选取具有动态性和过程性，以及股权结构、高管激励机制设置的过程性和动态性。实证部分的研究也体现了过程性和动态性的要求。

一、创新的过程性和动态性

创新具有累积性、不确定性和集体性（Pavitt，1994）[①]，结合提出的创新具有风险高、周期长、不确定强的异质性特征。本研究将创新的动态性特征归纳为以下五个方面（Hirshleifer and Low，2012）。

（1）累积性。创新的过程本质上是一个不断学习的过程，且这一过程具有累积性。弗里曼（Freeman，1994）认为创新是一种持续的、互相的学习过程，不仅指经济体自身进行的知识学习，以及从设计开发和管理销售等经济活动中获取的经验，而且还包含了向经济体以外的利益相关者的学习。凡勃伦（1904）指出经济社会生活中的知识都是由个人经验组成的，个人的首次创新，比如新产品、新方法、新技能等，都是在之前人们创新的基础上进行的，通过对已有创新进行了扩展，从而形成新的创新。如果没有基础，那么创新就无从谈起；已有的创新如果得不到补充或扩展，新的创新就失去了意义，因此，创新是具有累积性的，单个人在创新过程的贡献是微乎其微的（Veblen，1904）。约尔森和温特（Nelson and Winter，1977）提出了"技术体制[②]"有专属于它的"自然轨道[③]"这一说法，强调了创新具有累积性这一特征。

（2）长周期性。周期长是创新的时间特征。创新的累积性表明了创新是一个长期的过程，只有连续的创新投入才能体现创新的不断累积（任海云，2013），经济主体的知识和经验积累都是由前期和本期的创新投入所决定的（Griliches，1979）。时间长度涵盖了创新的学习过程、生产过程、商业转化过程、获取竞争优势过程等（罗利元等，2012）。创新的长期性有两方面的含义：第一，滞后性。创新投入很难在当期为经济主体盈利，创新投入对绩效的影响具有滞后作用（鲍新中等，2014）。第二，创新效益的长期性。重视创新是公司长期内获取高绩效和高市值的保障，有助于公司长期统筹战略规划（王一鸣和杨梅，2017）。

（3）集体性。集体学习过程中的互相影响和启发，形成了新的、集体性的知识，集体学习过程不但获得了个人学习的知识和经验，而且还获取

[①] 转引自：Dodgson M，Rothwell R，*The Handbook of industrial innovation*，Aldershot：Edward Elgar，1994，p357-366.

[②][③] Nelson，Richard R.，and S. G. Winter. "In search of useful theory of innovation." *Research Policy* 6.1 (1977): 36-76.

了个人学习过程中无法企及的集体性的知识和经验,集体学习过程中的沟通使知识得到了新的提炼和升华,把知识镶嵌在集体这样一种社会关系中,很难轻易被模仿,可见,集体学习优于个人学习(O'Sullivan,2000)[1]。熊彼特(Schumpeter,1949)指出企业家职能的履行,不是由一个人完成的,往往是通过合作实现的,也强调了创新的集体性。潘罗斯(Penrose,1959)[2]认为团队是具有知识和经验的人的集合,公司对资源的开发和利用是依托这一团队来完成的,而且这一团队是不能被模仿或者替代的,这是因为团队中成员的互动可以产生独特的经验积累,这些经验对与公司相关联的人和事才更具价值性。潘罗斯(1959)进一步指出团队在为公司进行工作时,每个人的知识和经验都得到了充分的发挥,个人能力在团队合作中也得到了提升,从而能更快地为企业识别出新的创新机会,形成了企业成长的内在动力。

(4)不确定性。创新存在不确定性是必然的(Schumpeter,1996),创新研究中界定的不确定性是指哪些情况有可能会出现,且每一种情况出现的可能性有多大(O'Sullivan,2000)[3]。在创新项目实践的过程中,需要处理很多新问题,每一个问题的解决,只是离目标更近了一步,只有达到了最终的标准后,创新才得以实现(Kline and Rosenberg,1986)[4],可见,创新的不确定性是伴随着经济主体的创新活动而不断显现出来的。奥德里斯科尔等(O'Driscoll et al.,1985)提到了时间的动态概念,把时间和事件结合起来,随着时间的推移,人们对待事物的认知和经验会有所增加或改变,现在和未来对待事件的态度都会受到过去的影响,在不同的时间点上对待事件的态度也会随着时间和经验增加而有所调整,因此,无法根据经验对事件进行完全的预测,总是存在不确定性。创新的不确定性包含两方面的内容,生产活动的不确定性和竞争活动的不确定性;生产活动的不确定性源于在不能确定这一创新活动是否盈利的前提下就开始了生产,且这一生产过程不一定能成功,竞争不确定性在于即使经济主体成功

---

[1] [美]玛丽·奥沙利文(Mary A. O'Sullivan):《公司治理百年美国和德国公司治理演变》,黄一义、谭晓青、冀书鹏译,人民邮电出版社2007年版,第14页。

[2] Penrose E, The theory of the growth of the firm, 3rd edn., Oxford and New York: Oxford University Press, 1995, p46-47.

[3] [美]玛丽·奥沙利文(Mary A. O'Sullivan):《公司治理百年美国和德国公司治理演变》,黄一义、谭晓青、冀书鹏译,人民邮电出版社2007年版,第19页。

[4] Landau R E, Rosenberg N E. *The Positive Sum Strategy. Harnessing Technology for Economic Growth.* Washington, DC: National Academy Press, 1986, p275-305.

的生产出了高质量或低成本产品，但是有可能竞争对手具有的竞争优势更明显，从而无法获得预期回报（Lazonick，1991；Freeman，1974）。

（5）风险性。创新的不确定性导致了它的高风险性。创新的风险性是指创新是否能取得成功以及取得成功的概率都具有不确定性（罗利元等，2012）。美国项目管理学会（Project Management Institute，PMI，2000）将创新界定为对创新过程产生影响的不确定性事件。具有积极影响的不确定性事件称之为机会，具有消极影响的不确定事件称之为风险或威胁（周寄中和薛刚，2002）。创新的高风险贯穿在创新活动的整个过程，具体而言：一是战略风险，创新项目投资是关乎经济主体长期发展战略的重大决策，如果没有把握好准确的战略定位和发展机会，将会面临巨大的战略失误；二是组织管理风险，每个经济主体都有自身独特的组织管理方式和企业文化，这些因素在很大程度上决定了创新项目能否成功实施；三是创新项目本身的风险，生产环境和市场环境的变化都会导致创新项目风险的变化，从而不确定性增加（周寄中和薛刚，2002）。创新的各种风险是互相影响的，创新本身就是不确定性堆积起来得高风险活动。

二、创新行为代理变量的过程性与动态性

鉴于创新具有累积性、长期性、集体性、不确定性及风险性五个异质性特征，创新活动是一个长期的、极具风险和不确定的过程，对其研究不能仅仅局限于某一个单一静态的视角（汤业国，2013），在实证分析中创新行为代理变量的选择要体现创新活动的过程性和动态性，本书在研究方法和研究视角方面都对以往研究进行了完善和创新。

创新行为代理变量的过程性。在实证分析中体现了创新行为代理变量选取的多维度视角。不局限于大多数研究中采用研发投入这一个变量来诠释整个创新行为。而是考虑公司创新的整个过程，从是否决定进行研发投资决策，到研发投入的具体数额，再到创新产出一系列的创新流程，变量选取体现了公司创新的各个不同过程特点和所处的阶段。从以往大多数实证研究采用的研发投入这一个维度，扩展到了创新投资决策、创新投入强度和创新产出三个维度来衡量上市公司的创新行为，使得有关公司治理和创新的关系研究更具系统化和动态性，弥补了以往研究的不足。

创新行为代理变量的动态性。一方面，在创新行为代理变量过程性的基础上，更是从不同的视角选取不同的变量来衡量创新活动的不同阶

段。实证分析中用研发投入占营业收入的比例来衡量创新投入,用专利申请量来代表创新产出;为了使结果更具稳健性也更具动态特征,在稳健型检验部分采用研发投入占总资产的比例来衡量创新投入,用极具代表性的发明专利申请量来衡量企业创新产出。另一方面,在股权结构、高管激励影响企业创新行为研究中,不仅包含了创新投资决策、创新投入强度和创新产出,还涵盖了不同股权结构、高管激励安排下创新行为对企业价值的影响等多重维度,研究视角和研究方法的多维度也是动态性特征的体现。

三、完善股权结构和高管激励机制的过程性与动态性

股权结构和高管激励机制的完善要立足我国上市公司实际情况,结合我国的经济、社会、文化背景,考虑最终产权性质、股权结构等公司治理因素的差异,从过程性和动态性的视角来完善我国上市公司治理机制中股权结构和高管激励机制的安排。

第一,根据上市公司产权性质完善股权结构和高管激励。产权性质决定了公司的资源分配、委托代理合作模式、控股股东的管理特点等公司治理问题(Berle and Means, 1932; Jensen and Meckling, 1976)。国有企业担负政治使命,与政府的关联性强,而民营企业属于私有产权主体(杨清香, 2010)。国有企业和民营企业在组织结构特征、政治使命、终极控制人背景等方面的差异决定了在这两类上市公司中股权结构和高管激励的设置会有所不同。股权集中、股权制衡、高管股权激励、高管薪酬激励等公司治理因素对企业创新行为有影响,这一影响在国有企业和民营企业中影响的方向是否一致?影响的程度大小有何差异?本书实证部分对这些问题的解答都为如何依照产权性质,设置和完善股权结构和高管激励提供了理论参照和经验借鉴。根据终极产权性质的不同,设置不同的公司治理机制,体现了股权结构和高管激励机制完善中的过程性和动态性的要求。

第二,对股权结构进行细分,并考察细分后的股权结构对创新行为与企业价值的调节作用。白重恩等(2005)认为合理的股权结构是企业价值最大化的重要条件。现有研究关于股权结构的研究,大多是分为股权集中和股权分散两个变量,来考察其对企业价值的影响,并在此基础上提出哪个是更适合企业的治理机制。而忽略了股权集中根据其集中度的高低还可

以细分为高度集中和相对集中,股权制衡也可细分为高度制衡和相对制衡的股权结构,更鲜有文献按照细分后的股权结构进行研究。本书实证分析部分引入了股权结构的两个变量:股权集中和股权制衡,来衡量公司控制权的集中和分散程度,此外,还分别按照股权集中和股权制衡的程度分别进行高低分组研究,考察细分后股权结构在创新影响企业价值中的调节作用,以减少研究结果的偏差,为动态设置公司治理机制提供参照。这体现了股权结构设置的过程性动态性。

第三,结合我国实际情况,构建适合我国的股权结构和高管激励机制。现有文献在研究我国上市公司治理机制时,多数是参照西方国家的经验借鉴,而忽略了我国上市公司中的实际情况。正确的做法应当是借鉴西方国家先进的理论知识和经验实践,立足我国国情,考虑我国上市公司治理机制中长期以来的传统和特征,制定既能提高公司治理效率,又切实可行的策略。比如,以英美国家为代表的公司中股权结构多数以股权分散为主要特征,基于此学者提出了英美国家公司中主要的委托代理矛盾,即公司所有者和经营者之间的矛盾。切换到我国的上市公司,不仅存在所有权和经营权分离所导致的委托代理矛盾,还存在着大股东对小股东利益侵害的委托代理矛盾,即双重委托代理矛盾(冯根福,2004)。此外,戈麦斯和诺瓦埃斯(Gomes and Novaes,2005)提出股权制衡能有效解决双重委托代理矛盾,赵景文和于增彪(2005)、朱德胜和周晓珮(2016)等也肯定了股权制衡对公司治理的积极影响,但是在我国上市公司股权高度集中的传统模式下(冯根福等,2002),多大程度的股权制衡是我国上市公司能够承受的,是于我国上市公司有益的?本书对这些问题的探讨符合公司治理过程性与动态性的要求。

第三节 企业创新行为及其影响企业 价值研究的本质和目标

研究股权结构高管激励对企业创新行为的影响在于为公司获取市场竞争优势和成长机会,并在此基础上实现价值创造和资本积累,以此推动企业价值提升和经济的高质量发展。第六章实证部分是以本节研究机理为基础,研究了双重视角下企业创新行为及其对企业价值的影响。

一、企业创新行为及其影响企业价值研究的本质：价值创造

在充分竞争的环境中，公司必须有能力使其创造的总价值最大化，既定的资源条件下，公司所能创造的价值越大，那么竞争性就越强（张维迎，2005）。这种使其价值最大化的能力就是创新，创新过程本身也会寻求和创造合理的制度安排。

第一，股权结构和高管激励的价值创造机理研究。良好的股权结构和高管激励机制会立足于企业长期发展，进行高效合理的资源配置，提高投资效率，并以此提升企业价值。具体而言，合理的股权结构有助于防范大股东对小股东利益的侵害，有利于企业长远发展；合理的激励机制可以避免传统委托代理矛盾下的冲突，这些公司治理因素更有利于企业创新行为的开展，从而对价值创造有益。公司治理机制是公司运行的基本规范，也是公司进行价值创造的制度保障。有效的股权结构和高管激励是一种多赢的制度安排，其根本在于使企业价值达到最大化。

第二，创新行为的价值创造的机理研究。创新以价值创造为终极目标（Lawson and Samson，2001）。创新的价值创造体现在两方面：一是创新对原先价值创造的方式和方法进行了重构；二是创新对固有的价值占有关系造成了强有力的冲击；进行价值创造是创新的基本商业属性之一，实现创新的路径选择是基于企业实际能力以企业价值目标为指引的，企业价值活动也会随着创新路径的改变而变化（杜义飞，2013）。创新可以增加公司的知识存量，降低成本，从而提高利润（Falk，2012），增加企业价值。公司增加创新投入，会向市场及利益相关者传递公司业绩优良的积极信号，根据信号传递理论，市场会捕捉到有利的信号传递信息，并将其反映在公司股价上，从而引起公司股价上涨（杨清香和廖甜甜，2017）。研发投入较多的公司，往往具有更强的竞争力和更优良的业绩（成力为和戴小勇，2012）。现有实证分析也证实了创新投入与企业价值是密切相关的（Han and Manry，2004；Duqi et al.，2015）。

第三，股权结构和高管激励在创新价值转化过程中的作用。公司治理因素是创新过程与价值转化之间的载体，产生、承载并转移价值。首先，如果没有支持创新的公司治理机制，即缺乏相应的制度安排，来要求对创新过程给予雄厚的资金支持和持续的资源供应，那么公司有很大可能会放弃创新项目投资。其次，通过企业创新，企业取得了较高的回报业绩。对

于业绩的分配，应当如何安排？多大比例用于创新项目再投资，多大比例用于企业中激励机制的设置，这些具体的公司治理措施对企业创新行为的开展和企业价值创造具有重要影响（O'Sullivan，2000）[①]。支持创新的股权结构和高管激励安排，会继续投资于创新过程，保持现有竞争优势，并不断培养新的竞争力。创新行为创造价值是一个过程，创新从决策到产生创新效果，都受到股权结构和高管激励的影响，良好的股权结构和高管激励安排不仅会促进企业创新，还有利于创新的价值转化。价值最大化是公司战略的终极目标（侯军岐和计军恒，2008）。

二、企业创新行为及其影响企业价值研究的目标：永续发展

企业创新行为及其影响企业价值研究的目标分为两个层次：微观和宏观。微观目标是实现公司的永续发展，宏观目标是促进经济增长[②]。微观上，企业创新行为及其影响企业价值研究应以实现公司永续发展为目标。公司要在复杂、多变、竞争激烈的环境中实现永续发展的目标，必定要立足公司富有竞争优势的资源和能力，培养核心竞争力。核心竞争力使企业能够保持长期的竞争优势，是影响企业可持续发展的资源（汤湘希，2004）。

创新是企业发展的根本动力（付家骥，1998）。企业能力理论较早开始对企业拥有核心竞争力进行研究，认为核心竞争力的结果组成了公司保持永续发展的核心能力，核心能力是企业内部的集体学习，是各种知识的汇总，强调各种生产技能和技术的整合协调（Prahalad and Hamel，1990）。要形成核心竞争力，首先需要确定企业的核心竞争优势；其次重新设计公司的组织结构，专注于企业内部发展（Prahalad and Hamel，1990）。企业增长理论认为公司的增长率会局限在知识的增长范围内，但从组织管理效率的角度而言，公司的规模可以无限扩大（Penrose，1959）。因此，企业增长理论启发和鼓励在战略、知识创造、创新、企业家才能方面的思考，认为管理分析决策、组织管理也是限制公司成长的因素，通过完善公司治理机制，能为企业核心竞争力和创新的发展奠定基础（Penrose，1959）。提升企业价值，获取并保持核心竞争优势的关键因素是进行创新，以实现企业永续发展。

[①] ［美］玛丽·奥沙利文（Mary A. O'Sullivan）：《公司治理百年美国和德国公司治理演变》，黄一义、谭晓青、冀书鹏译，人民邮电出版社2007年版，第64页。

[②] 黄茂兴：《论技术选择与经济增长》，社会科学文献出版社2010年版，第72~73页。

宏观上，企业创新行为及其影响企业价值研究以实现经济增长为目标。股权结构和高管激励通过资源配置和投资效率影响经济增长。一方面，低效松散的股权结构和高管激励安排，易造成资源浪费和效率低下，从而遏制经济增长，高效的公司治理机制是改变这一状况的根本途径，是合理资源配置和提高投资效率的关键所在，也是决定经济增长重要因素。另一方面，股权结构和高管激励通过影响创新行为，进而影响经济增长。以创新为导向的股权结构和高管激励安排，贯穿在公司创新的全过程，为创新保驾护航，不仅通过创新实现了业绩的增加，还促进了全社会经济的增长。公司治理层面的制度设计和安排，是创新促进经济增长的基本保障。

创新促进经济增长在于创新提高了劳动生产率，增加了资本积累，从而增加了社会总财富，以此促使经济增长。股权结构、高管激励与创新在促进经济增长中的互动关系表现在以下两个方面：一是创新影响了原先股权结构和高管激励安排下产生的利益，创新使公司的产出和效益都呈现出递增的趋势，此时，以创新为导向形成的股权结构和高管激励机制对企业业绩的增长更为有利；二是创新降低了公司的生产成本和交易成本。按照新制度经济学的观点，公司制度安排决定了创新，好的制度安排会促进创新，而坏的制度安排则会遏制公司创新（黄茂兴，2010）。新制度学派进一步指出，有利于创新的公司制度安排，才是经济增长和社会进步的主要推动力。

第四章

股权结构、高管激励影响企业创新行为的实证分析

创新理论认为创新驱动经济发展（Schumpeter，1934）；企业动态能力理论认为唯有不断创新，才能持续成功（D'Aveni and Gunther，1995）。这两种经济学基本理论凸显了创新对企业经济增长的重要作用。公司治理是影响创新的重要因素（鲁桐和党印，2014），它通过合理配置控制权和剩余收益分配权，制衡各方利益团体，解决由第一类委托代理和第二类委托代理所产生的矛盾（王奇波和宋常，2006）。公司治理作为企业技术创新的制度基础（O'Sullivan，2000；Belloc，2012），如何同时解决好这两类矛盾，建立长效机制，对企业创新投资决策、创新投入和创新产出都具有重要现实意义。

在公司治理机制中，股权结构和高管激励的地位尤为重要。股权结构产生的委托代理问题一直受到关注（Porta and Shleifer，1999；Battaggion and Tajoli，2001；Maury and Pajuste，2005）。由股权结构引起的公司治理问题会产生相应的经济后果，影响到公司的创新投入和产出（Lee，2003；刘渐和和王德应，2010）。股权集中的股权结构，会使大股东面临无法分散投资风险的困境，从而趋于规避风险大的创新性项目（杨风和李卿云，2016）。所以，股权集中会抑制企业创新。此外，经理人的创新行为对企业的创新活动也起到关键作用（杨建君等，2015），现有公司治理机制中两权分离的现实状况，在信息不对称的强化下，导致了代理人道德风险和逆向选择的发生。高管激励同企业创新项目的开展密切相关（Coles et al.，2006），企业需要激发经理人的创新动力，使之选择创新性投资项目并实施创新活动（杨建君等，2015）。

公司治理中的股权结构和高管激励是影响企业创新行为的重要因素。但是，企业创新行为如何界定、股权结构和高管激励机制又是如何影响企

业创新行为的？本章在已有文献的研究基础上，探讨公司治理中的股权结构和高管激励对企业创新投资决策、研发投入密度和创新产出的影响。

第一节 理论分析与研究假设

一、股权集中与企业创新行为

企业创新行为从创新投资决策、研发投入强度到最终创新产出的整个过程中，都伴随有高投入、高风险、较长投资回收期等异质性特征（Hirshleifer and Low，2012）。一旦创新失败，企业就必须承受由于高成本带来的损失（李健等，2016），且损失所导致创新投资的不可逆性都促使企业在创新行为选择上较为谨慎。企业创新动力的核心是企业内部人力资源和物资资源整合的过程，如何通过公司治理系统来塑造企业的创新，要关注公司治理的各个方面及其相互影响对企业创新行为的联合作用（Belloc，2012）。

公司治理是一种制衡和相互约束各方利益的治理机制。企业产权理论认为企业产权决定了公司的治理结构。企业各方利益相关者在事前融资博弈的过程中形成了股权结构（产权安排），产权安排下确定的企业控制人将成为公司治理机制的制定者，对公司治理机制的设计和实施具有决定权，所以，股权结构是公司治理机制的关键所在（王奇波和宋常，2006）。股权结构本身意味着特定形式的风险、利润分享方案以及资金来源，股权结构可以影响企业的创新行为（Battagion and Tajoli，1999）。大股东持股（股权集中）是现有股权结构中普遍存在的公司治理问题（Porta and Shleifer，1999），大股东可以通过调控企业资源配置影响企业创新行为（杨建君等，2015），可见，股权集中对企业创新行为的影响不容小觑（Holderness，1988；李婧和贺小刚，2012；高闯和张清，2017）。杨建君和盛锁（2007）立足我国现实环境，认为股权集中度对企业创新投入具有微弱的负面的直接和间接影响。李健等（2016）从政府补助视角出发，证明股权集中度抑制了政府补助对企业创新持续的积极作用。

对此，我们预期股权集中度越高，对企业创新行为的抑制作用越强。这是因为：

第一,股权的高度集中会导致控股股东拒绝投资创新性项目。股权集中度高,意味着上市公司拥有控制权的第一大股东持有的公司股份数额高,该股东将承担由于高度的股权集中而带来的风险集中,风险分散程度低(Admati et al.,1994)。根据风险分散原理,将资产投资到不同的项目中可以规避非系统风险,从而只需承担系统风险,而股权集中度高的第一大股东,他将承担投资失败所带来的系统风险和非系统风险,因此,此类股东风险规避心理强烈。而创新性项目的投资风险较高,国外验证的创新项目投资成功的概率大约是20%~30%(Gerlach et al.,2005)。所以,当面临风险较高的创新项目时,拥有较高股权的控股股东会做出拒绝创新性项目投资的决定。

在上市公司中,除了第一大控股股东以外,还有很多其他股东,一方面,他们和第一大股东相比较而言,持有公司股份少,风险分散程度较高,假如公司的投资项目失败,不会对这些股东造成无法挽回的损失。另一方面,作为公司股东,他们会考虑到公司的长期效益和未来成长,而创新性的投资项目对公司成长是极其重要的;而且项目一旦成功,股东们是最大的受益者(杨风和李卿云,2016),因此,出于自身利益最大化的原则,其他股东会倾向于选择收益高、风险大的创新性投资项目(Zhang,1988)。

第二,较高的股权集中度会导致第二类代理问题的产生,即大股东对小股东利益的侵占,从而影响企业创新行为的选择。大股东持股会加强对管理层的监督和管理(Admati et al.,1994),从而有效缓解了第一类委托代理矛盾(王奇波和宋常,2006)。但与此同时,第二类委托代理问题逐渐凸显,这一问题在法律对小股东保护体系不完善的国家和地区尤其明显,利用法制的不完善甚至缺失,控股股东倾向于接受一些能增加私人收益而对企业成长发展无益的投资项目(王奇波和宋常,2006),即控股股东利用其控制权获取私人收益。在经济人假设条件下,大股东利用控制权获取的私人收益往往是以损害其他中小股东的利益为代价的(杨建君和盛锁,2007)。股权集中程度越高,大股东对本公司信息掌握的越充分,由于信息不对称的存在所导致大股东获取控制权私人收益的可能性越大。由于股权集中所导致的第二类委托代理问题会引发一系列的经济后果,从而影响到公司的创新行为。基于此,提出研究假设:

假设4-1:股权集中对企业创新行为具有抑制作用。

二、股权制衡与企业创新行为

股权结构作为公司治理机制的核心，其最优股权结构的探讨是理论界和实务界研究的热点之一，如何实现股权集中和股权制衡的最优化安排，寻找对企业未来成长最有益的公司治理模式是迫切需要解决的问题（陈德萍和陈永圣，2011）。在这一过程中，股权制衡的重要性也逐渐凸显出来，股权制衡是股权结构的均衡状态，缓解了公司治理中第一类和第二类委托代理问题（王奇波和宋常，2006）。国内外大量文献用实证研究证明了股权制衡的重要作用，股权制衡程度越高，企业的经营绩效越好（Shleifer and Vishney，1986）、股权制衡有利于改善公司治理机制，提高企业价值（刘星和刘伟，2007；徐向艺和张立达，2008）。张其秀等（2012）从研究股权制衡在企业研发支出与绩效关系中的所起的调节作用着手，发现股权制衡正向调节了公司研发投入与其绩效的关系。因此，股权制衡作为公司治理中股权结构的均衡状态，能直接或间接地有效抑制股权集中度对企业研发投资的不利影响（罗正英等，2014；杨风和李卿云，2016；张其秀等，2012）。可见，针对股权集中对企业创新行为的消极影响，股权制衡被认为之一种行之有效的解决方案。对此，我们预期股权制衡对企业创新行为具有促进作用。

原因有以下两点：首先，股权制衡缓解了第二类委托代理问题，对第一大股东谋求私利的行为进行了有效的监督和约束。多个大股东之间的相互制衡，约束了控股股东的行为，减少了控股股东对企业资源的掠夺行为（Edmans and Manso，2011），促使其更多地考虑企业未来发展问题，提升了企业各利益相关者对股东的信任度，从而形成良好的治理机制，也为创新产出奠定了良好的基础。股权制衡减少了控股股东的利益输送，有效地避免了第一大股东继续通过控制权获取私人收益的机会（Maury and Pajuste，2005），促进了公司中各大股东行为利益目标的一致，重视创新对企业发展，提高了企业研发投入的积极性，避免了对非效率投资项目的投资（罗正英等，2014），有效地保护了其他股东的利益（Gomes and Novaes，2005）。

其次，股权制衡推动公司治理机制的完善，实现创新投资项目的集体决策，促进研发投资决策的科学性和合理性。创新投资项目本身具有高风险和较大的不确定性，在进行决策时，公司所面临的内外部环境是极其复杂和难以预料的，在这种情况下，股权制衡增加了其他大股东在公司投资决策上的话语权，多个大股东共同进行的集体决策更具有科学性（Sah and Stiglitz，1991），对创新性投资项目提供更理性的分析（李琳等，2009），对创新产品的市场预测也更准确，在一定程度上规避了创新投资项目的风险。多个大股东之间股权制衡下的共同决策，而非第一大股东的"一言堂"，避免了第一大股东由于其风险集中而对风险较大的创新性投资的一再拒绝，从而做出对公司未来成长和长期发展更有利的投资决策，有利于股东利益和公司目标的实现（孙兆斌，2006），完善了公司治理机制（陈信元和汪辉，2004）。

综上所述，股权制衡有效地缓解了股权集中下所产生的矛盾，促进了企业的创新，有利于公司治理机制的发挥和企业价值目标的实现（孙永祥和黄祖辉，1999）。对此，提出研究假设：

假设4-2：股权制衡对企业创新行为具有促进作用。

三、高管激励与企业创新行为

创新投资项目的决策主要由公司股东及高层领导商议后做出的决定，而员工和较低级别的管理者在投资项目的决策中没有话语权，所以本书主要研究高级管理人员[①]激励机制对企业创新行为的影响。从公司内部治理机制进行分析，创新取决于个体在创新项目方面的投资意愿（Belloc，2012）。一个公司要使用新技术或创新提升他们的经营效益，需要高层管理人员和董事会负起主要责任（Tseng et al.，2013）。但企业创新活动的重要性同时伴随着其高风险及较长的投资回收期，股东可以通过投资组合分散投资风险，但是高管的收入却和企业效益紧密联系在一起，无法规避创新投资项目失败所导致的损失，导致高管对于风险较高的创新性投资项目更为厌恶。此时，如果对经理人进行激励，可以促使其更多地参与到企业创新中（李春涛和宋敏，2010）。

高管激励机制包含长期激励和短期激励，要考察高管激励机制对企业创新行为的影响，需要把长期激励和短期激励结合起来进行分析。长期激励一般是高管持股水平，以薪酬为代表的则是短期激励。长期激励避免了

---

① 年报中披露的全部高级管理人员，含总经理、总裁、CEO、副总经理、副总裁、董秘和年报上公布的其他管理人员（包括董事中兼任的高管人员）。

高管在创新性投资项目选择上的道德风险和逆向选择，保证了高管和企业长期发展目标的一致性；短期的薪酬激励则保障了董监高等人员在创新失败情况下的基本收益（鲁桐和党印，2014）。对高管的激励可以抑制公司治理中第一类委托—代理问题，促使高管和股东利益相统一，鼓励高管从事对企业长期发展有益、投资期限较长的创新性投资项目（Jeffrey et al.，2006），所以，公司治理机制中的代理问题对企业创新的影响不容小觑（Rafferty and O'Connor, 2012）。实证研究证明经理人创新动力与企业创新有显著的正相关性（Romero and Martínez - Román, 2012），企业需要激发经理人的创新动力，使之选择创新性投资项目并实施创新活动（杨建君等，2015）。因此，对高管的激励机制在企业创新决策的制定和实施方面具有极其重要的作用。

对此，我们预期：高管激励对企业创新行为具有较强的促进作用。

第一，股权激励对企业创新行为的积极影响。公司治理机制中产生的代理问题显著影响着企业的研发投资及其他创新行为（Holmstrom, 1989；O'Sullivan, 2000；Rafferty and O'Connor, 2012）。为了更有效地抑制代理问题所导致的管理者在投资项目上的短期行为，使高管和股东对企业价值最大化目标的追求趋于一致，高管持股不失为一种行之有效的办法。股权激励属于高管激励机制中的长期激励，可改变高管对研发投资策略的态度，避免了高管在投资项目选择上的短期行为。高管持股后能参与股价上升所获收益的分配中，高管将更加关注企业的长期发展，促使其采取对企业长期发展有益的投资策略（康华等，2011）。股权激励激发了高管对创新投资项目的偏好，也更乐于执行研发创新（Wu and Tu, 2007）。对高管的长期激励越强，企业获取的专利越多（Lerner and Wulf, 2006）。夏芸和唐清泉（2008）、鲁桐和党印（2014）的实证研究也证明了股权激励和企业创新的正相关关系。

第二，薪酬激励对企业创新行为的积极影响。高管薪酬激励是较为常见的短期激励方式之一，薪酬是公司高管自身价值的体现（鲁桐和党印，2014），丰厚的薪酬待遇一方面让高管认识到自我价值的实现，另一方面增加高管对企业价值的认同感，促使高管更关注公司的长期发展，做出对公司更加有益的创新投资决策，显著增加了企业的创新投入（Lin et al.，2011）和创新产出（李春涛和宋敏，2010）。CEO 薪酬和以研发支出、专利数量衡量的企业创新行为具有显著的正相关关系（Balkin et al.，2000）。

长期的股权激励保证了高管和企业目标追求的一致性,短期的薪酬激励则会减少两权分离所导致代理问题(Jensen and Meckling,1976),二者作为高管激励的主要内容在公司治理机制的完善上发挥了不可替代的作用。根据以上分析,本章提出以下研究假设:

假设4-3:对高管的激励机制能促进企业的创新行为,扩大其研发投资的规模,并创造出更多的创新成果。

第二节 研究设计

一、样本选择与数据来源

本章进行实证研究的初始样本数据来源于 CSMAR 和同花顺数据库。初始数据包含 2010~2015 年全部 A 股上市公司数据,在此基础上对原始数据进行如下处理:剔除金融业(根据2012版证监会行业分类)、剔除当年被 ST、SST、*ST、S*ST 和 PT 的上市公司、剔除变量缺失和异常的上市公司。完成上述处理后,得到上市公司 2010~2015 年的非平衡面板数据共 11126 个观测值,其中包含 2010~2015 年披露了研发支出且研发支出大于 0 的上市公司共 8607 个,没有披露研发或研发为 0 的共 2519 个观测值;最终得到 11126 个创新投资决策,8607 个研发投入密度以及 6293 个专利申请量观测值。本章实证检验部分以这些观测值为研究对象,为了减弱原始数据中离群值对回归结果的影响,保证估计结果的可靠性,消除极端值的影响,对连续性变量按 1% 水平进行了缩尾处理。

二、变量解释说明及定义

(一)被解释变量

被解释变量用来衡量企业的创新行为,包括是否进行创新投资、创新投入和创新产出情况。一般有两类指标衡量企业的技术创新情况:投入和产出,投入即研发资金或人员的投入、产出即专利和新产品等。本章根据李春涛和宋敏(2010)、鲁桐和党印(2014)以及李文贵和余明桂

(2015)的研究,从创新投入和创新产出两个方面来进行界定:第一,通过研发投入测度企业创新。这一方面又细分为两个层次:第一层次:创新投资决策(InDec),即企业是否存在研发投入,将企业研发投入设置为虚拟变量,存在研发投入或有研发活动参与则为1,否则为0。第二层次:研发投入密度(InDens),即企业创新投入的强度,采用研发支出占营业收入的比例。第二,创新产出(InPaApp)。为体现企业创新的商业价值,采用专利申请量来衡量。在创新产出的测度上,专利数量是反映技术创新使用率最高的指标,包括专利申请量和专利授权量,而专利授权量受到人为主观的影响较大(Acs et al.,2002;赵树宽等,2012;温军和冯根福,2012),且专利授权量一般具有滞后性(张洪辉等,2010),因此采取专利申请量作为创新产出的衡量指标。

(二)主要解释变量

解释变量包含股权结构和高管激励两类公司治理方面的指标,各变量的具体情况如下:反映股权结构的解释变量包括:(1)股权集中度,用第一大股东的持股比例(Share)来衡量。(2)股权制衡(Balance),用第二大至第十大股东持股比例之和与第一大股东持股比例之比来测度。反映高管激励情况的解释变量包括:(1)股权激励(Shainc)。上市公司董监高持股水平差异较大,有些上市公司的董监高没有持股,有些则持股比例较高(这一数据特征在变量的描述性统计部分也得以印证),鉴于这一数据特征,按照李春涛和宋敏(2010)和林等人(2011)的数据处理方式:用董监高的持股数之和加1,然后取自然对数来定义这一变量;(2)薪酬激励(Payinc),以董监高的年薪总额的自然对数来衡量。

(三)控制变量

控制变量反映公司的基本特征,结合理论分析及已有文献研究(李春涛和宋敏,2010;周艳菊等,2014;杨建君等,2015),适当选取了一些控制变量。主要包括公司规模(Size),用于控制上市公司规模差异对企业创新行为的影响;资产负债率(Ratio)反映了公司的外部融资能力,该指标越高,表明企业的资金缺口越大,则倾向于减少创新投入,以资产负债率作为控制变量,目的在于控制财务因素对企业创新行为的影响;控制了公司成立年限(Age)、两职合一状态(Daulity)、托宾Q值(TbQd)三个代表企业个体特征的变量对企业创新行为的影响;此外,还控制了对企业创新行为具有明显影响的员工教育水平（Edu）和净资产收益率（Roa1）两个变量；并对年度和行业进行控制。

具体变量的定义及说明如表4-1所示。

表4-1　　　　　　　　　　主要变量定义及说明

变量类型	所属指标	变量名称	变量符号	变量操作性定义与说明
被解释变量（创新行为）	创新投入	创新投资决策	InDec	虚拟变量，研发投资为正则为1，否则为0
		研发投入密度	InDens	研发支出/营业收入
			Innov21	研发支出/总资产
	创新产出	专利申请量	InPaApp	专利申请量总和：包括发明、实用新型和外观设计
			InPaAppI	发明专利申请量总数
解释变量	股权集中度		Share	第一大股东的持股比例
	股权制衡		Balance	第二大至第十大股东持股比例之和与第一大股东持股比例之比
			Balance25	第二大至第五大股东持股比例之和与第一大股东持股比例之比
	高管激励	股权激励	Shainc	董监高持股数量之和加1，然后取自然对数
		薪酬激励	Payinc	董监高的年薪总额的自然对数
控制变量	企业规模		Size	年末总资产的自然对数
	资产负债率		Ratio	总负债/总资产
	公司成立年限		Age	企业设立年限加1后取对数
	两职合一状态		Daulity	董事长与总经理兼任情况，兼任取1，否则取0
	员工教育水平		Edu	本科及以上员工比例
	净资产收益率		Roa1	净资产收益率B（净利润/股东权益平均余额）
	托宾Q值		TbQd	（股权市值+净债务市值）/（资产总计-无形资产净额-商誉净额）
	行业哑变量		Indus	共18个行业，设置17个行业哑变量
	年度哑变量		accper	总共6个年度，设置5个年度哑变量

注：Innov21、InPaAppI、Balance25在进行稳健型检验中使用。

三、研究模型及构建

为了考察股权结构和高管激励对企业创新行为的影响，分别构建如下基本模型检验股权集中度 Share、股权制衡 Balance 和高管激励 Shainc、Payinc 三个层次的主要解释变量对被解释变量创新投资决策 InDec、研发投入密度 InDens 及创新产出 InPaApp 的影响。其中，InDec 是决定企业进行研发投资与否的二值选择模型，因此模型（4-1）、模型（4-4）、模型（4-7）使用 Logit 模型进行估计。其余模型均采用控制年度和行业的截面数据的 OLS。

当被解释变量为 InDec 时，用二值选择模型检验股权结构和高管激励对研发决策的影响。Logit 模型回答的问题是企业是否进行研发，并没有涉及研发投入的多少，因此将进一步探讨股权结构和高管激励因素对创新投入强度（InDens）和创新产出（InPaApp）的影响。

（一）股权集中影响企业创新行为模型

$$InDec = \beta_0 + \beta_1 Share + \beta_2 Size + \beta_3 Ratio + \beta_4 Age + \beta_5 Edu + \beta_6 Duality + \beta_7 TbQd + \beta_8 Roa1 + \varepsilon \quad (4-1)$$

式（4-1）中，被解释变量 InDec 代表企业是否进行研发投资的决策。模型（4-1）中股权集中变量 Share 的回归系数 β_1 如果显著大于0，则表明股权集中度越高，企业越倾向于选择创新项目进行投资；Share 的回归系数 β_1 如果显著小于0，则表明股权集中度越高，企业参与创新项目投资的意愿越弱，从而支持假设4-1；Share 的回归系数 β_1 如果没有通过显著性检验，则表明股权集中度高低对企业是否进行创新投资决策没有影响。

$$InDens = \beta_0 + \beta_1 Share + \beta_2 Size + \beta_3 Ratio + \beta_4 Age + \beta_5 Edu + \beta_6 Duality + \beta_7 TbQd + \beta_8 Roa1 + \varepsilon \quad (4-2)$$

式（4-2）中，被解释变量 InDens 是企业创新投入的代理变量。模型（4-2）中股权集中变量 Share 的回归系数 β_1 如果显著大于0，表明股权集中度对企业创新投入具有促进作用；Share 的回归系数 β_1 如果显著小于0，表明股权集中度对企业创新投入具有抑制作用，从而支持了假设4-1；Share 的回归系数 β_1 如果不显著，则说明股权集中度和创新投入在统计上不具有相关性，即股权集中度对企业创新投入没有影响。

$$\text{InPaApp} = \beta_0 + \beta_1 \text{Share} + \beta_2 \text{Size} + \beta_3 \text{Ratio} + \beta_4 \text{Age} + \beta_5 \text{Edu}$$
$$+ \beta_6 \text{Daulity} + \beta_7 \text{TbQd} + \beta_8 \text{Roa1} + \varepsilon \quad (4-3)$$

式（4-3）中，被解释变量 InPaApp 是企业创新产出的代理变量。模型（4-3）中股权集中变量 Share 的回归系数 β_1 如果显著大于 0，表明股权集中度能显著促进企业创新产出；Share 的回归系数 β_1 如果显著小于 0，表明股权集中度对企业创新产出具有抑制作用，从而支持了假设 4-1；Share 的回归系数 β_1 如果不显著，则说明股权集中度和创新产出在统计上不具有相关性，即股权集中度对企业创新产出没有影响。

（二）股权制衡影响企业创新行为模型

$$\text{InDec} = \beta_0 + \beta_1 \text{Balance} + \beta_2 \text{Size} + \beta_3 \text{Ratio} + \beta_4 \text{Age} + \beta_5 \text{Edu}$$
$$+ \beta_6 \text{Daulity} + \beta_7 \text{TbQd} + \beta_8 \text{Roa1} + \varepsilon \quad (4-4)$$

式（4-4）中，被解释变量 InDec 代表企业是否进行研发投资的决策。模型（4-4）中股权制衡 Balance 的回归系数 β_1 如果大于 0，且通过显著性检验，则表明股权制衡程度越高，企业越倾向于选择创新项目进行投资，从而支持假设 4-2；Balance 的回归系数 β_1 如果小于 0，且通过显著性检验，则表明股权制衡程度越高，企业参与创新项目投资的意愿越弱；Balance 的回归系数 β_1 如果没有通过显著性检验，则表明股权制衡程度高低对企业是否进行创新投资决策没有影响。

$$\text{InDens} = \beta_0 + \beta_1 \text{Balance} + \beta_2 \text{Size} + \beta_3 \text{Ratio} + \beta_4 \text{Age} + \beta_5 \text{Edu}$$
$$+ \beta_6 \text{Daulity} + \beta_7 \text{TbQd} + \beta_8 \text{Roa1} + \varepsilon \quad (4-5)$$

式（4-5）中，被解释变量 InDens 是企业创新投入的代理变量。模型（4-5）中股权制衡 Balance 的回归系数 β_1 如果显著大于 0，说明股权制衡能显著提升企业的创新投入，从而支持假设 4-2；Balance 的回归系数 β_1 如果显著小于 0，表明股权制衡对企业创新投入具有抑制作用；Balance 的回归系数 β_1 如果不显著，则说明股权制衡程度和创新投入在统计上不具有相关性，即股权制衡对企业创新投入没有影响。

$$\text{InPaApp} = \beta_0 + \beta_1 \text{Balance} + \beta_2 \text{Size} + \beta_3 \text{Ratio} + \beta_4 \text{Age} + \beta_5 \text{Edu}$$
$$+ \beta_6 \text{Daulity} + \beta_7 \text{TbQd} + \beta_8 \text{Roa1} + \varepsilon \quad (4-6)$$

式（4-6）中，被解释变量 InPaApp 是企业创新产出的代理变量。模型（4-6）中股权制衡 Balance 的回归系数 β_1 如果显著大于 0，表明股权制衡能显著促进企业创新产出，从而支持假设 4-2；Balance 的回归系数 β_1 如果显著小于 0，表明股权制衡对企业创新产出具有抑制作用；Balance

的回归系数 β_1 如果不显著，则说明股权制衡和创新产出在统计上不具有相关性，即股权制衡对企业创新产出没有影响。

（三）高管激励影响企业创新行为模型

$$InDec = \beta_0 + \beta_1 Shainc + \beta_2 Payinc + \beta_3 Size + \beta_4 Ratio + \beta_5 Age + \beta_6 Edu + \beta_7 Daulity + \beta_8 TbQd + \beta_9 Roa1 + \varepsilon \quad (4-7)$$

式（4-7）中，被解释变量 InDec 代表企业是否进行研发投资的决策。模型（4-7）中高管股权激励 Shainc 的回归系数 β_1 如果大于0，且通过显著性检验，则表明高管股权激励能促使参与更多的研发投资项目，从而支持假设4-3；Shainc 的回归系数 β_1 如果小于0，且通过显著性检验，则表明高管股权激励越高，企业参与创新项目投资的意愿越弱；Shainc 的回归系数 β_1 如果没有通过显著性检验，则表明高管股权激励对企业是否进行创新投资决策没有影响。模型（4-7）中高管薪酬激励 Payinc 的回归系数 β_2 如果大于0，且通过显著性检验，则表明高管薪酬激励越高，企业越倾向于参与创新投资项目，从而支持假设4-3；Payinc 的回归系数 β_2 如果小于0，且通过显著性检验，则表明高管薪酬激励越高，企业参与创新项目投资的意愿越弱；Payinc 的回归系数 β_2 如果没有通过显著性检验，则表明高管薪酬激励对企业是否进行创新投资决策没有影响。

$$InDens = \beta_0 + \beta_1 Shainc + \beta_2 Payinc + \beta_3 Size + \beta_4 Ratio + \beta_5 Age + \beta_6 Edu + \beta_7 Daulity + \beta_8 TbQd + \beta_9 Roa1 + \varepsilon \quad (4-8)$$

式（4-8）中，被解释变量 InDens 是企业创新投入的代理变量。模型（4-8）中高管股权激励 Shainc 的回归系数 β_1 如果显著大于0，说明高管股权激励能显著提升企业的创新投入，从而支持假设4-3；Shainc 的回归系数 β_1 如果显著小于0，表明高管股权激励对企业创新投入具有抑制作用；Shainc 的回归系数 β_1 如果不显著，则说明高管股权激励和创新投入在统计上不具有相关性，即高管股权激励对企业创新投入没有影响。模型（4-8）中高管薪酬激励 Payinc 的回归系数 β_2 如果显著大于0，说明高管薪酬激励能显著提升企业的创新投入，从而支持假设4-3；Payinc 的回归系数 β_2 如果显著小于0，表明高管薪酬激励对企业创新投入具有抑制作用；Payinc 的回归系数 β_2 如果不显著，则说明高管薪酬激励和创新投入在统计上不具有相关性。

$$InPaApp = \beta_0 + \beta_1 Shainc + \beta_2 Payinc + \beta_3 Size + \beta_4 Ratio + \beta_5 Age$$
$$+ \beta_6 Edu + \beta_7 Daulity + \beta_8 TbQd + \beta_9 Roa1 + \varepsilon \qquad (4-9)$$

式（4-9）中，被解释变量 InPaApp 是企业创新产出的代理变量。模型（4-9）中高管股权激励 Shainc 的回归系数 β_1 如果显著大于0，说明高管股权激励能显著提升企业的创新产出，从而支持假设4-3；Shainc 的回归系数 β_1 如果显著小于0，表明高管股权激励对企业创新产出具有抑制作用；Shainc 的回归系数 β_1 如果不显著，则说明高管股权激励和创新产出在统计上不具有相关性，即高管股权激励对企业创新产出没有影响。模型（4-8）中高管薪酬激励 Payinc 的回归系数 β_2 如果显著大于0，说明高管薪酬激励能显著提升企业的创新产出，从而支持假设4-3；Payinc 的回归系数 β_2 如果显著小于0，表明高管薪酬激励对企业创新产出具有抑制作用；Payinc 的回归系数 β_2 如果不显著，则说明高管薪酬激励和创新产出在统计上不具有相关性。

第三节 实证结果分析

一、描述性统计分析

主要变量的描述性统计分析见表4-2。InDec 是对企业研发投资决策的衡量，即是否进行研发投资，其均值和中位数分别为0.774和1.000，表明平均有77.4%的企业在2010~2015年间进行了研发投资，可见多数企业已经意识到创新对于企业发展的重要性。这与我国近些年对创新的重视和支持，以及知识产权强国战略和创新驱动发展战略实施是密切相关的。然而，仍有22.6%的企业研发支出为0。InDens 是对研发投资密度的衡量，在本书全部的11126个观测值中，共有8607个上市公司存在研发投入，其均值为0.041，表明平均水平上样本企业研发支出占营业收入的比为4.1%，四分位数0.014和0.050差异较大，可见各上市公司在研发投入上存在较大差异。InPaApp 是对专利申请量的测度，在本书全部的11126个观测值中，共有6293个专利申请量数据。其均值为20.319，标准差高达218.740，可见，我国上市公司的专利申请数量在公司间有很大的差异，在国泰安公布的2010~2015年的专利申请中，最大值为5623

件，最小值为 1。本章全部观测值中最大值 5623 件，是"中兴通讯"于 2010 年的申请量，最小值是 1，各上市公司间专利申请量数据差异较大，在温军和冯根福（2012）的研究中也出现同样的情况，因此，该数据的标准差较大实属正常。变量的描述性统计结果见表 4-2。

表 4-2　　变量的描述性统计分析

变量	数量	均值	标准差	最小值	1/4 位数	中位数	3/4 位数	最大值
InDens	8607	0.041	0.043	0.000	0.014	0.033	0.050	0.258
InPaApp	6293	44.980	218.740	1.000	4.000	11.000	26.000	5623.000
InDec	11126	0.774	0.418	0.000	1.000	1.000	1.000	1.000
Share	11126	0.363	0.153	0.089	0.240	0.345	0.473	0.750
Balance	11126	0.851	0.766	0.035	0.279	0.636	1.188	3.846
Shainc	11126	11.328	7.467	0.000	0.000	13.312	18.111	20.480
Payinc	11126	15.088	0.713	13.385	14.636	15.061	15.521	17.059
Size	11126	21.956	1.271	19.703	21.016	21.759	22.688	25.879
Ratio	11126	0.424	0.221	0.0410	0.238	0.417	0.600	0.897
Age	11126	2.642	0.424	1.386	2.398	2.708	2.944	3.332
Edu	11126	0.226	0.164	0.024	0.103	0.176	0.307	0.733
Duality	11126	0.256	0.436	0.000	0.000	0.000	1.000	1.000
TbQd	11126	3.011	2.336	0.945	1.533	2.248	3.568	14.153
Roal	11126	0.077	0.105	-0.430	0.034	0.079	0.126	0.355

资料来源：笔者计算。

股权结构方面，第一大股东持股比例 Share 均值 0.363，1/4 和 3/4 位数分别是 0.240 和 0.473，表明股权集中的现象在上市公司中是普遍存在的，同时 Share 的数字特征也表明股权集中度比较分散，差异明显。Balance 股权制衡的均值说明上市公司第二大至第十大股东持股比例之和占第一大股东持股比例的均值为 0.851，中位数为 0.636，表明了样本企业中有一半以上上市公司的第二大至第十大股东持股比例之和是低于第一大股东持股比例的；0.766 的标准差则说明样本上市公司间股权制衡程度差异较大。

高管激励方面，股权激励 Shainc 的 1/4 和 3/4 位数分别为 0.000 和 18.111，标准差 11.328，表明上市公司的董监高持股水平从 0 到 20.480 都有分布，要么没有股份，要么有很高的持股比例，可见，股权激励公司间存在明显差异。董监高的薪酬激励 Payinc 均值 15.088，1/4 和 3/4 位数分别为 14.636 和 15.521，虽然相比股权激励 Shainc 的分布要集中一些，但上市公司间董监高的薪酬差异依然是存在的。

控制变量方面，资产负债率 Ratio 的均值 0.424，3/4 位数和最大值分别为 0.6 和 0.897，说明部分上市公司的资产负债比例较高，需注意防范由此带来的财务风险。托宾 Q 的均值为 3.011，表明上市公司整体的成长性良好。企业中本科及以上员工 Edu 所占比例的均值 0.226，1/4 和 3/4 位数分别为 0.103 和 0.307，标明了上市公司间员工教育程度存在较大的差异。这种差异是否会对企业的创新行为产生影响，我们将在后续的实证部分进行验证。

Duality 董事长与总经理兼任情况，样本观测值中有 25.6% 的上市公司董事长兼任总经理。净资产收益率 Roa1 最小值 -0.430 表明部分上市公司的经营中存在亏损的现象。

二、相关性检验分析

由 Pearson 相关系数表可知，第一大股东持股比例 Share 与创新投入指标 InDenc 和 InDens 均在 1% 的显著性水平上显著负相关，这与假设理论分析相一致，股权集中抑制了企业进行创新项目投资、减少了创新投入。衡量股权制衡的指标 Balance 对创新投入指标 InDenc 和 InDens 具有显著（$p<0.01$）的正影响。高管激励中的股权激励 Shainc 对创新投入指标 InDenc 和 InDens 具有显著（$p<0.01$）的正影响；薪酬激励 Payinc 与创新投入指标 InDenc 和创新产出指标 InPaApp 均在 1% 的显著性水平上显著正相关。可见，股权制衡和高管激励对企业创新具有促进作用，符合理论预期。除此以外，Payinc 与 InDenc 的相关性不显著，Share、Balance、Shainc 对 InPaApp 的影响也不显著。相关系数的检验并没有控制其他的对因变量有影响的因素，仅仅是对变量间是否存在多重共线性的一个初步验证，具体变量之间的关系有待在后面的回归分析中进一步具体阐述和

分析。

根据相关系数分析结果,所有主要变量之间的相关系数较低,表明各变量间多重共线性并不明显。研究变量的 Pearson 相关系数具体如表 4-3 所示。

表 4-3　　　　　研究变量的相关系数

变量	InDens	InDec	InPaApp	Share	Balanc~w	Shainc	Payinc
InDens	1						
InDec	—	1					
InPaApp	—	—	1				
Share	-0.165***	-0.038***	0.0160	1			
Balance	0.212***	0.098***	0.00100	-0.681***	1		
Shainc	0.240***	0.271***	0.00700	-0.235***	0.306***	1	
Payinc	0.031***	-0.00700	0.223***	0.030***	0.052***	0.065***	1
Size	-0.304***	-0.132***	0.293***	0.246***	-0.173***	-0.160***	0.520***
Ratio	-0.383***	-0.252***	0.123***	0.076***	-0.207***	-0.274***	0.177***
Age	-0.158***	-0.215***	0.055***	-0.119***	-0.105***	-0.214***	0.076***
Edu	0.492***	-0.019**	0.032**	-0.054***	0.120***	0.103***	0.167***
Duality	0.145***	0.127***	0.00200	-0.054***	0.077***	0.231***	-0.104***
TbQd	0.317***	0.099***	-0.079***	-0.121***	0.164***	0.152***	-0.116***
Roa1	0	-0.021**	0.077***	0.116***	0.031***	0.100***	0.242***

注:***、**、*分别表示对应的回归系数在1%、5%及10%的显著性水平上通过检验。
资料来源:笔者计算。

表 4-3　　　　　研究变量的相关系数(续表)

变量	Size	Ratio	Age	Edu	Duality	TbQd	Roa1
Size	1						
Ratio	0.557***	1					
Age	0.171***	0.289***	1				

续表

变量	Size	Ratio	Age	Edu	Duality	TbQd	Roa1
Edu	0.00300	-0.066***	-0.00700	1			
Duality	-0.210***	-0.190***	-0.153***	0.034***	1		
TbQd	-0.425***	-0.350***	-0.022**	0.196***	0.133***	1	
Roa1	0.096***	-0.160***	-0.084***	0.126***	0.031***	0.105***	1

注：***、**、*分别表示对应的回归系数在1%、5%及10%的显著性水平上通过检验。
资料来源：笔者计算。

三、回归结果分析

（一）假设4-1的验证——股权集中度对企业创新行为具有抑制作用

表4-4报告了以股权集中Share为主要解释变量使用全样本对模型（4-1）至模型（4-3）的回归结果。表中第（1）列列示了InDec为被解释变量时，进行的Logit回归估计结果。第（1）列、第（2）列和第（3）列报告的内容是回归系数，第（1）列括号内数字为z统计量，第（2）列和第（3）括号内为t统计量。

表4-4　　　　股权集中度影响企业创新行为的回归结果

变量	(1) InDec	(2) InDens	(3) InPaApp
Share	0.147 (0.70)	-0.0149*** (-6.04)	-57.82*** (-3.09)
Size	0.238*** (7.00)	-0.000880** (-2.13)	68.85*** (21.63)
Ratio	-1.771*** (-9.80)	-0.0432*** (-19.50)	-44.38** (-2.57)
Age	-1.258*** (-13.90)	-0.00938*** (-10.32)	2.685 (0.39)
Edu	1.001*** (4.46)	0.108*** (39.32)	78.56*** (3.80)

续表

变量	(1) lnDec	(2) lnDens	(3) lnPaApp
Duality	0.215*** (2.69)	0.00362*** (4.56)	27.40*** (4.64)
TbQd	-0.0325* (-1.81)	0.00197*** (9.74)	3.119* (1.84)
Roa1	-0.122 (-0.41)	-0.0473*** (-12.65)	85.72*** (2.80)
年度	控制	控制	控制
行业	控制	控制	控制
_cons	0.0517 (0.06)	0.0557*** (6.07)	-1483.0*** (-20.21)
LR/F	4766.69（LR）	237.06（F）	30.55（F）
P	0.0000	0.0000	0.0000
PseudoR^2/Adj-R^2	0.4007 （Pseudo R^2）	0.4430 （Adj-R^2）	0.1088 （Adj-R^2）
N	11126	8607	6293

注：回归系数上的***、**、*分别表示对应的回归系数在1%、5%及10%的显著性水平上通过检验。

资料来源：笔者计算。

根据第（1）列实证结果可知，在其他变量给定的情况下，股权集中度对企业创新投资决策的影响不显著。Logit模型回答的是股权集中度对企业是否进行创新投资决策的影响，并没有涉及创新投入具体数额，因此表4-4中第（2）、（3）列进一步探讨了股权集中度及其他控制变量与研发投资密度、创新产出之间的关系。根据第（2）、（3）列的实证检验结果，控制了年度和行业效应后，变量Share的系数分别为-0.0149和-57.82，在1%的水平上显著为负，可见，第一大股东持股比例的增加降低了企业的研发投资密度，即股权集中抑制了企业的创新投入，降低了企业的创新产出，这与预期相一致。

实证检验结果表明，股权集中程度越高，企业参与创新项目的研发投资额度越低,同时,创新产出越少。无论从研发投入密度还是创新产出角度来衡量股权集中度和企业创新行为的关系,得到的结果都是1%显著性水平上的负相关,证明股权集中度与企业创新的显著负相关关系是具有稳定性的。实证结果证实随着第一大股东持股比例的升高,对企业创新的抑制性越强。这一现象意味着上市公司治理机制中由于股权过度集中所带来的第二类委托代理问题和大股东获取控制权私人收益的问题是真实存在的,股权集中抑制了企业创新行为的开展。

(二)假设 4-2 的验证——股权制衡促进企业创新行为

以股权制衡 Balance 为主要解释变量,对模型(4-4)至模型(4-6)的检验结果列示于表4-5。将解释变量换为股权制衡程度,以检验股权制衡对企业创新行为是否具有积极影响。类似的,表4-5第(1)列报告了 Logit 回归估计结果,汇报结果为回归系数,括号内数字为 z 统计量。第(2)列和第(3)列报告了回归系数,括号内为 t 统计量。

表 4-5　　　　　　股权制衡影响企业创新行为的回归结果

变量	(1) InDec	(2) InDens	(3) InPaApp
Balance	0.0424 (0.99)	0.00219 *** (4.71)	10.94 *** (3.17)
Size	0.242 *** (7.25)	-0.00126 *** (-3.11)	67.72 *** (21.53)
Ratio	-1.761 *** (-9.72)	-0.0417 *** (-18.76)	-37.23 ** (-2.14)
Age	-1.262 *** (-14.07)	-0.00844 *** (-9.35)	6.104 (0.89)
Edu	0.994 *** (4.42)	0.108 *** (39.31)	77.80 *** (3.76)
Duality	0.209 *** (2.61)	0.00364 *** (4.57)	27.19 *** (4.60)

续表

变量	(1) InDec	(2) InDens	(3) InPaApp
TbQd	-0.0341* (-1.90)	0.00189*** (9.38)	2.823* (1.67)
Roal	-0.101 (-0.34)	-0.0486*** (-12.99)	80.84*** (2.65)
年度	控制	控制	控制
行业	控制	控制	控制
_cons	-0.0334 (-0.04)	0.0539*** (5.83)	-1500.2*** (-20.36)
LR/F	4767.18（LR）	236.17（F）	30.57（F）
P	0.0000	0.0000	0.0000
PseudoR^2/Adj-R^2	0.4008 (Pseudo R^2)	0.4421 (Adj-R^2)	0.1089 (Adj-R^2)
N	11126	8607	6293

注：回归系数上的 ***、**、* 分别表示对应的回归系数在1%、5%及10%的显著性水平上通过检验。
资料来源：笔者计算。

第（1）列数据显示，以是否进行创新投资为被解释变量，在其他变量给定的情况下，股权制衡对研发投资决策的影响不显著。为了进一步检验股权制衡对研发投入和创新产出的影响，分别以 InDens 和 InPaApp 为被解释变量，在控制了年度和行业效应后进行回归，根据第（2）、（3）列的检验结果可知，Balance 的回归系数分别为 0.00219 和 10.94，且在1%的水平上显著为正，说明了股权制衡对企业研发投入具有积极影响，也能显著提升企业的创新产出。可见，无论是以研发投资密度还是创新产出来衡量企业创新情况，股权制衡对企业创新都具有显著的正向影响。股权制衡在一定程度上制约了上市公司治理中股权高度集中的现象，提高了其他股东在企业创新投资项目上的话语权，促使企业重视创新，加大研发投资密度，增加创新产出，从而提升了企业价值（杨风、李卿云，2016；罗正英等，2014）。可见，股权制衡缓解了由于股权集中对企业创新行为的抑制作用及消极影响。具体而言，以第二至第十大股东持股比例之和与第一大股东持股比例之比来衡量的股权制衡程度，有效抑制了股权集中所导致的第二类委托代理、第一大股东获取控制权私人收益及拒绝创新型项目投资等问题。上述检验结果与我们的预期是一致的，表明股权制衡促进企业选择更多创新行为。

（三）假设 4-3 的验证——对高管的激励能促进企业创新行为，扩大其创新投资的规模，并创造更多的创新成果

表 4-6 报告了以高管股权激励 Shainc 和薪酬激励 Payinc 为主要解释变量对模型（4-7）至模型（4-9）进行回归的结果，研究了它们对企业创新行为的影响。类似的，第（1）列是 Logit 模型进行的回归，以检验高管激励对企业创新投资决策的影响。第（1）列列示的结果为回归系数，括号内数字为 z 统计量。第（2）列和第（3）列报告了回归系数，括号内为 t 统计量。

在 Logit 模型中，以股权激励 Shainc 和薪酬激励 Payinc 作为主要解释变量，检验它们对是否进行研发投资的影响，根据表 4-6 中第（1）列数据显示，在其他变量给定的情况下，Shainc 和 Payinc 对是否进行创新投资决策的积极影响非常显著（$p<0.01$），表明对高管的股权激励和薪酬激励能促进企业参与研发创新投资的概率。根据第（2）列数据结果，Shainc 和 Payinc 对因变量 InDens 的回归系数分别为 0.000289 和 0.00585，显著性水平达到 1%，可见，对高管的股权激励和薪酬激励都显著地促进了企业在研发支出的规模，说明对高管的长期股权激励促使高管和企业价值最大化目标趋于一致，短期薪酬激励则提升了高管在企业中对自我价值的认识，不再回避风险大、投资回收期较长的创新性投资项目。以专利申请量 InPaApp 为被解释变量的回归结果第（3）列数据显示，Shainc 和 Payinc 在 1% 的显著性水平上与创新产出 InPaApp 正相关，可见高管激励对创新投资决策和研发投入的显著的积极影响也延伸到了对企业创新产出方面，Shainc 和 Payinc 两个高管激励的回归系数分别为 1.475 和 19.86，说明高管激励不仅促进企业参与更多的创新投资项目，扩大研发投资规模，而且有利于创造出更多的创新成果，这一实证分析结果支持假设 4-3（Balkin et al.，2000；李春涛和宋敏，2010；夏芸和唐清泉，2008）。

表4-6　　　　　　高管激励影响企业创新行为的回归结果表

变量	(1) InDec	(2) InDens	(3) InPaApp
Shainc	0.0554*** (12.29)	0.000289*** (5.54)	1.475*** (3.70)
Payinc	0.139*** (2.61)	0.00585*** (9.24)	19.86*** (4.08)
Size	0.181*** (4.89)	-0.00310*** (-6.92)	60.85*** (17.17)
Ratio	-1.501*** (-8.19)	-0.0395*** (-17.75)	-28.62 (-1.64)
Age	-1.141*** (-12.61)	-0.00791*** (-8.74)	7.827 (1.15)
Edu	0.832*** (3.63)	0.105*** (37.90)	67.47*** (3.24)
Duality	0.0606 (0.73)	0.00330*** (4.12)	25.06*** (4.20)
TbQd	-0.0351* (-1.93)	0.00183*** (9.11)	2.451 (1.45)
Roa1	-0.487 (-1.61)	-0.0575*** (-15.08)	43.88 (1.40)
年度	控制	控制	控制
行业	控制	控制	控制
_cons	-1.609* (-1.68)	0.00602 (0.58)	-1653.7*** (-20.27)
LR/F	4933.90 (LR)	234.47 (F)	30.35 (F)
P	0.0000	0.0000	0.0000
PseudoR²/Adj-R²	0.4148 (Pseudo R²)	0.4487 (Adj-R²)	0.1118 (Adj-R²)
N	11126	8607	6293

注：回归系数上的 *** 、** 、* 分别表示对应的回归系数在1%、5%及10%的显著性水平上通过检验。

资料来源：笔者计算。

总之，回归结果证实了董监高的股权激励和薪酬激励都对创新投资决策选择、研发投入密度和创新产出一系列企业创新行为的开展都有显著的（$p<0.01$）促进作用。表明了上市公司高管激励机制能促使管理者和经营者利益目标趋于一致，股权激励能有效激励公司高管对公司长期利益的重视，而不仅仅是追逐短期利益；薪酬激励保障了高管的基本收益和在公司中自我价值的体现。概括而言，在公司治理层面对高管的股权激励和薪酬激励都能实现对企业选择创新行为的引导，这种积极的引导贯穿于创新决策制定，研发投入以及创新产出等企业创新活动的整个过程。鉴于创新投资项目的风险性，更需要安排与之相配的激励制度。良好的高管激励机制会在一定程度上抑制了信息不对称所带来的道德风险和逆向选择的发生，减轻了代理问题。可见，前面预期及假设得到了验证。

综合表 4-4 至表 4-6 的实证结果分析，验证了理论分析部分提出的假设。

在控制变量方面，资产负债率 Ratio 与创新投资决策、研发投入密度以及创新产出显著负相关，这与杨风和李卿云（2016）的研究是一致的，表明了公司的负债越多，财务风险越大，此时往往会选择减少投资较大的研发项目，以平衡财务状况，从而在一定程度上也导致了创新产出的减少。

企业成立年限 Age 与创新投资决策和研发投入密度在 1% 的水平上高度负相关，表明企业经营时间越久，就越趋于风险保守型，以规避研发投资失败所带来的风险（李春涛和宋敏，2010）。托宾 Q 值与创新投入和创新产出正相关，说明公司的成长性越好，对研发的注重性越强，这样的公司往往也越具创新性和成长性，形成良性循坏（杨风和李卿云，2016）。

净资产收益率 Roa1 与创新投入变量负相关，这一现象说明研发投资属于长期投资项目，回收期较长，一般很难在当期就产生利润，经理人出于逆向选择的心理，选择成效快的短期项目，拒绝研发投资，因此呈现负相关。此外，净资产收益率与创新产出 InPaApp 正相关，则表明创新产出在企业获取利益方面具有积极的促进作用，从而证实了前面所述的创新驱动经济发展。

两职合一状态 Duality 与研发投资密度和创新产出都具有正相关关系，即两职合一状态对企业创新行为具有积极的影响（鲁桐和党印，2014），这与坚持管家理论的部分学者（Lin，2005）的研究结论一致。

第四节 稳健性检验

一、改变企业创新投入和创新产出的测度指标

稳健型检验中将创新投入指标 InDens（研发支出/营业收入）替换为 Innov21（研发支出/总资产）；创新产出指标 InPaApp 专利申请量总数替换为发明专利申请量 InPaAppI，重新按照前面的步骤进行分析。表 4-7 检验结果显示，在保证原有控制变量不变并控制了年度和行业效应后，股权集中度 Share 的回归系数显著为负；股权制衡 Balance 的回归系数显著为正；高管激励 Shainc、Payinc 的系数显著为正，这些结果与表 4-4 至表 4-6 的结果是一致的。

表 4-7　股权结构、高管激励影响企业创新行为的回归结果

变量	(1) Innov21	(2) Innov21	(3) Innov21	(4) InPaAppI	(5) InPaAppI	(6) InPaAppI
Share	-0.00256** (-1.98)			-36.45*** (-2.89)		
Balance		0.000130* (0.53)			7.631*** (3.29)	
Shainc			0.0000482** (2.07)			0.900*** (3.35)
Payinc			0.00501*** (17.79)			12.37*** (3.77)
Size	-0.00173*** (-8.00)	-0.00134*** (-6.52)	-0.00331*** (-16.62)	36.67*** (17.09)	35.98*** (16.98)	31.67*** (13.26)
Ratio	0.000295 (0.25)	-0.00195* (-1.72)	0.00143 (1.45)	-27.57** (-2.37)	-22.65* (-1.94)	-17.87 (-1.52)

续表

变量	(1) Innov21	(2) Innov21	(3) Innov21	(4) lnPaAppI	(5) lnPaAppI	(6) lnPaAppI
Age	-0.00283*** (-5.92)	-0.00265*** (-5.57)	-0.00236*** (-5.86)	2.263 (0.49)	4.471 (0.97)	5.457 (1.19)
Edu	0.0401*** (27.79)	0.0410*** (28.27)	0.0340*** (27.68)	64.84*** (4.65)	63.88*** (4.58)	58.04*** (4.13)
Duality	-0.0000529 (-0.13)	0.0000670 (0.16)	0.000522 (1.47)	9.702** (2.44)	9.572** (2.40)	8.283** (2.06)
TbQd	0.000654*** (6.18)	0.000805*** (7.72)	0.000429*** (4.81)	2.430** (2.13)	2.240** (1.96)	2.014* (1.76)
Roa1	0.0160*** (8.15)	0.000814 (1.60)	0.00876*** (5.17)	2.527 (0.12)	-0.595 (-0.03)	-23.46 (-1.11)
年度	控制	控制	控制	控制	控制	控制
行业	控制	控制	控制	控制	控制	控制
_cons	0.0386*** (4.72)	0.0299*** (3.67)	-0.00198 (-0.27)	-796.1*** (-8.57)	-809.0*** (-8.71)	-900.7*** (-9.40)
F	127.46	124.22	156.52	18.39	18.49	18.44
P	0.0000	0.0000	0.0000	0.0000	0.0000	0.0000
Adj-R²	0.2988	0.2934	0.3515	0.0670	0.0674	0.0696
N	8607	8607	8607	6293	6293	6293

注：回归系数上的 ***、**、* 分别表示对应的回归系数在 1%、5% 及 10% 的显著性水平上通过检验。

资料来源：笔者计算。

二、改变股权制衡程度的测度指标

前述实证分析中，采用第二大至第十大股东持股比例之和与第一大股东持股比例之比来衡量股权制衡程度，此处稳健性检验将采用第二至第五大股东持股比例和第一大股东持股比例之比来测度股权制衡程度（罗正英等，2014）。表4-8为改变股权制衡程度的稳健型检验结果，第（1）列是以创新性投资决策作为被解释变量进行的 Logit 回归，报告了模型回归的系数,括号内是 z 统计量。第(1)列数据显示,股权制衡程度对研发投资决策有正向影响,但是不显著,这与表 4-5 结果一致。此外,第(2)、(3)分别以研发投资密度和创新产出作为被解释变量的回归结果,也与表 4-5 的检验结果一致,只是回归系数稍有差别,通过稳健型检验。

表 4-8　股权制衡变量 Balance25 影响企业创新行为的回归结果

变量	(1) lnDec	(2) lnDens	(3) lnPaApp
Balance25	0.0472 (0.86)	0.00261*** (4.35)	11.95*** (2.68)
Size	0.242*** (7.24)	-0.00128*** (-3.16)	67.61*** (21.49)
Ratio	-1.763*** (-9.73)	-0.0418*** (-18.76)	-38.09** (-2.19)
Age	-1.262*** (-14.07)	-0.00846*** (-9.37)	5.953 (0.87)
Edu	0.996*** (4.43)	0.109*** (39.41)	79.47*** (3.84)
Duality	0.209*** (2.62)	0.00364*** (4.58)	27.20*** (4.60)
TbQd	-0.0340* (-1.89)	0.00189*** (9.38)	2.825* (1.67)
Roa1	-0.0992 (-0.34)	-0.0484*** (-12.95)	81.55*** (2.67)
年度	控制	控制	控制
行业	控制	控制	控制
_cons	-0.0209 (-0.03)	0.0478*** (3.06)	-1515.0*** (-10.98)

续表

变量	(1) lnDec	(2) lnDens	(3) lnPaApp
LR/F	4766.94（LR）	235.97（F）	30.45（F）
P	0.0000	0.0000	0.0000
PseudoR²/Adj－R²	0.4007 (Pseudo R²)	0.4419 (Adj－R²)	0.1085 (Adj－R²)
N	11126	8607	6293

注：回归系数上的 ***、**、* 分别表示对应的回归系数在 1%、5% 及 10% 的显著性水平上通过检验。

资料来源：笔者计算。

三、加入市场化程度控制变量

外部环境对企业创新行为具有重要的影响，因此这部分稳健型检验中我们加入了反映企业所在地区市场化程度的控制变量，并控制年度和行业对所有模型进行稳健性检验（鲁桐和党印，2014；李文贵和余明桂，2015）。市场化程度方面，我们选取王小鲁、樊纲和余静文所著的《中国分省份市场化指数报告》（2016）中公布的各省份市场化总指数评分，衡量各上市公司办公所在地的市场化程度。高于当年全国平均值的地区认为市场化程度较高，赋值 1；低于当年全国平均值的地区则认为市场化程度较低，赋值 0；得到反映市场化程度的哑变量。由于王小鲁、樊纲等市场化指数统计截止到 2014 年，所以本章 2015 年各省份市场化指数的分组依然延续 2014 年指数结果。

根据表 4-9 的检验结果，加入了上市公司所在地区的市场化程度这一控制变量以后，除了回归系数略有差异以外，和前述验证结论一致，表明研究结果具有稳健型。市场化程度变量 Market 在 8 个模型中均在 1% 的水平上显著为正。该结果也表明了良好的市场化环境对企业创新行为是具有显著促进作用的，这一促进作用利于企业积极参与创新投资项目、加大研发力度，增加创新产出。

第四章　股权结构、高管激励影响企业创新行为的实证分析　83

表4-9　加入市场化程度的实证回归结果

变量	(1) lnDec	(2) lnDens	(3) lnPaApp	(4) lnDec	(5) lnDens	(6) lnPaApp	(7) lnDec	(8) lnDens	(9) lnPaApp
Share	0.138 (0.65)	-0.0147*** (-5.97)	-55.49*** (-2.97)						
Balance				0.0290 (0.67)	0.00206*** (4.42)	10.14*** (2.94)			
Shainc							0.0540*** (11.90)	0.000265*** (5.05)	1.333*** (3.32)
Payinc							0.112** (2.08)	0.00558*** (8.78)	18.10*** (3.71)
Market	0.496*** (6.01)	0.00590*** (5.78)	34.00*** (4.21)	0.493*** (5.97)	0.00576*** (5.63)	33.38*** (4.12)	0.386*** (4.61)	0.00441*** (4.29)	28.62*** (3.51)
Size	0.238*** (7.02)	-0.000809** (-1.96)	69.44*** (21.82)	0.243*** (7.26)	-0.00119*** (-2.95)	68.32*** (21.72)	0.190*** (5.12)	-0.00296*** (-6.61)	61.96*** (17.43)
Ratio	-1.725*** (-9.53)	-0.0426*** (-19.28)	-40.44** (-2.34)	-1.720*** (-9.48)	-0.0413*** (-18.57)	-33.85* (-1.95)	-1.481*** (-8.08)	-0.0394*** (-17.68)	-26.72 (-1.53)
Age	-1.278*** (-13.99)	-0.00931*** (-10.26)	3.107 (0.45)	-1.283*** (-14.18)	-0.00839*** (-9.31)	6.358 (0.93)	-1.162*** (-12.73)	-0.00793*** (-8.76)	7.853 (1.15)
Edu	0.980*** (4.35)	0.108*** (39.44)	79.35*** (3.84)	0.976*** (4.33)	0.109*** (39.45)	78.85*** (3.81)	0.831*** (3.62)	0.105*** (38.05)	69.51*** (3.34)

续表

变量	(1) lnDec	(2) lnDens	(3) lnPaApp	(4) lnDec	(5) lnDens	(6) lnPaApp	(7) lnDec	(8) lnDens	(9) lnPaApp
Duality	0.185** (2.30)	0.00334*** (4.20)	26.02*** (4.40)	0.180** (2.23)	0.00336*** (4.22)	25.85*** (4.37)	0.0369 (0.45)	0.00313*** (3.91)	24.12*** (4.04)
TbQd	−0.0331* (−1.85)	0.00198*** (9.85)	3.320* (1.96)	−0.0342* (−1.91)	0.00191*** (9.50)	3.035* (1.79)	−0.0354* (−1.95)	0.00185*** (9.21)	2.668 (1.57)
Roa	−0.185 (−0.62)	−0.0488*** (−13.03)	74.88** (2.44)	−0.166 (−0.56)	−0.0500*** (−13.36)	70.41** (2.30)	−0.501* (−1.66)	−0.0581*** (−15.24)	38.29 (1.22)
年度	控制	控制	控制	控制	控制	控制	控制	控制	控制
行业	控制	控制	控制	控制	控制	控制	控制	控制	控制
_cons	−0.361 (−0.43)	0.0412*** (2.64)	−1549.6*** (−11.21)	−0.423 (−0.50)	0.0396** (2.54)	−1566.5*** (−11.33)	−1.668* (−1.74)	−0.00530 (−0.33)	−1695.1*** (−11.91)
LR/F	4802.11 (LR)	231.13 (F)	30.15 (F)	4802.13 (LR)	230.16 (F)	30.14 (F)	4954.90 (LR)	227.96 (F)	29.75 (F)
P	0.0000	0.0000	0.0000	0.0000	0.0000	0.0000	0.0000	0.0000	0.0000
PseudoR²/ Adj-R²	0.4037 (PseudoR²)	0.4451 (Adj-R²)	0.1112 (Adj-R²)	0.4037 (PseudoR²)	0.4441 (Adj-R²)	0.1112 (Adj-R²)	0.4165 (PseudoR²)	0.4498 (Adj-R²)	0.1134 (Adj-R²)
N	11126	8607	6293	11126	8607	6293	11126	8607	6293

注：回归系数上的 ***、**、* 分别表示对应的回归系数在 1%、5% 及 10% 的显著性水平上通过检验。
资料来源：笔者计算。

四、工具变量法

除了模型中考虑到的变量以外,还有一些不可观测的公司层面的变量会影响股权结构和高管激励,进而影响创新行为,从而导致前述回归分析的内生变量与扰动项相关,产生内生性问题。本节使用工具变量法来规范处理股权结构和高管激励的内生性问题。以样本企业所在城市的年平均气温作为股权结构和高管激励的工具变量(Acemoglu et al., 2001; Boubakri et al., 2013)。原因在于:一是年平均气温并不直接影响企业的创新行为;二是年平均气温被视作重要的经济地理变量(方颖和赵扬,2011)。表4-10和表4-11给出了运用工具变量法对创新投入和创新产出回归的结果。

表4-10 工具变量法——股权结构影响企业创新行为的实证分析

第二阶段回归结果

被解释变量	(1) lnDens	(2) lnPaApp	(3) lnDens	(4) lnPaApp
Share	-0.535*** (-3.20)	-2169.9*** (-2.92)		
Balance			0.0663*** (4.83)	367.8*** (3.14)
Size	0.0155*** (2.74)	121.7*** (5.01)	0.00108 (1.13)	76.62*** (7.15)
Ratio	-0.0612*** (-9.77)	-88.13*** (-2.86)	-0.0166** (-2.11)	154.4** (2.09)
Age	-0.0363*** (-3.89)	-105.3*** (-2.72)	-0.00137 (-0.67)	26.80** (2.13)
Edu	0.0611*** (3.28)	-187.0** (-2.33)	0.0761*** (7.65)	-192.0** (-2.53)

续表

第二阶段回归结果

被解释变量	(1) InDens	(2) InPaApp	(3) InDens	(4) InPaApp
Duality	0.00183 (0.86)	35.10 *** (3.15)	0.00296 * (1.94)	28.05 *** (2.73)
TbQd	0.00243 *** (5.17)	3.548 (1.46)	0.000876 ** (1.99)	-3.478 (-1.46)
Roa1	-0.00784 (-0.43)	292.1 *** (3.13)	-0.0592 *** (-8.80)	87.12 * (1.66)
_cons	-0.00825 (-0.21)	-1536.3 *** (-7.08)	-0.0478 (-1.41)	-2055.1 *** (-6.00)
N	8607	6293	8607	6293

第一阶段回归结果

被解释变量	Share	Share	Balance	Balance
IV：平均气温 Temp	-0.0013816 *** (-3.31)	-0.0019972 *** (-3.90)	0.0111 *** (5.66)	0.0118 *** (4.66)
Adj R-squared	0.0973	0.0735	0.0874	0.0733
弱工具变量检验：F	10.9443 ***	15.2127 ***	32.0212 ***	21.6784 ***
N	8607	6293	8607	6293

异方差稳健的 DWH 检验

Robust score chi2	61.313 ***	17.0854 ***	60.3723 ***	16.3601 ***
Robust regression F	63.9783 ***	17.2695 ***	62.9427 ***	16.5348 ***

注：*** 、** 和 * 分别表示在1%、5%和10%的显著性水平，第一阶段回归系数下括号中的数字为 t 值，第二阶段回归系数下括号中的数字为 z 值。所有检验的标准误差均经过企业群聚（cluster）调整。

表4-11　　工具变量法——高管激励影响企业创新行为的实证分析

第二阶段回归结果

被解释变量	(1) lnDens	(2) lnPaApp	(3) lnDens	(4) lnPaApp
Shainc	0.00392 *** (6.60)	20.42 *** (3.91)		
Payinc			0.0279 *** (7.58)	134.9 *** (4.08)
Size	-0.00162 *** (-3.51)	65.67 *** (8.16)	-0.0111 *** (-9.12)	15.28 (1.56)
Ratio	-0.0267 *** (-6.11)	65.64 * (1.67)	-0.0425 *** (-16.74)	-17.11 (-0.79)
Age	-0.000411 (-0.27)	18.44 ** (2.49)	-0.00877 *** (-9.21)	-2.150 (-0.42)
Edu	0.102 *** (23.05)	-29.97 (-1.36)	0.0982 *** (22.95)	-50.64 ** (-2.16)
Duality	-0.00590 *** (-3.14)	-20.13 * (-1.71)	0.00523 *** (5.78)	34.56 *** (4.37)
TbQd	0.00124 *** (4.09)	-5.371 *** (-3.16)	0.00144 *** (5.32)	-2.409 *** (-2.69)
Roal	-0.0689 *** (-12.23)	32.78 (0.81)	-0.0893 *** (-13.51)	-78.29 * (-1.67)
_cons	0.0196 (1.25)	-1700.2 *** (-7.42)	-0.119 *** (-3.96)	-2300.9 *** (-6.45)
N	8607	6293	8607	6293

续表

第一阶段回归结果

被解释变量	Shainc	Shainc	Payinc	Payinc
IV：平均气温 Temp	0.1887 *** (9.82)	0.2122 *** (9.28)	0.0265 *** (16.24)	0.0321249 *** (16.28)
Adj R – squared	0.1504	0.1379	0.3635	0.4027
弱工具变量检验：F	96.5264 ***	86.1386 ***	263.701 ***	264.913 ***
N	8607	6293	8607	6293
异方差稳健的 DWH 检验				
Robust score chi2	52.2328 ***	16.636 ***	35.9218 ***	14.728 ***
Robust regression F	54.2078 ***	16.7936 ***	37.0499 ***	14.871 ***

注：***、** 和 * 分别表示在 1%、5% 和 10% 的显著性水平，第一阶段回归系数下括号中的数字为 t 值，第二阶段回归系数下括号中的数字为 z 值。所有检验的标准误差均经过企业群聚（cluster）调整。

股权集中 Share 抑制企业创新行为的稳健性检验。根据表 4 – 10 第 (1)、(2) 列的实证结果可知，在第一阶段回归中，我们利用前面界定的控制变量和 Share 的工具变量年平均气温（Temp）共同对 Share 进行回归。结果表明，两个方程中工具变量 Temp 与股权集中 Share 变量均在 1% 的显著性水平上高度负相关；检验的 F 统计量分别为 10.9443 和 15.2127，均超过 10，故认为不存在弱工具变量；对解释变量内生性的"杜宾—吴—豪斯曼检验"（DWH），F 统计量和卡方统计量，二者在大样本下逐渐等价，且 P 值均小于 0.001，故认为 Share 为内生解释变量，这些结果共同表明了我们的工具变量是有效的。第二阶段回归结果显示，股权集中度 Share 的预测值在 1% 的显著性水平上与创新投入密度 InDens 和创新产出 InPaApp 两个衡量企业创新行为的指标显著负相关（p < 0.01）。上述检验结果表明，在控制了内生性问题后，股权集中仍抑制了企业的创新活动。

验证股权制衡 Balance 促进企业创新行为的稳健性。分析表 4 – 10 第 (3)、(4) 列的实证结果，第一阶段回归中，利用控制变量和股权制衡 Balance 的工具变量 Temp 一起对 Balnce 回归，结果显示工具变量 Temp 和 Balance 在 1% 的显著性水平上高度正相关；两个方程中的 F 统计量远远大 10，不必担心弱工具变量的问题；对解释变量内生性的 DWH 检验，F 统计量和卡方统计量，二者在大样本下逐渐等价，且 P 值均小于 0.01，故认为 Balance 为内生解释变量，这些结果共同表明了我们的工具变量是有效的。第二阶段回归结果显示，股权制衡 Balance 的预测值在 1% 的显著性水平上与创新投入密度 InDens 和创新产出 InPaApp 两个衡量企业创新活动的指标显著正相关（$p<0.01$）。上述检验结果表明，在控制了内生性问题后，股权制衡仍促进了企业的创新行为。

表 4-11 验证了股权激励 Shainc 和薪酬激励 Payinc 对企业创新行为的促进作用。仍以年平均气温作为 Shainc 和 Payinc 的工具变量，第一阶段回归结果显示 Temp 与 Shainc 和 Payinc 均在 1% 的显著性水平上高度正相关，且不存在弱工具变量；DWH 检验结果表明，Shainc 和 Payinc 均为内生解释变量，这些结果证明了工具变量的有效性。第二阶段回归结果表明，Shainc 和 Payinc 的预测值在 1% 的显著性水平上与创新投入密度 InDens 和创新产出 InPaApp 两个衡量企业创新行为的指标显著正相关（$p<0.01$）。上述检验结果表明，在控制了内生性问题后，高管激励仍促进了企业的创新行为。

第五节 本章小结

在公司治理影响企业创新行为的研究中，股权结构和高管激励越来越多地受到实务界和学术界的关注。现有研究公司治理与企业创新关系的文献，要么仅研究某一行业的情况，或只考虑公司治理的某一方面，要么仅考虑公司治理对研发投入或创新产出某一方面的影响。本章以 A 股上市公司为样本，着重研究股权结构和高管激励对企业创新行为的影响。分别研究了公司治理机制中的股权集中、股权制衡、高管股权激励和薪酬激励对企业创新行为的影响。为了更全面地测度上市公司创新状况，分别从是否参与创新投资项目、研发投入规模、创新产出状况三个不同阶段来衡量企业创新行为，全面介绍了公司治理机制中的股权结构和高管激励对企业创新行为的影响。丰富了委托代理理论，完善了公司治理和企业创新关系研究的内容体系。

实证检验结果表明：第一，随着第一大股东持股比例的增加，企业参与创新项目投资的积极性逐渐降低、研发支出随之缩减、衡量创新产出的专利申请量也有所减少，股权集中对企业创新行为的这些消极影响都是极其显著的（$p<0.01$）。第二，企业中股权制衡度越明显，上市公司参与高

风险的创新性投资项目的意愿越强烈,相应的研发支出规模会越显著增加,创新产出也随之增多。因此,股权制衡对企业创新行为各个阶段的积极影响具有显著性($p<0.01$)。第三,高管激励机制中的长期股权激励和短期薪酬激励有利于创新行为的开展,对从决定是否参与创新投资、研发投入规模到创新产出各个阶段的创新行为都具有显著的正相关性($p<0.01$)。第四,宏观经济环境中的市场化程度对企业创新活动起到了重要的外部促进作用。从各省市发展的角度看,市场化进程仍然是不均衡的,市场化程度较高的地区,宏观治理环境相对较好,企业的资源配置更趋于合理,更有利于企业创新行为的开展。

第五章

股权结构、高管激励影响企业创新行为的产权性质差异分析

经济增长理论提出，经济增长的关键在于技术进步与创新（Romer，1990），创新是提高国家的经济实力和国际竞争力的基础（汤湘希，2010）。2016 年，我国共受理发明专利申请量达 133.9 万件，连续六年居世界第一；截止到 2016 年底，我国国内发明专利拥有量首次突破 100 万件，达 110.3 万件[①]。可见，我国在知识产权强国战略和创新驱动发展战略的指引下正积极向创新型国家迈进。企业作为微观层面的创新主体，其创新能力的提升是国家创新能力提升的根基和参照。截止到 2016 年 12 月 31 日，国泰安数据库公布的 3118 家 A 股上市公司中，33% 是国有企业，58% 是民营企业，剩余的 9% 左右为外资或其他产权性质类型，其中，国有和民营企业作为我国国民经济的主体，其创新能力直接关系到国家的经济健康发展与运行。2016 年中国上市公司市值管理研究中心发布的《2015 年 A 股市值年度报告》显示，2015 年民营企业市值总量为 23.02 万亿元，在各种所有制中占第一位，首次超过央企；民营企业同期增幅达 1.06，呈现快速增长态势。国有企业和民营企业因产权性质差异和经营环境不同表现出不同的行为特征，并在国民经济发展中起着不同的作用（吴延兵，2012）。但不同产权性质主导下的企业创新行为是否存在差异？股权结构和高管激励对国有企业和民营企业创新行为的影响有何不同？这正是本章关注的核心问题。首先，通过科学系统的实证方法考察股权结构和高管激励对企业创新投入和产出的影响，其次，对该话题继续深入分析，

---

① 张茂于：《实施专利质量提升工程加快建设知识产权强国》，中华人民共和国国家知识产权局 2017 年 8 月 3 日，http://www.sipo.gov.cn/zscqgz/2017/201706/t20170609_1311996.html，2019 年 12 月 31 日。

验证不同产权性质下公司治理指标影响企业创新行为的差异，有助于更清晰地认识到国有企业和民营企业在公司治理机制方面存在的差异，可为不同产权性质的企业提供促进企业创新的政策建议。

在考察股权结构、高管激励影响企业创新差异时，企业创新行为代理变量的选择，是影响实证估计结果的重要因素，不同的测度指标会导致分析结果大相径庭。为了避免由此引起的误差，本章从创新投入和创新产出两个层面来衡量企业创新行为，并在稳健性检验中相应的替换为其他反映创新投入和产出的指标进行回归分析。运用多种指标测度企业创新行为，旨在从不同视角下观察由于产权性质不同所导致的创新行为差异，从而得出更具有说服力的结论和政策建议。

本章的学术贡献主要有如下三个方面：一是完善了委托代理理论和公司治理理论；二是从不同的公司治理视角比较国有企业和民营企业在创新投入和创新产出方面的差异，探讨产生差异的原因；三是针对产权性质差异，探讨如何合理安排股权结构和高管激励机制以更好地促进企业创新。

第一节 理论分析与研究假设

产权性质决定企业的资源配置、股权结构、委托代理模式、决策机制等一系列公司治理问题（Berle and Means，1932；Jensen and Meckling，1976）。我国企业按照产权性质不同主要分为国有企业、民营企业、外资企业三大类（吴延兵，2012），产权性质差异会导致企业行为、目标和所处环境的差异（刘和旺等，2015）。本章选取国有企业和民营企业为研究对象，探讨了两类产权性质下企业创新行为的特点。研究目的在于对不同产权性质的企业有针对性地提供有关公司治理的政策建议，促进企业创新，提升企业创新能力。

一、国有企业和民营企业谁更具有创新性

产权性质作为企业制度的核心（陈岩和张斌，2013），决定了公司的治理结构，进而影响企业创新行为。创新活动本身具有的成本高、风险大、投资回收期长等特点，这使得不同产权性质下企业创新行为的选择更为复杂，研究难度更大。通过研究不同（产权）制度下企业 R&D（re-

search and development）活动状况，相比之下国有企业的 R&D 效率较低（Zhang et al.，2003）。国有企业的创新效率低于非国有企业（刘瑞明，2013）。林等人（2010）通过研究中国企业数据，证实了民营企业比国有企业的研发投资意愿更强烈。造成国有企业创新效率低下的原因主要集中在以下三个方面：一是由于其投资项目决策机制冗长而复杂，延误或错失了创新项目投资时机（Qian and Xu，2010）；二是由于国有企业固有的公有产权属性（吴延兵，2012）导致了企业创新的低效率；三是国有企业更倾向于通过非生产性的寻租活动，而不是生产性的企业创新来获取利润（董晓庆等，2014）。当然，也有学者得出完全相反的结论，认为国有企业比非国有企业更具创新性（李春涛和宋敏，2010；Xu and Wang，1999）。但本章认为，相比较而言，民营企业更具有创新性，理由如下：

第一，民营企业的私有产权属性赋予其参与企业创新的积极性（吴延兵，2012）。民营企业的控股股东们一般为自然人或家族，属于私有产权主体，其利益分配的主体和目的都是非常具体的，自然人或家族更偏好通过企业运营获取收益以及良好的社会声誉，所以参与企业创新的动机更为强烈；而国有企业的控股股东是各级政府或者其代理人，享受利益分配的主体较为抽象，容易产生"搭便车"效应，缺乏创新激励（杨清香，2010）。

第二，国有产权性质加剧了国有企业的委托代理问题（Zhang，1997）。（1）在国有企业的委托代理关系中，国有企业的委托人是全体公民（或国家），代理人是政府官员或企业经营者；委托人拥有剩余索取权但没有实际的控制权，代理人拥有实际的剩余控制权但没有合法的剩余索取权，从而造成控制权和索取权的不对应（吴延兵，2012）。由于国有企业的控制权掌握在不参与剩余收益分配的政府官员手中，基于理性经济人假设，政府官员缺乏动力去监督和激励国有企业的经营者参与创新，从而加重了委托代理问题。（2）国有企业受到的政治干预较多、缺失高管激励机制，这会促使国有企业经营者以追求任职期间个人收益的最大化为目标（周黎安和罗凯，2005；刘和旺等，2015）。（3）创新性投资项目的长期性和不确定性也引发了国有企业经营者创新控制权和创新收益权的不匹配（吴延兵，2012），即经营者承担了创新项目投资所带来的高风险，但鉴于创新项目的长期性，有可能无法享受到创新项目所带来的投资收益，这些都促使国有企业经营追求稳定收益，不会对风险项目投入巨大资金（杨建君和盛锁，2007），从而引发了逆向选择和道德风险，加剧委托代理问题，从而抑制了国有企业创新。相对而言，民营企业中控制权和索取权划分更为清晰，政府干预程度较低，在一定程度上缓解了企业的委托代理问题，因此比国有企业更具有创新性。据此有：

假设 5 – 1：民营企业比国有企业进行更多的研发创新行为。

二、股权结构对国有企业和民营企业创新行为的影响是否存在差异

产权性质影响着企业的创新行为和创新绩效，将产权性质与反映公司治理结构的变量构造成交互项，验证交互效应的作用，能更深刻地反映公司治理对企业创新行为的影响。有效的公司治理机制和良好的外部治理环境是影响创新投入、利益分配、权利安排的重要因素，本章主要从内部治理的股权结构和高管激励两个方面展开研究。最优股权结构能使企业价值达到最大化，是股权集中和股权分散互相权衡后的产物（王奇波和宋常，2006）。杨建君和盛锁（2007）认为，股权集中度对创新行为的消极影响有两个层面：一是由于大股东的风险规避心理；二是大股东通过控制权获取私人收益，损害中小股东的利益。杨风和李卿云（2016）实证了股权集中度与研发投资具有负相关关系，股权集中度过高不利于企业 R&D 投入（Graves，1988）。股权集中度抑制了经理人的创新动力（Ireland et al.，2003），可见，股权集中对企业的创新行为具有消极影响。当然，不同产权性质下股权集中对企业创新行为的影响可能存在差异。国有企业的出现缓解了市场失灵，而且它所带来的社会受益超过社会成本（Atkinson and Stiglitz，1980），也正因为如此，国有企业受到政府的干预更多，富有更强的政治使命和承担更多的社会责任，所以在股权集中抑制企业创新行为的前提下，国有企业的控股股东由于受到的政府监管和自我道德约束更强烈（杨清香等，2010），会尽量减少股权集中对创新所带来的消极影响。而民营企业与政府的关联程度以及自我约束程度都较低，所以在股权集中度较高的前提下，第一大控股股东会利用控制权攫取更多的私有收益，损害中小股东利益，降低企业价值。此外，股权集中度低的民营企业股权较为分散，创新活动的高风险也被分散，但随着民营企业股权集中度的提高，该类企业就逐渐成为民营企业所有者（自然人或家族）的主要或唯一经济来源，此时维持企业的长期持续发展才是最终目标，面对高风险的创新活动会避之不及（李婧和贺小刚，2012）。据此有：

假设 5-2a：股权集中对民营企业创新行为的抑制作用更为强烈。

股权制衡是企业中普遍存在的多个大股东所拥有的控制权互相制衡的现象（Gomes and Novacs，2005）。股权制衡作为股权结构的均衡状态（王奇波和宋常，2006），在股权集中抑制企业创新行为时应运而生，缓解了股权集中对企业创新行为的不利影响，增加了企业价值（Laeven and Levine，2004）。具体而言：一是股权制衡限制了第一大控股股东利用控制权获取私人收益的非效率投资行为（Kahn and Winton，1998），保护了中小股东的利益。二是多个大股东之间的权利制衡机制，要求在创新投资项目决策时进行集体决策，提供了更理性的投资分析建议（李琳等，2009），增加了决策的科学性和合理性（Sah and Stiglitz，1991），在一定程度上降低了创新项目的风险性和不确定性。三是通过增加股权制衡比例改善公司股权结构，能够增强高管股权激励对创新的积极影响（翟淑萍和毕晓方，2016）。总之，股权分散企业的管理者灵活性强，更有利于企业从事研发创新（Ortega-Argilés et al.，2005），维托等（Vito et al.，2010）以加拿大制造业作为研究样本，证明了股权集中负向影响企业创新。

在不同产权性质下，股权制衡对企业创新行为的影响可能也存在差异。首先，民营企业的私有产权属性决定了其控股股东（自然人或家族）为了维护自身的利益和在公司中的话语权，比国有企业的控股股东更具有控制能力（杨清香等，2010）。以创新投资项目决策为例，民营企业的多个大股东出于不同的利益目的，选择不同的投资项目和投资策略，出现较大的意见分歧时，最优解只能是每个人的利益得以平均，最终结果是选择企业价值最大化的投资策略。其次，我国国有企业中股权集中程度普遍较高（张其秀等，2012），民营企业中往往是多个大股东并存（Nagar et al.，2011）、股权制衡程度较高。鉴于股权制衡对企业创新行为的积极影响，企业会通过提高股权制衡比例来调整股权结构，以促进创新，根据边际效应递减规律（高鸿业，2014），当企业股权制衡程度较低时，提高股权制衡的比例，对企业创新的积极性影响越强烈。但是，随着股权制衡程度的提高，这种积极影响的程度会降低。国有企业股权结构处于股权制衡程度的较低点，相比较而言民营企业处于股权集中程度的较高点，所以，提高股权制衡比例对企业创新行为的积极影响在国有企业中更为显著。据此有：

假设 5-2b：股权制衡对国有企业创新行为的促进作用更为明显。

三、高管激励对国有企业和民营企业创新行为的影响是否存在差异

创新是企业获取和提升核心竞争力的关键,决定企业成败,但创新本身具有的异质性特征,导致高管在进行投资项目抉择时,倾向于选择投资回收期短的低风险项目,因此为高管制定合理的激励机制对企业的创新而言是至关重要的(Tosi et al.,2000;李春涛和宋敏,2010)。高管的逆向选择和道德风险行为源于高管和股东目标的不一致,高管持有公司股份少或者未持有,公司价值对高管获利影响不大,所以高管更热衷于短期获利项目(Lundstrum,2002)。丰(Fong,2010)、王燕妮(2011)实证了高管持股激励会显著增加公司的创新投入。增加高管持股有效地降低了高管和股东目标的不一致性,有助于促进企业创新行为(谭洪涛等,2016)。此外,对高管进行薪酬激励在一定程度上也缓解了委托代理矛盾,高管薪酬激励促进了企业R&D投入,鼓励其参与更多的创新项目投资(Coles et al.,2006)。巴尔金等(Balkin et al.,2000)也证明了CEO的薪酬与企业的研发投入和专利数量都具有正相关。薪酬激励提高了企业参与研发的积极性(李春涛和宋敏,2010)。

前已述及,股权激励和薪酬激励都促进了企业创新,那么这两种高管激励对国有企业和民营企业创新行为的促进作用是否存在差异?

国有企业的运营目标是多元化的,涵盖了经济、政治、社会等各个方面,企业高管可能会围绕实现政绩目标而非企业价值最大化目标进行决策,所以,国有企业高管通过对企业的资源整合,目的并不完全是获取更多的经济收益,而是服务于政治前途等非经济利益目标,只有当投资创新项目所获取的好处大于放弃创新所带来的政绩增加时,国有企业高管才会考虑长期性的创新项目(栾斌和杨俊,2016)。对高管进行短期激励根本无法解决其长期创新激励问题,且国有企业中普遍缺乏股权激励等中长期激励机制(吴延兵,2012),这些共同导致了国有企业高管缺乏必要的动力去进行创新。此时,对国有企业高管实施股权激励,增大高管的决策权(李春涛和宋敏,2010),使国有企业高管和国有企业本身形成利益共同体,高管则会在研发决策和创新管理方面做出更多努力(Jensen and Meckling,1976)。据此有:

假设5-3a:高管股权激励更能促进国有企业创新行为。

国有企业的所有者（国家或全体公民）对企业并没有实际的控制权，国有企业的控制权为政府官员所有，而政府的代理人——官员同时关注他所能达到的政治目标和获取的经济利益，参与风险较大的创新活动，短期内无法得到令人信服的业绩，对官员政治抱负的实现有一定的阻碍作用（Megginson，2005），而民营企业的决策者不存在类似政治目标的约束，所以，相同的高管薪酬激励，国有企业高管在其政治目标的束缚下放弃创新的概率增加，相比而言，民营企业的高管在薪酬激励下会更多地参与企业创新活动中。李春涛和宋敏（2010）在探讨高管薪酬激励对创新的促进作用因所有制的不同而存在差异时，也证实了相同的薪酬激励对民营企业作用更强，说明通过设置高管薪酬激励机制来鼓励民营企业创新意义更大。据此有：

假设5-3b：高管薪酬激励更能促进民营企业创新行为。

第二节　研究设计

一、样本选择与数据来源

本章主要研究产权性质通过股权结构和激励机制影响企业创新行为的调节作用。变量定义及数据来源同第四章相同，主要源于CSMAR和同花顺数据库。此外，本章新增了上市公司股权性质数据。由于股权性质信息披露及数据来源问题，部分上市公司股权性质或实际控制人信息缺失，所以，在第四章非平衡面板数据共11126个观测值的基础上，进一步删除了未披露最终控制人类型的上市公司观测值118个，根据最终控制人类型推断的产权性质为"其他"的观测值86个，以及研发投入和专利申请量均没有披露的上市公司2234个观测值。最终得到有效的观测值8688个，其中国有企业观测值3127个，民营企业观测值5290个，共8417个。为消除离群值的影响，保证分析结果的稳健性，在回归分析之前，所有的连续变量均进行了（1%，99%）的缩尾处理。

本章仍以2010~2015年A股上市公司为样本对上述模型进行检验，数据来源于CSMAR和同花顺数据库。我国自2009年5月1实施的《中华人民共和国企业国有资产法》，强调了发挥国有经济在国民经济中的主导作用，明确了国有企业改制的规定。本章以此为契机，考察改制后国有企业和民营企业中公司治理对企业创新行为的影响。考虑到正式的文件规定及样本数量，以2010年为数据起始年份。企业产权性质根据CSMAR数据库中的实际控制人类型来进行确定，共有国企、民营、外资、其他四种类型，本章的研究范围仅限于国有企业和民营企业。比如实际控制人如果是国有企业或者国有机构则认定成股权性质是国有企业，具体划分方式见表5-1。若CSMAR披露的上市公司产权性质中有两种或两种以上类型的，则按照国有企业、民营企业、外资企业这样的顺序优先确定企业产权性质。

表5-1　　　　　　　　上市公司产权性质划分依据表

产权性质	实际控制人拥有上市公司股份性质			
国企	国有企业	行政机关、事业单位	中央机构①	地方机构②
民营	民营企业	自然人	国内自然人	
外资	港澳台资企业	外国企业	港澳台自然人	国外自然人
其他	企业经营单位	集体所有制企业	社会团体	其他

注：①中央机构包括党中央、国务院等中央党政部门的机构。
②地方机构包括地方政府以及地方政府部门的机构。
资料来源：国泰安数据库的界定。

二、变量解释说明及定义

（一）被解释变量

被解释变量是衡量企业创新行为的代理变量，根据李春涛和宋敏（2010）、鲁桐和党印（2014）的研究，从创新投入和创新产出两个方面来进行界定：以研发投入密度（InDens）衡量创新投入，采用研发支出占营业收入的比例来测度；创新产出变量（InPaApp），用专利申请量来衡量。

（二）解释变量

公司治理变量是主要的解释变量，衡量企业股权结构和高管激励的变量。包含股权结构变量：①股权集中度，用第一大股东的持股比例（Share）来衡量；②股权制衡（Balance），用第二大至第十大股东持股比例之和与第一大股东持股比例之比来测度。反映高管激励情况的解释变量包括：(1) 股权激励 (Shainc)。用董监高的持股数量之和加1，然后取自然对数来定义这一变量；(2) 薪酬激励 (Payinc)，以董监高的年薪总额的自然对数来衡量。

(三) 调节变量

SoeSP 代表企业产权性质的虚拟变量，国有企业为1，民营企业为0，将 SoeSP 和股权结构以及高管激励的交互项引入模型中，用来检验不同产权性质下股权结构和高管激励对企业创新行为的影响。其中，Share × SoeSP 是产权性质和股权集中度的交互项，Balance × SoeSP 是产权性质和股权制衡程度的交互项，Shainc × SoeSP 是产权性质和股权激励的交互项，Payinc × SoeSP 是产权性质和薪酬激励的交互项。以 Shainc × SoeSP 为例，如果 Shainc × SoeSP 的系数显著大于0，说明同样的高管持股比例，更能促进国有企业的创新行为；否则说明在其他条件不变的情况下，相同的激励更能促进民营企业的创新行为。

(四) 控制变量

根据以往学者的研究 (Belloc，2012；杨风和李卿云，2016)，选取以下可能影响企业创新行为的因素作为控制变量：公司规模 (Size)、资产负债率 (Ratio)、公司成立年限 (Age)、两职合一状态 (Daulity)、员工教育水平 (Edu)、净资产收益率 (Roa1)、托宾 Q 值 (TbQd)。

本章实证分析模型中使用的变量的详细说明见表 5-2。

表 5-2　　　　　　　　主要变量定义及说明

变量类型	变量名称	符号	变量操作性定义与说明
被解释变量（创新行为）	创新投入	InDens	研发投入密度：研发支出/营业收入
	创新产出	InPaApp	专利申请量总和。包括发明、实用新型和外观设计
解释变量	股权集中度	Share	第一大股东的持股比例
	股权制衡	Balance	第二大至第十大股东持股比例之和与第一大股东持股比例之比
	高管激励 股权激励	Shainc	董监高持股数量之和加1，然后取自然对数
	高管激励 薪酬激励	Payinc	董监高的年薪总额的自然对数

续表

变量类型	变量名称	符号	变量操作性定义与说明
调节变量	产权性质	SoeSP	虚拟变量，国有企业为1，民营企业为0
控制变量	企业规模	Size	年末总资产的自然对数
	资产负债率	Ratio	总负债/总资产
	成立年限	Age	企业设立年限加1后取对数
	两职合一状态	Daulity	董事长与总经理兼任情况，兼任取1，否则取0
	教育水平	Edu	本科及以上员工比例
	净资产收益率	Roa1	净资产收益率（净利润/股东权益平均余额）
	托宾Q值	TbQd	（股权市值＋净债务市值）/（资产总计－无形资产净额－商誉净额）
	行业哑变量	Indus	共18个行业，设置17个行业哑变量
	年度哑变量	accper	总共6个年度，设置5个年度哑变量

三、研究模型及构建

（一）股权集中度影响创新行为的产权性质差异

$$\begin{aligned} InDens = & \beta_0 + \beta_1 Share + \beta_2 SoeSP + \beta_3 Share \times SoeSP + \beta_4 Size \\ & + \beta_5 Ratio + \beta_6 Age + \beta_7 Edu + \beta_8 Daulity + \beta_9 TbQd \\ & + \beta_{10} Roa1 + \varepsilon \end{aligned} \quad (5-1)$$

$$\begin{aligned} InPaApp = & \beta_0 + \beta_1 Share + \beta_2 SoeSP + \beta_3 Share \times SoeSP + \beta_4 Size \\ & + \beta_5 Ratio + \beta_6 Age + \beta_7 Edu + \beta_8 Daulity + \beta_9 TbQd \\ & + \beta_{10} Roa1 + \varepsilon \end{aligned} \quad (5-2)$$

式（5-1）和式（5-2）中：

Share×SoeSP是由股权集中变量Share和企业产权性质变量构造的交互项。模型（5-1）以创新投入为被解释变量，模型（5-2）以创新产出为被解释变量。

在模型（5-1）和模型（5-2）中将进一步验证股权集中度Share对企业创新行为的抑制作用，即Share的回归系数β_1显著为负。若模型（5-1）和模型（5-2）中SoeSP的回归系数β_2的符号显著为正，则说明国有企业比民营企业更具有创新性;若 β_2 的符号显著为负,则说明民营企业比国有企业更具有创新性,从而支持假设 5-1;若 β_2 不显著,则说明国有企业和民营企业选择创新行为的差异不显著。模型 (5-1) 和模型 (5-2) 中交互项 Share×SoeSP 的系数 β_3 如果显著为正,说明在其他条件不变的情况下,股权集中对国有企业的创新行为具有更强的抑制作用;若交互项 Share×SoeSP 的系数 β_3 显著为负,则说明股权集中对民营企业的创新行为具有更强的抑制作用,从而支持假设 5-2a;若交互项 Share×SoeSP 的系数 β_3 不显著,则判断股权集中对创新行为的抑制作用在民营企业和国有企业中没有显著差别。

(二) 股权制衡影响创新行为的产权性质差异

$$InDens = \beta_0 + \beta_1 Balance + \beta_2 SoeSP + \beta_3 Balance \times SoeSP + \beta_4 Size + \beta_5 Ratio + \beta_6 Age + \beta_7 Edu + \beta_8 Daulity + \beta_9 TbQd + \beta_{10} Roa1 + \varepsilon \quad (5-3)$$

$$InPaApp = \beta_0 + \beta_1 Balance + \beta_2 SoeSP + \beta_3 Balance \times SoeSP + \beta_4 Size + \beta_5 Ratio + \beta_6 Age + \beta_7 Edu + \beta_8 Daulity + \beta_9 TbQd + \beta_{10} Roa1 + \varepsilon \quad (5-4)$$

式 (5-3) 和式 (5-4) 中:

Balance×SoeSP 是由股权制衡变量 Balance 和企业产权性质变量构造的交互项。模型 (5-3) 以创新投入为被解释变量,模型 (5-4) 以创新产出为被解释变量。

在模型 (5-3) 和模型 (5-4) 中将进一步验证股权制衡 Balance 对企业创新行为的积极促进作用,即股权制衡变量 Balance 的回归系数 β_1 显著为正。若模型 (5-3) 和模型 (5-4) 中 SoeSP 的回归系数 β_2 的符号显著为正,则说明国有企业比民营企业更具有创新性;若 β_2 的符号显著为负,则说明民营企业比国有企业更具有创新性,从而支持假设 5-1;若 β_2 不显著,则说明国有企业和民营企业参与创新行为的差异不显著。如果模型 (5-3) 和模型 (5-4) 中交互项 Balance×SoeSP 的系数 β_3 显著为正,说明在其他条件不变的情况下,股权制衡对国有企业的创新行为具有更强的促进作用,从而支持假设 5-2b;若交互项 Balance×SoeSP 的系数 β_3 显著为负,则说明股权集中对民营企业的创新行为具有更强的促进作用;若交互项 Balance×SoeSP 的系数 β_3 不显著,则判断股权制衡对创新行为的抑制作用在民营企业和国有企业中没有显著差别。

(三) 高管激励影响创新行为的产权性质差异

$$InDens = \beta_0 + \beta_1 Shainc + \beta_2 Payinc + \beta_3 SoeSP + \beta_4 Shainc \times SoeSP$$
$$+ \beta_5 Payinc \times SoeSP + \beta_6 Size + \beta_7 Ratio + \beta_8 Age + \beta_9 Edu$$
$$+ \beta_{10} Daulity + \beta_{11} TbQd + \beta_{12} Roa1 + \varepsilon \quad (5-5)$$
$$InPaApp = \beta_0 + \beta_1 Shainc + \beta_2 Payinc + \beta_3 SoeSP + \beta_4 Shainc \times SoeSP$$
$$+ \beta_5 Payinc \times SoeSP + \beta_6 Size + \beta_7 Ratio + \beta_8 Age + \beta_9 Edu$$
$$+ \beta_{10} Daulity + \beta_{11} TbQd + \beta_{12} Roa1 + \varepsilon \quad (5-6)$$

式 (5-5) 和式 (5-6) 中:

Shainc × SoeSP 是由高管股权激励变量 Shainc 和企业产权性质变量构造的交互项, Payinc × SoeSP 是由高管薪酬激励变量 Payinc 和企业产权性质变量构造的交互项。模型 (5-5) 以创新投入为被解释变量, 模型 (5-6) 以创新产出为被解释变量。

在模型 (5-5) 和模型 (5-6) 中将进一步验证高管股权激励变量 Shainc 和高管薪酬激励变量 Payinc 对企业创新行为的积极促进作用, 即 Shainc 的回归系数 β_1 和 Payinc 的回归系数 β_2 都显著为正。若模型 (5-5) 和模型 (5-6) 中 SoeSP 的回归系数 β_3 的符号显著为正, 则说明国有企业比民营企业更具有创新性; 若 β_3 的符号显著为负, 则说明民营企业比国有企业更具有创新性, 从而支持假设 5-1; 若 β_3 不显著, 则说明国有企业和民营企业参与创新行为的差异不显著。如果模型 (5-5) 和模型 (5-6) 中的交互项 Shainc × SoeSP 的系数 β_4 显著为正, 说明赋予高管相同的股权激励, 更能促进国有企业创新, 从而支持假设 5-3a; 若 Shainc × SoeSP 的系数 β_4 显著为负, 说明赋予高管相同的股权激励, 更能促进民营企业创新; 若 Shainc × SoeSP 的系数 β_4 不显著, 则判断股权激励对企业创新行为的影响在民营企业和国有企业中没有显著差别。如果模型 (5-5) 和模型 (5-6) 中的交互项 Payinc × SoeSP 的系数 β_5 显著为正, 说明赋予高管相同的薪酬激励, 更能促进国有企业创新; 若 Payinc × SoeSP 的系数 β_5 显著为负, 说明赋予高管相同的薪酬激励, 更能促进民营企业创新, 从而支持假设 5-3b; 若 Payinc × SoeSP 的系数 β_5 不显著, 则判断薪酬激励对企业创新行为的影响在民营企业和国有企业中没有显著差别。

第三节　实证结果分析

一、描述性统计分析（样本差异性检验）

表5-3报告了全样本、国有企业、民营企业三部分主要变量的描述性统计特征，表5-4则对表5-3中变量的均值和中位数的差异进行了显著性检验，结果显示除了教育的均值差异不显著以外，其余变量的均值差异和中位数差异均在1%的水平上显著。InDens是对企业研发投入密度的衡量，所选研究样本上市公司中有8145家公布了这一数据，最大值为0.257，最小值为0，均值为0.041，表明全样本中研发支出占营业收入的平均比例为4.1%，标准差为0.043，可见，我国上市公司中研发支出占营业收入的比例较低，且企业间差异明显。具体而言，民营企业InDens均值为0.049，高于全样本均值，标准差为0.045；而国有企业的这一均值仅为0.027，低于全样本平均值，标准差为0.033，民营企业的均值和标准差都明显大于国有企业，可见民营企业的InDens分布差异更大，但也表明了民营企业参与创新的积极性高于国有企业。InPaApp是以专利申请量衡量的企业创新产出，所选研究样本中共有5944家上市公司公布了这一数据，均值为45.058，最大值5623，标准差为222.684，表明企业间专利申请量差异很大；民营企业InPaApp均值为32.672，国有企业均值为69.228，国有企业均值和标准差都明显大于民营企业，说明国有企业的专利申请量分布差异较大。就本章的样本企业而言，国有企业InDens的均值小于民营企业，但国有企业InPaApp的均值要高于民营企业，因此，根据描述性统计结果，对于二者创新孰强孰弱问题很难得出一致结论，有待实证部分进一步证实。

主要解释变量的描述性统计分析，股权结构变量中民营企业的股权集中度Share均值33.9%、1/4位数22.9%、中位数32.1%、3/4位数42.9%，均低于国有企业的均值40%、1/4位数28%、中位数39.6%、3/4位数51.1%，表明股权集中现象在国有企业中更为突出。民营企业股权制衡程度Balance的均值1.052、1/4位数0.474、中位数0.843、3/4位数1.410，均显著高于国有企业的均值0.569、1/4位数0.160、中位数0.367、3/4位数0.791，可见国有企业中股权集中情况更为明显，为抑制其带来的经济后果,需提高第二大至第十大股东持股比例。

高管激励变量中民营企业的股权激励Shainc均值为15.377,标准差为6.095,中位数为17.985,国有企业的均值为7.190,标准差6.253,中位数为8.889,表明民营企业中董监高持股比例显著高于国有企业,且分布较为集中,可见民营上市公司更加注重对高管的股权激励。民营企业的薪酬激励Payinc均值14.985,标准差0.644、1/4位14.563、中位数14.961、3/4位数15.375均小于国有企均值15.234,标准差0.718,1/4位数14.769、中位数15.195、3/4位数15.706,表明国有企业中董监高的年薪总额高于民营企业,但分布差异更大。

控制变量的描述性统计分析,国有企业规模Size最大值26.048、均值22.639,高于民营企业最大值25.582和均值21.459;国有企业成立年限Age均值2.747大于民营企业2.495,这与国有企业的长期积累是密切相关的。反映企业绩效的净资产收益率(Roa1)指标,全样本均值为0.076,民营企业均值为0.084、标准差为0.087,国有企业均值为0.063、标准差0.121,可见民营企业绩效强于国有企业,且分布较为集中,这与刘和旺等(2015)研究一致。

表5-3　　　　　　　　变量描述性统计分析

变量	全部变量描述性统计分析						
	数量	均值	标准差	最小值	1/4位数	中位数	3/4位数	最大值
InDens	8145	0.041	0.043	0.000	0.014	0.033	0.049	0.257
InPaApp	5944	45.058	222.684	1.000	5.000	11.000	26.000	5623
Share	8417	0.361	0.147	0.094	0.244	0.347	0.464	0.743
Balance	8417	0.873	0.760	0.040	0.307	0.669	1.206	3.818
Shainc	8417	12.336	7.316	0.000	8.207	15.431	18.376	20.485
Payinc	8417	15.077	0.683	13.495	14.635	15.041	15.489	16.945
Size	8417	21.898	1.258	19.848	20.972	21.668	22.590	26.048
Ratio	8417	0.401	0.214	0.040	0.222	0.387	0.568	0.875
Age	8417	2.589	0.435	1.099	2.398	2.639	2.890	3.296
Edu	8417	0.225	0.165	0.0260	0.103	0.174	0.303	0.743
Duality	8417	0.281	0.450	0.000	0.000	0.000	1.000	1.000
TbQd	8417	3.103	2.306	0.959	1.613	2.344	3.713	13.716
Roa1	8417	0.076	0.101	-0.404	0.034	0.078	0.125	0.338

续表

民营企业变量描述性统计分析

变量	数量	均值	标准差	最小值	1/4位数	中位数	3/4位数	最大值
InDens	5195	0.049	0.045	0.000	0.025	0.036	0.056	0.257
InPaApp	3930	32.672	187.229	1.000	4.000	10.000	23.000	5623
Share	5290	0.339	0.139	0.094	0.229	0.321	0.429	0.743
Balance	5290	1.052	0.798	0.040	0.474	0.843	1.410	3.818
Shainc	5290	15.377	6.095	0.000	15.301	17.985	18.862	20.485
Payinc	5290	14.985	0.644	13.495	14.563	14.961	15.375	16.945
Size	5290	21.459	0.935	19.848	20.776	21.326	21.991	25.582
Ratio	5290	0.331	0.191	0.040	0.173	0.306	0.470	0.875
Age	5290	2.495	0.454	1.099	2.303	2.565	2.833	3.296
Edu	5290	0.227	0.175	0.026	0.098	0.165	0.310	0.743
Duality	5290	0.396	0.489	0.000	0.000	0.000	1.000	1.000
TbQd	5290	3.568	2.534	0.959	1.910	2.706	4.299	13.716
Roa1	5290	0.084	0.087	-0.404	0.041	0.084	0.127	0.338

国有企业变量描述性统计分析

变量	数量	均值	标准差	最小值	1/4位数	中位数	3/4位数	最大值
InDens	2950	0.027	0.033	0.000	0.004	0.020	0.037	0.257
InPaApp	2014	69.228	277.661	1.000	5.000	12.000	33.000	4502
Share	3127	0.400	0.153	0.094	0.280	0.396	0.511	0.743
Balance	3127	0.569	0.575	0.040	0.160	0.367	0.791	3.818
Shainc	3127	7.190	6.253	0.000	0.000	8.889	12.196	20.485
Payinc	3127	15.234	0.718	13.495	14.769	15.195	15.706	16.945
Size	3127	22.639	1.381	19.848	21.637	22.448	23.514	26.048
Ratio	3127	0.519	0.199	0.040	0.367	0.535	0.673	0.875
Age	3127	2.747	0.348	1.099	2.565	2.773	2.996	3.296
Edu	3127	0.221	0.146	0.026	0.116	0.185	0.292	0.743
Duality	3127	0.087	0.282	0.000	0.000	0.000	0.000	1.000
TbQd	3127	2.317	1.573	0.959	1.313	1.814	2.716	13.716
Roa1	3127	0.063	0.121	-0.404	0.021	0.067	0.120	0.338

资料来源：笔者计算。

表 5-4 中对国有企业和民营企业中变量的均值和中位数分别进行了差异的显著性检验，结果显示，除了教育程度（Edu）的均值以外，其他全部达到了 1% 的显著性水平，表明国有企业和民营企业之间是存在显著性差异的。

表 5-4　　主要变量的描述性统计及显著性差异分析表

变量	均值 全体	均值 国企	均值 民营	T统计量	中位数 全体	中位数 国企	中位数 民营	Z统计量
InDens	0.041	0.027	0.049	22.441***	0.033	0.020	0.036	29.416***
InPaApp	45.058	69.228	32.672	-6.008***	11.000	12.000	10.000	-6.077***
Share	0.361	0.400	0.339	-18.716***	0.347	0.396	0.321	-17.712***
Balance	0.873	0.569	1.052	29.620***	0.669	0.367	0.843	33.939***
Shainc	12.336	7.190	15.377	58.974***	15.431	8.889	17.985	55.232***
Payinc	15.077	15.234	14.985	-16.452***	15.041	15.195	14.961	-16.236***
Size	21.898	22.639	21.459	-46.618***	21.668	22.448	21.326	-40.023***
Ratio	0.401	0.519	0.331	-42.934***	0.387	0.535	0.306	-38.426***
Age	2.589	2.747	2.495	-26.714***	2.639	2.773	2.565	-27.559***
Edu	0.225	0.221	0.227	1.476	0.174	0.185	0.165	-3.573***
Duality	0.281	0.087	0.396	32.261***	0.000	0.000	0.000	30.436***
TbQd	3.103	2.317	3.568	24.933***	2.344	1.814	2.706	31.055***
Roa1	0.076	0.063	0.084	9.0945***	0.078	0.067	0.084	8.978***

注：（1）T 统计量是对国有企业和民营企业中相关变量平均数差异进行的显著性检验；
（2）Wilcoxon Z 统计量是对国有企业和民营企业中相关变量中位数差异进行的显著性检验；
（3）*、**、*** 分别表示在 10%、5% 和 1% 的显著性水平。
资料来源：笔者计算。

二、相关系数检验

表 5-5 提供了企业创新变量与主要解释变量之间的 Spearman 相关系数，从第一列数据可以看出，研发投入密度与股权结构、股权激励变量之间具有显著的相关性；第二列数据表明专利申请量与股权结构、薪酬激励变量之间具有相关性。此外，解释变量间的相关系数大多数低于 0.3，但也有个别高达 0.6 甚至 0.7，因此，为了检验解释变量之间是否存在多重

共线性，需进行方差膨胀因子（VIF）验证。

表 5-5　　　　　　　　主要研究变量的相关系数分析表

变量	InDens	InPaApp	Share	Balance	Shainc	Payinc	Size
InDens	1						
InPaApp	0.088***	1					
Share	-0.170***	0.083***	1				
Balance	0.218***	-0.061***	-0.755***	1			
Shainc	0.284***	-0.001	-0.232***	0.380***	1		
Payinc	0.010	0.217***	0.012	-0.005	-0.015	1	
Size	-0.374***	0.253***	0.170***	-0.266***	-0.233***	0.512***	1
Ratio	-0.410***	0.122***	0.092***	-0.271***	-0.326***	0.206***	0.605***
Age	-0.154***	0.007	-0.087***	-0.125***	-0.222***	0.142***	0.258***
Edu	0.397***	0.054***	-0.084***	0.089***	0.078***	0.203***	-0.023*
Duality	0.170***	-0.002	-0.013	0.107***	0.294***	-0.148***	-0.232***
TbQd	0.351***	-0.127***	-0.097***	0.211***	0.300***	-0.089***	-0.467***
Roa1	0.032**	0.115***	0.104***	0.096***	0.135***	0.250***	0.028**

注：***、**、*分别表示对应的回归系数在1%、5%及10%的显著性水平上通过检验。
资料来源：笔者计算。

表 5-5　　　　　　　主要研究变量的相关系数分析表（续表）

变量	Ratio	Age	Edu	Duality	TbQd	Roa1
Ratio	1					
Age	0.262***	1				
Edu	-0.086***	0.020	1			
Duality	-0.206***	-0.159***	-0.006	1		
TbQd	-0.452***	-0.103***	0.207***	0.150***	1	
Roa1	-0.164***	-0.116***	0.149***	0.058***	0.338***	1

注：***、**、*分别表示对应的回归系数在1%、5%及10%的显著性水平上通过检验。
资料来源：笔者计算。

三、方差膨胀因子（VIF）检验

为保证整体模型以及变量估计结果的准确性，避免多重共线性对实证结果的影响，对模型（5-1）、模型（5-3）、模型（5-5）进行 VIF 检验，结果见表 5-6。

表 5-6　股权集中、股权制衡、高管激励与创新投入的 VIF 检验分析表

变量	VIF	1/VIF	VIF	1/VIF	VIF	1/VIF
Share × SoeSP	9.56	0.104555				
Share	1.86	0.537089				
Balance × SoeSP			2.13	0.470396		
Balance			1.50	0.668151		
Payinc × SoeSP					539.92	0.001852
Payinc					2.17	0.461333
Shainc × SoeSP					3.14	0.318842
Shainc					2.38	0.420275
SoeSP	7.93	0.126137	2.75	0.364222	524.10	0.001908
Size	1.98	0.504784	1.86	0.538282	2.38	0.420002
Ratio	1.79	0.559682	1.80	0.556828	1.82	0.548171
TbQd	1.33	0.753407	1.33	0.753211	1.33	0.749767
Age	1.19	0.841040	1.15	0.870341	1.16	0.862174
Roa1	1.16	0.860783	1.15	0.867187	1.20	0.833145
Duality	1.14	0.874845	1.14	0.874547	1.16	0.865246
Edu	1.13	0.886978	1.12	0.889057	1.15	0.867412
Mean VIF	2.91		1.59		90.16	

资料来源：笔者计算。

为保证整体模型以及变量估计结果的准确性，避免多重共线性对实证结果的影响，对模型（5-2）、模型（5-4）、模型（5-6）进行 VIF 检验，结果见表 5-7。

第五章　股权结构、高管激励影响企业创新行为的产权性质差异分析　　109

表5-7　股权集中、股权制衡、高管激励与创新产出的 VIF 检验分析表

变量	VIF	1/VIF	VIF	1/VIF	VIF	1/VIF
Share × SoeSP	9.40	0.106395				
Share	1.71	0.585809				
Balance × SoeSP			2.17	0.461433		
Balance			1.43	0.697826		
Payinc × SoeSP					542.34	0.001844
Payinc					2.18	0.458876
Shainc × SoeSP					3.33	0.299917
Shainc					2.35	0.425158
SoeSP	8.10	0.123429	2.76	0.362455	527.34	0.001896
Size	1.98	0.503930	1.89	0.528270	2.51	0.398999
Ratio	1.82	0.550601	1.83	0.546280	1.87	0.535918
TbQd	1.33	0.753692	1.33	0.753427	1.34	0.747483
Roa1	1.18	0.845356	1.18	0.850545	1.24	0.807898
Age	1.18	0.850134	1.14	0.876942	1.15	0.870575
Duality	1.14	0.878501	1.14	0.879429	1.15	0.871541
Edu	1.11	0.903960	1.10	0.910517	1.13	0.884596
Mean VIF	2.89		1.60		90.66	

资料来源：笔者计算。

表5-6、表5-7列示了对解释变量进行方差膨胀因子（VIF）检验的结果。表5-6、表5-7的第2列和第3列显示：在验证股权集中Share对企业创新行为影响时，不论以创新投入和创新产出作为因变量进行回归，自变量中交互项 Share × SoeSP 的方差膨胀因子VIF最大，分别高达9.56和9.4；且平均方差膨胀因子VIF分别为2.91和2.89，明显大于1。综合以上两点判断，以股权集中Share作为自变量验证其对创新行为的影响时，存在严重近似共线性问题。表5-6、表5-7的第4列和第5列显示：在验证股权制衡Balance对企业创新行为影响时，自变量的VIF都远小于10，尽管它们的平均VIF为1.59和1.60，大于1，但判断这里不存在严重的近似多重共线性问题。表5-6、表5-7的第6列和第7列显示：在验证高管激励对企业创新行为影响时，自变量中交互项 Payinc × SoeSP

和虚拟变量 SoeSP 的方差膨胀因子 VIF 均高达 500 多，且平均方差膨胀因子 VIF 也都高达 90，明显大于 1，据此判断以高管薪酬激励作为自变量验证其对创新行为的影响时，存在严重近似共线性问题。

综上所述，以股权集中和高管激励为自变量的模型中，确实存在严重的近似多重共线性问题，需要对自变量 Share、Payinc 进行"对中"处理，将"对中"处理后的 Share、Payinc 分别与虚拟变量 SoeSP 再重新构造交互项，完成实证分析，以消除或减弱多重共线性问题对参数估计值标准误的影响。

四、回归结果分析

对模型（5-1）至模型（5-6）进行实证分析，在有交互项的模型中，需先检验模型中低次项的显著性，再验证模型中交互项（高次项）的显著性。表 5-8 至表 5-10 报告了实证结果，表中括号内数字为 t 统计量。

（一）股权集中影响国有企业和民营企业创新行为的差异分析

表 5-8 检验股权集中对企业创新行为的影响，前两列回答了股权集中对企业研发投资密度的影响，后两列探讨了股权集中对专利申请量的影响。分析不同产权性质下股权集中对企业创新行为的影响：首先，用股权集中度 Share 和产权性质 SoeSP 作为解释变量，回归结果详见表 5-8 第（1）和（3）列。在控制了企业的规模 Size、负债水平 Ratio、教育程度 Edu 等自身特征和年度行业因素后，发现 SoeSP 的系数显著为负，达到了 1% 的显著性水平，说明民营企业更多的参与了研发创新，这一结果支持假设 5-1。股权集中度变量 Share 的系数在 1% 的显著性水平上为负，说明股权集中抑制了企业的创新投入和产出，股权高度集中不利于企业创新行为的开展。其次，引入交互项，验证不同产权性质下股权集中对企业创新行为的差异。表 5-8 中第（2）、（4）列在第（1）、（3）列的基础上加入了股权集中和产权性质的交互项 Share×SoeSP，以 InDens 作为被解释变量，Share×SoeSP 为负但不显著，可见不论在国有企业还是民营企业产权性质下，股权集中对研发投入密度的影响差异不显著。以 InPaApp 作为被解释变量，交互项 Share×SoeSP 的系数显著为负，并且达到了 1% 的显著性水平，说明股权集中度对创新产出的影响存在产权性质差异，即股权集中

度对民营企业创新产出的抑制作用更强,这一实证结果支了持假设 5 – 2a。此外,首先根据表 5 – 8 第(1)列和第(3)列,股权集中对企业的创新投入和创新产出均具有抑制作用;其次,股权集中 Share 变量的描述性统计特征表明国有企业本身就是高度股权集中的,而民营企业股权集中程度较低,因此若股权集中比例提高,则对民营企业创新行为的抑制作用更为强烈,假设 5 – 2a 得以验证。

表 5 – 8　股权集中影响国有企业和民营企业创新行为的回归分析表

变量	(1) lnDens	(2) lnDens	(3) lnPaApp	(4) lnPaApp
Share	-0.0130*** (-5.04)	-0.0114*** (-3.48)	-61.19*** (-3.03)	-15.04 (-0.60)
SoeSP	-0.00336*** (-3.65)	-0.00336*** (-3.66)	-23.74*** (-3.26)	-24.03*** (-3.30)
Share × SoeSP		-0.00402 (-0.78)		-129.6*** (-3.12)
Size	-0.000650 (-1.53)	-0.000607 (-1.42)	72.07*** (21.21)	73.21*** (21.44)
Ratio	-0.0412*** (-18.21)	-0.0412*** (-18.21)	-33.05* (-1.81)	-34.02* (-1.86)
Age	-0.00795*** (-8.57)	-0.00799*** (-8.60)	7.518 (1.04)	6.389 (0.88)
Edu	0.108*** (38.14)	0.108*** (38.09)	89.73*** (4.06)	95.43*** (4.30)
Duality	0.00352*** (4.24)	0.00349*** (4.20)	21.80*** (3.42)	20.84*** (3.27)
TbQd	0.00195*** (9.49)	0.00195*** (9.50)	2.846 (1.59)	2.812 (1.57)
Roa1	-0.0494*** (-12.74)	-0.0495*** (-12.76)	89.56*** (2.70)	85.11** (2.57)

续表

变量	(1) lnDens	(2) lnDens	(3) lnPaApp	(4) lnPaApp
行业	控制	控制	控制	控制
年度	控制	控制	控制	控制
_cons	0.0429*** (4.51)	0.0421*** (4.39)	-1577.8*** (-19.87)	-1599.9*** (-20.08)
F	222.02	214.86	28.01	27.40
P	0.0000	0.0000	0.0000	0.0000
Adj-R^2	0.4488	0.4488	0.1093	0.1106
N	8145	8145	5944	5944

注：回归系数上的 ***、**、* 分别表示在对应的回归系数在1%、5%及10%的显著性水平上通过检验。

资料来源：笔者计算。

（二）股权制衡影响国有企业和民营企业创新行为的差异分析

表5-9显示了不同产权性质下，股权制衡对企业创新行为的影响。首先，观察低次项对企业创新行为的影响，第（1）、（3）列列示了股权制衡Balance和产权性质虚拟变量SoeSP作为解释变量，创新投入和创新产出分别作为被解释变量进行回归的结果。数据显示，当控制年度和行业效应后，变量Balance在第（1）列和第（3）列中的系数估计值分别是0.00119和10.26，在1%的水平上显著为正，这表明股权制衡显著地促进了企业创新行为；虚拟变量SoeSP在第（1）列和第（3）列中的系数估计值分别是-0.00358和-22.45，且在1%的水平上显著为负，说明了在其他条件不变的情况下，民营企业更多地进行了企业研发创新投入，且伴随着更多的创新产出，这一结果显然支持了假设5-1。其次，检验模型中交互项对因变量的影响。表5-9中第（2）、（4）列在第（1）、（3）列的基础上引入了股权制衡和产权性质虚拟变量的交互项Balance×SoeSP，此时，交互项Balance×SoeSP在两个模型中的系数分别为0.00324和38.75，都在1%的水平上显著为正，说明不论是以创新投入lnDens还是创新产出lnPaApp衡量企业创新行为，相同的股权制衡都更能促进国有企业参与创新行为，支持假设5-2b。原因在于：一是表5-9的第（1）列和第（3）

列已证实股权制衡对企业创新具有积极影响;二是国有企业股权制衡 Balance 变量的均值 0.596,远低于民营企业均值 1.052,这一数据特征证实了国有企业股权过于集中现象更为严重,而民营企业的股权结构本身就是在几个大股东之间的分配,股权制衡程度较高,所以,提升企业股权制衡比例,对国有企业创新行为的积极影响更强烈,从而验证了假设 5-2b。

表5-9 股权制衡影响国有企业和民营企业创新行为的回归分析表

变量	(1) InDens	(2) InDens	(3) InPaApp	(4) InPaApp
Balance	0.00119** (2.40)	0.000434 (0.77)	10.26*** (2.70)	2.003 (0.47)
SoeSP	-0.00358*** (-3.83)	-0.00583*** (-4.72)	-22.45*** (-3.04)	-49.57*** (-5.06)
Balance × SoeSP		0.00324*** (2.78)		38.75*** (4.21)
Size	-0.00101** (-2.43)	-0.00103** (-2.48)	70.65*** (21.01)	69.92*** (20.80)
Ratio	-0.0403*** (-17.74)	-0.0402*** (-17.71)	-26.99 (-1.47)	-25.08 (-1.37)
Age	-0.00719*** (-7.84)	-0.00727*** (-7.93)	10.61 (1.48)	10.19 (1.43)
Edu	0.109*** (38.21)	0.109*** (38.30)	89.49*** (4.04)	91.42*** (4.13)
Duality	0.00351*** (4.22)	0.00343*** (4.13)	21.89*** (3.43)	21.26*** (3.34)
TbQd	0.00189*** (9.20)	0.00188*** (9.14)	2.547 (1.42)	2.337 (1.31)
Roa1	-0.0506*** (-13.07)	-0.0510*** (-13.16)	83.84** (2.54)	77.63** (2.35)
行业	控制	控制	控制	控制
年度	控制	控制	控制	控制

续表

变量	(1) lnDens	(2) lnDens	(3) lnPaApp	(4) lnPaApp
_cons	0.0476*** (5.02)	0.0489*** (5.15)	-1565.7*** (-19.78)	-1540.9*** (-19.44)
F	220.83	214.13	27.93	27.64
P	0.0000	0.0000	0.0000	0.0000
Adj – R²	0.4474	0.4479	0.1090	0.1115
N	8145	8145	5944	5944

注：回归系数上的 ***、**、* 分别表示在对应的回归系数在1%、5%及10%的显著性水平上通过检验。

资料来源：笔者计算。

（三）高管激励影响国有企业和民营企业创新行为的差异分析

表5-10显示了在民营企业和国有企业中，高管激励影响企业创新行为的差异。首先，在表5-10第（1）列、第（3）列中用高管股权激励Shainc、高管薪酬激励Payinc、产权性质虚拟变量SoeSP作为解释变量，分别以创新投入InDens、创新产出lnPaApp作为被解释变量进行回归。结果显示Shainc和Payinc与企业创新投入和创新产出均具有正相关关系，且显著性水平都达到了1%，这表明对高管进行股权激励和薪酬激励都极大地促进了企业加大创新投入力度，进而增加创新产出。SoeSP的系数估计值分别为-0.00230和-17.54，在5%的水平上显著为负，说明民营企业更多地参与了研发创新，再次验证了假设5-1。其次，第（2）列、第（4）列在第（1）列、第（3）列的基础上引入了SoeSP和两个高管激励变量的交互项Shainc×SoeSP、Payinc×SoeSP。第（2）列结果显示Shainc×SoeSP的系数为0.000119，系数为正但不显著；Payinc×SoeSP的系数为-0.00325，在1%的水平上显著为负，这一结果表明薪酬激励对研发投入密度的积极作用在民营企业中效果更好。第（4）列结果显示Shainc×SoeSP的系数为2.696，在1%的水平上显著为正，说明相同的高管股权激励更能促进国有企业创新产出的增加；Payinc×SoeSP的系数为负，但不显著。

通过前述对比国有企业和民营企业的实证研究发现，对高管进行股权

第五章　股权结构、高管激励影响企业创新行为的产权性质差异分析

激励,更能促进国有企业的创新行为,这一结论支持假设 5-3a;对高管进行薪酬激励更能促进民营企业的创新行为,支持假设 5-3b。这些实证结论与前述内容中描述性统计部分揭示的国有企业和民营企业的数据特征是密切相关的。首先,对比国有企业和民营企业的股权集中 Share 变量数据分布,股权集中现象在国有企业中较为普遍,所以国有企业中股权集中在少数大股东手里。其次,通过对比国有企业和民营企业的高管股权激励 Shainc 变量的数据分布,发现国有企业中董监高持股比例均值 7.190 远远低于民营企业均值 15.377,可见国有企业中高管持股比例普遍较低。综合以上两点分析,在国有企业中对高管赋予股权激励,让其拥有更多的话语权并能从企业长期发展中收益,则对企业的创新投入和创新产出的积极影响会更显著,从而验证了假设 5-3a。此外,民营企业的高管薪酬激励指标 Payinc 普遍低于国有企业,可见民营企业中薪酬激励有待提升,因此薪酬激励对民营企业创新行为的促进作用强于国有企业,从而验证了假设 5-3b。

表 5-10　高管激励影响国有企业和民营企业创新行为的回归分析表

变量	(1) lnDens	(2) lnDens	(3) lnPaApp	(4) lnPaApp
Shainc	0.000233 *** (3.95)	0.000199 *** (2.68)	1.297 *** (2.76)	0.267 (0.45)
Payinc	0.00605 *** (9.29)	0.00721 *** (9.40)	19.81 *** (3.82)	17.33 *** (2.89)
SoeSP	-0.00230 ** (-2.30)	-0.00319 ** (-2.03)	-17.54 ** (-2.20)	-46.72 *** (-3.63)
Shainc × SoeSP		0.000119 (0.98)		2.696 *** (2.79)
Payinc × SoeSP		-0.00325 *** (-2.93)		3.500 (0.40)
Size	-0.00295 *** (-6.45)	-0.00282 *** (-6.13)	63.43 *** (16.87)	63.06 *** (16.66)
Ratio	-0.0382 *** (-16.89)	-0.0389 *** (-17.10)	-20.78 (-1.13)	-19.63 (-1.06)

续表

变量	(1) lnDens	(2) lnDens	(3) lnPaApp	(4) lnPaApp
Age	-0.00702*** (-7.68)	-0.00720*** (-7.86)	10.91 (1.53)	10.83 (1.51)
Edu	0.104*** (36.43)	0.104*** (36.42)	76.85*** (3.44)	80.24*** (3.59)
Duality	0.00358*** (4.32)	0.00376*** (4.53)	21.14*** (3.31)	21.23*** (3.32)
TbQd	0.00183*** (8.95)	0.00181*** (8.86)	2.236 (1.25)	2.340 (1.31)
Roal	-0.0589*** (-14.96)	-0.0582*** (-14.75)	49.39 (1.45)	46.29 (1.36)
行业	控制	控制	控制	控制
年度	控制	控制	控制	控制
_cons	0.0909*** (8.66)	0.0891*** (8.43)	-1404.9*** (-15.84)	-1381.6*** (-15.48)
F	219.79	206.91	27.59	26.07
P	0.0000	0.0000	0.0000	0.0000
Adj-R^2	0.4544	0.4549	0.1113	0.1123
N	8145	8145	5944	5944

注：回归系数上的 ***、**、* 分别表示在对应的回归系数在1%、5%及10%的显著性水平上通过检验。

资料来源：笔者计算。

综合分析表5-8至表5-10的检验结果。代表产权性质的虚拟变量 SoeSP 的系数都为负，且基本上都达到了1%的显著性水平，有三个是5%的显著性水平（表5-10中前三列），结合描述性统计中民营企业的研发投资密度 lnDens 普遍高于国有企业这一现象，假设5-1得以验证。

控制变量方面，企业规模 Size 与创新投入呈负相关，在部分模型中分别达到了5%和10%的显著性水平，但也有个别的不显著，说明企业规模越大，越倾向于规避风险，降低研发支出，反而企业规模越小，越倾向于加大研发投入；Size 与创新产出在 1% 的显著性水平正相关，可见规模大的企业具有更高的创新产出，这是规模效应的体现，也与熊彼特的企业规模假说相一致。资产负债率 Ratio 与企业的创新投入在 1% 的显著性水平上负相关，这是因为高负债率的企业在面对创新项目时更为谨慎，从而抑制了企业创新行为。企业成立年限（Age）与创新投入均在 1% 的显著性水平上负相关，可见经营时间越久的企业似乎越保守；员工教育水平（Edu）与企业创新投入和产出均在 1% 的显著性水平上正相关，教育程度越高，表明企业内部技术含量越高，对企业创新越有利。两职合一状态（Duality）与企业的创新投入和产出均在 1% 的显著性水平上正相关，表明了两职合一更能促进企业创新行为。净资产收益率（Roa1）和企业创新投入呈负相关，且达到了 1% 的显著性水平，揭示了创新项目一般具有较长的投资回收期，Roa1 企业创新产出全部是正相关，在部分模型中达到了 5% 和 10% 的显著性水平，但也有个别的不显著，表明创新产出能促进企业收益的增加、提升企业价值。

第四节　稳健性检验

为了对本章假设提供更稳健的检验证据，执行了如下更进一步的稳健性检验。

一、改变反映企业创新行为的测度指标

在前面模型（5-2）、模型（5-4）和模型（5-6）中将创新产出指标 InPaApp 专利申请量总数替换为发明专利申请量 InPaAppI，重新按照前面的步骤进行分析。表 5-11 检验结果显示，在保证原有控制变量不变并控制了年度和行业效应后，股权集中度 Share 及其构造的交互项 Share × SoeSP 的回归系数在 1% 的水平上显著为负；股权制衡 Balance 及其构造的交互项 Balance × SoeSP 回归系数在 1% 的水平上显著为正；这与表 5-8、表 5-9 结果基本一致。高管激励 Shainc 和薪酬激励 Payinc 分别在 10% 和 1% 的显著性水平上与创新产出正相关。交互项 Shainc × SoeSP 回归系数在 10% 的水平上显著为正，这与表 5-10 结果基本一致，只是显著性有所降低。交互项 Payinc × SoeSP 依然不显著。这些结果与表 5-8 至表 5-10 的

结果基本一致。

表 5-11　替换因变量的稳健型检验分析表

变量	(1) lnPaAppI	(2) lnPaAppI	(3) lnPaAppI	(4) lnPaAppI	(5) lnPaAppI	(6) lnPaAppI
Share	-37.49*** (-2.74)	-10.27 (-0.61)				
Share × SoeSP		-76.42*** (-2.72)				
Balance			7.068*** (2.75)	0.646 (0.22)		
Balance × SoeSP				30.12*** (4.84)		
Shainc					0.622* (1.95)	0.177 (0.44)
Payinc					12.62*** (3.59)	13.43*** (3.30)
Shainc × SoeSP						1.238* (1.89)
Payinc × SoeSP						-3.954 (-0.66)
SoeSP	-20.15*** (-4.09)	-20.32*** (-4.12)	-19.03*** (-3.81)	-40.12*** (-6.05)	-17.61*** (-3.26)	-30.13*** (-3.45)
Size	39.24*** (17.05)	39.91*** (17.26)	38.37*** (16.86)	37.80*** (16.62)	33.87*** (13.30)	34.00*** (13.26)
Ratio	-19.06 (-1.54)	-19.63 (-1.59)	-15.02 (-1.21)	-13.54 (-1.09)	-12.13 (-0.97)	-12.95 (-1.03)
Age	6.503 (1.33)	5.837 (1.19)	8.375* (1.73)	8.049* (1.67)	8.582* (1.77)	8.274* (1.71)

续表

变量	(1) lnPaAppI	(2) lnPaAppI	(3) lnPaAppI	(4) lnPaAppI	(5) lnPaAppI	(6) lnPaAppI
Edu	74.64 *** (4.99)	78.00 *** (5.19)	74.02 *** (4.94)	75.52 *** (5.04)	67.12 *** (4.43)	68.17 *** (4.50)
Duality	5.184 (1.20)	4.620 (1.07)	5.297 (1.23)	4.805 (1.12)	4.961 (1.15)	5.265 (1.22)
TbQd	2.347 * (1.94)	2.327 * (1.92)	2.159 * (1.78)	1.996 * (1.65)	1.984 (1.64)	1.982 (1.64)
Roa1	-4.152 (-0.19)	-6.779 (-0.30)	-7.571 (-0.34)	-12.40 (-0.55)	-29.18 (-1.27)	-28.86 (-1.25)
行业	控制	控制	控制	控制	控制	控制
年度	控制	控制	控制	控制	控制	控制
_cons	-863.2 *** (-16.05)	-876.3 *** (-16.24)	-856.7 *** (-15.99)	-837.4 *** (-15.61)	-753.0 *** (-12.54)	-747.9 *** (-12.37)
F	17.07	16.74	17.07	17.36	16.85	15.85
P	0.0000	0.0000	0.0000	0.0000	0.0000	0.0000
Adj-R²	0.0680	0.0690	0.0680	0.0715	0.0695	0.0697
N	5944	5944	5944	5944	5944	5944

注：回归系数上的 ***、**、* 分别表示在对应的回归系数在1%、5%及10%的显著性水平上通过检验。

资料来源：笔者计算。

二、添加控制公司宏观经济环境的控制变量

添加公司所在地的市场化程度变量，作为公司宏观经济环境的控制变量进行稳健性检验。鉴于制度环境对企业创新行为的重要影响，加入以中国市场化指数衡量的制度环境变量作为控制变量（李文贵和余明桂，2015），实证结果见表5-12。采用王小鲁、樊纲和余静文（2016）的地区市场化指数，将市场化指数高于平均值的省份赋值为1，低于平均值的省份赋值为0，得到各省份市场化程度哑变量①。根据表5-12的回归结

---

① 由于王小鲁、樊纲等市场化指数统计截止到2014年，所以本书2015年各省份市场化指数的分组依然延续2014年指数结果。

果，加入市场化程度变量 Market 后，回归结果的总体显著性明显提高，与表 5-8 至表 5-10 中的（2）、（4）列相比，调整 R^2 有所增大。表 5-12 的 6 个模型中 Market 的系数均在 1% 水平上显著为正，可见公司所在地的市场化程度 Market 显著影响了股权结构、高管激励与企业创新行为之间的关系。模型中各交互项对企业创新投入 InDens 和创新产出 InPaApp 的影响与表 5-8 至表 5-10 中的（2）、（4）列基本一致，显著性没有下降。该部分实证结果也表明了良好的市场化环境有利于企业创新行为的开展。

表 5-12　　回归方程中添加市场化程度的稳健型检验分析表

变量	(1) InDens	(2) InPaApp	(3) InDens	(4) InPaApp	(5) InDens	(6) InPaApp
SoeSP	-0.00264 *** (-2.84)	-19.76 *** (-2.69)	-0.00503 *** (-4.05)	-44.32 *** (-4.48)	-0.00251 (-1.59)	-41.78 *** (-3.22)
Share × SoeSP	-0.00330 (-0.64)	-126.5 *** (-3.05)				
Balance × SoeSP			0.00308 *** (2.65)	36.82 *** (4.00)		
Shainc × SoeSP					0.000102 (0.84)	2.563 *** (2.65)
Payinc × SoeSP					-0.00369 *** (-3.32)	0.990 (0.11)
Share	-0.0116 *** (-3.56)	-14.43 (-0.58)				
Balance			0.000405 (0.72)	1.945 (0.46)		
Shainc					0.000190 ** (2.55)	0.255 (0.43)
Payinc					0.00709 *** (9.24)	16.53 *** (2.75)

续表

变量	(1) lnDens	(2) lnPaApp	(3) lnDens	(4) lnPaApp	(5) lnDens	(6) lnPaApp
Market	0.00552*** (5.32)	31.65*** (3.72)	0.00542*** (5.22)	29.93*** (3.52)	0.00456*** (4.36)	26.65*** (3.10)
Size	-0.000632 (-1.48)	73.19*** (21.45)	-0.00105** (-2.52)	70.00*** (20.84)	-0.00272*** (-5.91)	63.85*** (16.85)
Ratio	-0.0410*** (-18.15)	-32.29* (-1.77)	-0.0400*** (-17.66)	-23.80 (-1.30)	-0.0389*** (-17.14)	-19.62 (-1.06)
Age	-0.00811*** (-8.74)	5.714 (0.79)	-0.00740*** (-8.07)	9.468 (1.33)	-0.00733*** (-8.00)	10.04 (1.40)
Edu	0.108*** (38.07)	93.90*** (4.24)	0.109*** (38.31)	90.13*** (4.08)	0.104*** (36.49)	80.05*** (3.58)
Duality	0.00334*** (4.02)	20.13*** (3.16)	0.00327*** (3.94)	20.57*** (3.23)	0.00365*** (4.40)	20.69*** (3.24)
TbQd	0.00197*** (9.62)	3.007* (1.68)	0.00190*** (9.27)	2.541 (1.42)	0.00183*** (8.96)	2.513 (1.41)
Roa1	-0.0507*** (-13.05)	76.56** (2.31)	-0.0521*** (-13.44)	69.89** (2.11)	-0.0587*** (-14.88)	42.92 (1.26)
行业	控制	控制	控制	控制	控制	控制
年度	控制	控制	控制	控制	控制	控制
_cons	0.0390*** (4.07)	-1627.4*** (-20.36)	0.0458*** (4.82)	-1568.8*** (-19.71)	0.0839*** (7.90)	-1422.6*** (-15.78)
F	209.74	26.99	208.96	27.17	201.83	25.57
P	0.0000	0.0000	0.0000	0.0000	0.0000	0.0000
Adj-R^2	0.4506	0.1125	0.4497	0.1132	0.4561	0.1136
N	8145	5944	8145	5944	8145	5944

注：回归系数上的***、**、*分别表示对应的回归系数在1%、5%及10%的显著性水平上通过检验。

资料来源：笔者计算。

三、倾向得分匹配（PSM）

用倾向得分匹配（PSM）来验证股权结构对企业创新行为的影响。根据股权集中度的高低，将样本分为股权集中度高低两组，进行倾向得分匹配（PSM），检验股权集中对企业创新行为的影响。logit 回归结果显示，ATT 估计值为 -0.00397，对应 t 值为 -2.98，大于临界值，所以认为是显著的。匹配后（Matched）所有变量的标准化偏差（% bias）都小于 5%，在可接受的范围内，且 t 检验的结果不拒绝处理组与控制组无系统差异的原假设。对比匹配前的结果（Unmatched），大多数变量的标准化偏差均大幅缩小。匹配之后的回归结果在表 5 – 13 中显示：产权性质 SoeSP 在 1% 和 5% 的显著性水平上显著为负，表明民营企业更具创新性；股权集中 Share 在 1% 的显著性水平上抑制企业创新投入和产出；以 InPaApp 作为被解释变量，交互项 Share × SoeSP 的系数显著为负（p < 0.001），即股权集中度对民营企业创新产出的抑制作用更强。可见，回归结果与表 5 – 8 的研究结论没有实质性差异。

表 5 – 13　　倾向得分匹配——股权集中影响企业创新行为的实证分析

变量	(1) InDens	(2) InDens	(3) InPaApp	(4) InPaApp
Share	-0.00344 *** (-4.38)	-0.00304 *** (-3.02)	-12.52 ** (-2.16)	-6.587 (-0.91)
SoeSP	-0.00364 *** (-3.79)	-0.00300 ** (-2.17)	-16.97 ** (-2.31)	-7.014 (-0.68)
Share × SoeSP		-0.00103 (-0.64)		-16.63 * (-1.38)
Size	-0.00156 *** (-3.67)	-0.00154 *** (-3.62)	58.35 *** (17.64)	58.70 *** (17.70)
Ratio	-0.0331 *** (-13.66)	-0.0331 *** (-13.66)	-38.70 ** (-2.08)	-39.15 ** (-2.11)
Age	-0.00605 *** (-6.20)	-0.00607 *** (-6.22)	-1.020 (-0.14)	-1.199 (-0.17)

第五章 股权结构、高管激励影响企业创新行为的产权性质差异分析

续表

变量	(1) InDens	(2) InDens	(3) InPaApp	(4) InPaApp
Edu	0.100*** (32.35)	0.101*** (32.31)	85.56*** (3.68)	88.03*** (3.77)
Duality	0.00430*** (4.81)	0.00428*** (4.78)	19.80*** (3.06)	19.43*** (3.00)
TbQd	0.00205*** (8.87)	0.00205*** (8.86)	2.407 (1.31)	2.365 (1.28)
Roa1	-0.0400*** (-9.66)	-0.0400*** (-9.67)	84.29** (2.49)	83.34** (2.46)
行业	控制	控制	控制	控制
年度	控制	控制	控制	控制
_cons	0.0310** (2.32)	0.0303** (2.26)	-1251.7*** (-13.93)	-1261.1*** (-14.00)
F	151.43	146.54	20.50	19.84
P	0.0000	0.0000	0.0000	0.0000
Adj-R^2	0.4343	0.4342	0.1141	0.1142
N	5880	5880	4090	4090

注：回归系数上的***、**、*分别表示对应的回归系数在1%、5%及10%的显著性水平上通过检验。

资料来源：笔者计算。

根据股权制衡程度的高低，将样本分为高低两组，进行倾向得分匹配（PSM），检验股权制衡对企业创新行为的影响。根据logit回归结果，ATT估计值为0.00335，对应t值为2.34，大于临界值，所以是显著的。匹配后（Matched）所有变量的标准化偏差（%bias）都小于5%，完全可以接受，且t检验的结果不拒绝处理组与控制组无系统差异的原假设。对比匹配前的结果（Unmatched），大多数变量的标准化偏差均大幅缩小。匹配之后回归结果表5-14显示，交互项Balance×SoeSP在（2）、（4）两个模型中均在1%的水平上显著为正，说明股权制衡更能促进国有企业参与创新，同表5-9的实证结论没有实质性差异。

表 5-14　倾向得分匹配——股权制衡影响企业创新行为的实证分析

变量	(1) lnDens	(2) lnDens	(3) lnPaApp	(4) lnPaApp
Balance	0.00294*** (2.89)	0.00150 (1.22)	-3.293 (-0.63)	-8.777 (-1.43)
SoeSP	-0.00326** (-2.44)	-0.00571*** (-3.24)	-8.952 (-1.27)	-19.37** (-2.08)
Balance × SoeSP		0.00478** (2.14)		19.96* (1.70)
Size	-0.000206 (-0.34)	-0.000283 (-0.46)	53.24*** (16.37)	52.83*** (16.21)
Ratio	-0.0508*** (-16.02)	-0.0508*** (-16.01)	-45.46*** (-2.70)	-45.33*** (-2.69)
Age	-0.00808*** (-6.59)	-0.00815*** (-6.65)	-0.141 (-0.02)	-0.370 (-0.06)
Edu	0.115*** (30.84)	0.116*** (30.90)	22.77 (1.19)	23.15 (1.21)
Duality	0.00435*** (3.99)	0.00425*** (3.89)	15.41*** (2.80)	15.07*** (2.74)
TbQd	0.00146*** (5.52)	0.00143*** (5.39)	1.543 (1.01)	1.414 (0.92)
Roa1	-0.0645*** (-11.02)	-0.0645*** (-11.01)	53.04 (1.63)	52.87 (1.62)
行业	控制	控制	控制	控制
年度	控制	控制	控制	控制
_cons	0.0240 (1.02)	0.0260 (1.11)	-1103.1*** (-12.21)	-1085.8*** (-11.94)
F	143.03	138.58	14.69	14.29
P	0.0000	0.0000	0.0000	0.0000
Adj-R²	0.4568	0.4571	0.0927	0.0932
N	5069	5069	3621	3621

注：回归系数上的 ***、**、* 分别表示对应的回归系数在1%、5%及10%的显著性水平上通过检验。

资料来源：笔者计算。

四、改变因变量的度量方式

为了进一步剔除年度和行业因素对实证分析结论的影响,对因变量 InDens 和 InPaApp 进行了去中心化处理。即计算出样本中因变量(InDens 和 InPaApp)的行业年度平均值,然后将因变量减去所对应的行业年度平均值,再用去中心化后的因变量(InDensY 和 InPaAppY)进行回归分析。实证结果见表 5-15 至表 5-17。

表 5-15 检验结果显示,在保证原有控制变量不变并控制了年度和行业效应后,股权集中度变量 Share 和产权性质变量 SoeSP 的系数在 1% 的水平上显著为负;以 InDensY 作为被解释变量,Share × SoeSP 为负但不显著;以 InPaAppY 作为被解释变量,交互项 Share × SoeSP 的系数显著为负,并且达到了 1% 的显著性水平;回归结果与表 5-8 的研究结论一致。

表 5-15　股权集中影响国有企业和民营企业创新行为差异的回归结果表

变量	(1) InDensY	(2) InDensY	(3) InPaAppY	(4) InPaAppY
Share	-0.0174 *** (-4.70)	-0.0133 *** (-2.82)	-62.26 *** (-3.09)	-15.88 (-0.64)
SoeSP	-0.00293 ** (-2.22)	-0.00294 ** (-2.22)	-23.28 *** (-3.20)	-23.57 *** (-3.24)
SharexSoeSP		-0.0104 (-1.41)		-130.2 *** (-3.14)
Size	0.000133 (0.22)	0.000243 (0.40)	72.12 *** (21.26)	73.26 *** (21.49)
Ratio	-0.0467 *** (-14.35)	-0.0467 *** (-14.36)	-33.33 * (-1.83)	-34.30 * (-1.88)
Age	-0.00825 *** (-6.19)	-0.00835 *** (-6.25)	7.541 (1.04)	6.407 (0.89)
Edu	0.122 *** (29.94)	0.122 *** (29.96)	89.10 *** (4.04)	94.82 *** (4.28)

续表

变量	(1) InDensY	(2) InDensY	(3) InPaAppY	(4) InPaAppY
Duality	0.00412*** (3.45)	0.00404*** (3.39)	22.25*** (3.50)	21.29*** (3.35)
TbQd	0.00226*** (7.65)	0.00226*** (7.66)	3.053* (1.71)	3.018* (1.69)
Roa1	-0.0695*** (-12.47)	-0.0699*** (-12.52)	91.51*** (2.77)	87.04*** (2.63)
行业	控制	控制	控制	控制
年度	控制	控制	控制	控制
_cons	0.0163 (1.19)	0.0142 (1.03)	-1590.0*** (-20.06)	-1612.1*** (-20.27)
F	63.32	61.34	26.54	25.98
P	0.0000	0.0000	0.0000	0.0000
Adj-R²	0.1867	0.1868	0.1040	0.1053
N	8145	8145	5944	5944

注：回归系数上的***、**、*分别表示对应的回归系数在1%、5%及10%的显著性水平上通过检验。
资料来源：笔者计算。

表5-16稳健性检验结果显示，在保证原有控制变量不变并控制了年度和行业效应后，股权制衡变量Balance显著为正；产权性质变量SoeSP的系数在1%的水平上显著为负；不论是在InDensY还是InPaAppY作为因变量的回归中，Balance×SoeSP都在1%的水平上显著为正；与表5-9的研究结论一致。

表5-16　股权制衡影响国有企业和民营企业创新行为差异的回归结果表

变量	(1) InDensY	(2) InDensY	(3) InPaAppY	(4) InPaAppY
Balance	0.00140** (1.97)	0.000389 (0.48)	10.29*** (2.71)	1.915 (0.45)

续表

变量	(1) InDensY	(2) InDensY	(3) InPaAppY	(4) InPaAppY
SoeSP	-0.00330** (-2.46)	-0.00633*** (-3.56)	-22.03*** (-2.99)	-49.52*** (-5.07)
BalancexSoeSP		0.00435*** (2.60)		39.26*** (4.27)
Size	-0.000360 (-0.60)	-0.000386 (-0.64)	70.67*** (21.06)	69.93*** (20.84)
Ratio	-0.0455*** (-13.94)	-0.0453*** (-13.91)	-27.23 (-1.49)	-25.30 (-1.38)
Age	-0.00723*** (-5.49)	-0.00735*** (-5.57)	10.69 (1.50)	10.26 (1.44)
Edu	0.123*** (30.05)	0.123*** (30.14)	88.95*** (4.02)	90.90*** (4.12)
Duality	0.00409*** (3.42)	0.00399*** (3.34)	22.33*** (3.51)	21.69*** (3.41)
TbQd	0.00218*** (7.38)	0.00216*** (7.33)	2.750 (1.54)	2.537 (1.42)
Roa1	-0.0712*** (-12.78)	-0.0716*** (-12.86)	85.67*** (2.60)	79.38** (2.41)
行业	控制	控制	控制	控制
年度	控制	控制	控制	控制
_cons	0.0229* (1.68)	0.0246* (1.80)	-1577.5*** (-19.96)	-1552.4*** (-19.62)
F	62.57	60.81	26.45	26.23
P	0.0000	0.0000	0.0000	0.0000
Adj-R^2	0.1849	0.1854	0.1036	0.1062
N	8145	8145	5944	5944

注：回归系数上的***、**、*分别表示对应的回归系数在1%、5%及10%的显著性水平上通过检验。

资料来源：笔者计算。

表 5-17 稳健性检验结果显示，Shainc 和 Payinc 在 1% 的显著性水平上显著为正；SoeSP 均在 5% 的水平上显著为负；InDensY 作为因变量的方程中，Shainc × SoeSP 不显著、Payinc × SoeSP 在 1% 的水平上显著为负；InPaAppY 为因变量的方程中，Shainc × SoeSP 在 1% 的水平上显著为正、Payinc × SoeSP 不显著；与表 5-10 的研究结论一致。

表 5-17　高管激励影响国有企业和民营企业行为创新差异的回归结果表

变量	(1) InDensY	(2) InDensY	(3) InPaAppY	(4) InPaAppY
Shainc	0.0000860 (1.01)	0.00000480 (0.04)	1.302*** (2.77)	0.297 (0.50)
Payinc	0.00559*** (5.95)	0.00709*** (6.39)	20.07*** (3.88)	17.69*** (2.95)
SoeSP	-0.00317** (-2.20)	-0.00531** (-2.34)	-17.10** (-2.15)	-45.58*** (-3.55)
ShaincxSoeSP		0.000252 (1.44)		2.632*** (2.73)
PayincxSoeSP		-0.00430*** (-2.69)		3.309 (0.38)
Size	-0.00210*** (-3.18)	-0.00193*** (-2.90)	63.36*** (16.89)	63.01*** (16.68)
Ratio	-0.0442*** (-13.52)	-0.0451*** (-13.73)	-20.95 (-1.14)	-19.84 (-1.07)
Age	-0.00720*** (-5.46)	-0.00749*** (-5.66)	10.99 (1.54)	10.90 (1.53)
Edu	0.119*** (28.94)	0.120*** (28.96)	76.13*** (3.41)	79.42*** (3.56)
Duality	0.00426*** (3.56)	0.00451*** (3.76)	21.59*** (3.39)	21.68*** (3.40)
TbQd	0.00212*** (7.17)	0.00209*** (7.08)	2.435 (1.37)	2.536 (1.42)

续表

变量	(1) InDensY	(2) InDensY	(3) InPaAppY	(4) InPaAppY
Roa1	-0.0786*** (-13.82)	-0.0776*** (-13.63)	50.81 (1.50)	47.82 (1.41)
行业	控制	控制	控制	控制
年度	控制	控制	控制	控制
_cons	0.0643*** (4.24)	0.0626*** (4.10)	-1414.7*** (-15.98)	-1392.0*** (-15.63)
F	61.89	58.43	26.18	24.73
P	0.0000	0.0000	0.0000	0.0000
Adj-R^2	0.1882	0.1888	0.1060	0.1070
N	8145	8145	5944	5944

注：回归系数上的 ***、**、* 分别表示对应的回归系数在1%、5%及10%的显著性水平上通过检验。

资料来源：笔者计算。

第五节 本章小结

本章在第四章实证研究的基础上，基于沪深A股2010～2015年上市公司中国有企业和民营企业的数据，本章分析了不同产权性质下公司治理影响企业创新行为的差异。分别采用研发支出占营业收入的比例和专利申请量来衡量企业创新投入和创新产出，用股权集中、股权制衡、高管股权激励和高管薪酬激励作为公司治理的代理变量。实证结果表明：民营企业更具有创新性、股权集中抑制了企业创新行为、股权制衡和高管激励能显著促进企业创新行为。然后，将设定为虚拟变量的产权性质和反映公司治理结构的变量构造成交互项，验证交互效应的作用，进一步探讨了这些公司治理因素在影响国有企业和民营企业创新行为方面的差异。在前述实证结果的基础上，进一步验证得出：股权制衡和高管股权激励更能促进国有企业的创新行为，高管薪酬激励更能促进民营企业的创新行为；而股权集中对创新行为的消极影响在民营企业中更显著。

理论上，本章研究结果丰富了委托代理理论，拓展了企业创新行为影响因素的学术研究，深化了国有企业和民营企业有关公司治理的理论研究，完善了公司治理和企业创新关系研究的理论体系。通过研究获取以下启示：第一，民营企业更具有创新性，国有企业创新的积极性有待提升。国有企业中拥有企业控制权和收益分配权的利益主体边界不明确、政治干预以及政绩目标的追逐等是国有企业创新能力弱的主要原因。第二，根据产权性质的不同有针对性地设置和完整公司治理机制，以实现通过优化公司治理机制来鼓励企业创新行为的目的。

本章的研究也具有重要的政策意义。全部上市公司在公司治理机制中降低股权集中程度，增加股权制衡比例，合理设置高管的股权和薪酬激励机制，都能显著地促进企业更多地参与创新行为。结合国有企业特征，立足我国实际情况，依据实证研究部分得出的结论，考虑通过以下三方面来提升其创新性：第一，通过提升股权制衡比例，建立制衡的股权结构，有助于缓解国有企业中严重的委托代理问题。国有企业中控制权和收益索取权的分离是道德风险和逆向选择发生的主要原因，实现这两权统一最有效的途径是赋予国有企业高管收益索取权，即高管持股。通过对高管进行股权激励，让高管从企业长期发展中受益，也保证了高管围绕企业价值最大化进行决策，而不是一味地规避创新。同时也弥补了国有企业中中长期激励机制的缺失。第二，加大研发创新投入强度。描述性统计部分披露的国有企业研发投入密度均值仅为 0.027，可见国有企业的研发投入水平过低，应加大对研发的投入力度，增加创新投入，完善研发资金管理机制，提高资金使用效率。第三，激发国有企业的创新精神，发扬国有企业的排头兵作用。

要提高民营企业的创新性，可以从以下三方面着手：第一，发挥股权制衡的创新促进作用，缓解股权集中抑制民营企业创新行为的放大效应。描述性统计结果显示民营企业股权制衡程度均值 1.052，显著高于全部样本均值 0.873，以及国有企业均值 0.569，相对而言，民营企业中股权制衡状态良好。由于民营企业的产权性质放大了股权集中对创新行为的负效应，所以更需要建立股权的制衡机制，来避免股权集中对企业创新行为的不利影响。第二，设置高管的股权和薪酬激励机制，尤其是薪酬激励机制，对民营企业创新行为的促进效应更显著。第三，为民营企业创新营造公平良好的外部竞争环境。例如，提供有助于民营企业创新行为的有利外部条件，打破行业垄断现象；政府对民营企业予以鼓励，加强政府政策的支持和导向作用。当然，本书也存在一定的局限性：仅仅从公司治理角度探讨了企业创新行为的影响因素，并没有对企业创新行为的全部影响因素进行研究；此外，我国除了国有和民营企业，还有外资企业和其他产权性质企业，它们在国民经济发展中也扮演着重要的角色，可见本章的研究范围还有待进一步扩展。

第六章

企业创新行为影响企业价值的实证分析

劳动价值论为研究企业创新行为如何影响企业价值,以及股权结构和高管激励在创新行为影响企业价值中如何发挥调节作用,奠定了坚实的理论基础。本章研究在第四章和第五章实证检验和结论分析的基础上,对股权结构和高管激励进行更深层次的细分,基于劳动价值论,为公司治理机制的优化改进提供更详细的经验借鉴和理论参考。

第一节 理论分析与研究假设

在第四章、第五章的研究中已经确定了股权集中、股权制衡以及高管激励对企业创新投入和创新产出的重要影响。通过实证研究,明确了股权集中会抑制企业的创新投入和创新产出;而股权制衡和高管激励则显著地促进了企业的创新行为。对企业创新行为的研究最终还是要反映到企业价值层面,本章以创新投入作为企业创新行为的代理变量,考察企业创新行为对企业价值的影响,为了更深层次地了解创新行为与企业价值之间的关系,需要考虑对创新行为和企业价值产生影响的公司治理因素。

公司治理机制对企业的战略和战术决策起着决定性作用,进而影响企业价值(白重恩等,2005;鲁桐,2011),股权结构和高管激励在公司内部治理机制中扮演着重要角色。因此,研究创新投入对企业价值的影响时,需要考虑对两者关系有影响的权变因素:比如公司治理变量(张其秀,2012)。在创新投入影响企业价值的实证模型中加入调节变量的方法是以权变理论为基础的(任海云,2011)。检验股权结构和高管激励在创新投入影响企业价值中的调节作用,有助于全面认识股权结构和高管激励安排对完善公司治理机制、提升企业创新水平、提高企业价值乃至整个经济增长的重要作用。

因此，本章不仅验证了以创新投入为代表的创新行为对企业价值的影响，还考察了股权结构和高管激励在企业创新行为影响企业价值中所起到的调节作用。一方面，有利于揭示内部公司治理机制在创新行为影响企业价值中的重要作用；另一方面，对完善上市公司治理机制，提升公司治理水平具有重要的现实意义。

一、创新行为与企业价值

创新是企业获取竞争优势、并保持经济增长的关键因素（Solow, 1957）。企业作为创新最重要的微观主体，其创新能力的提升关系到行业、区域乃至一个国家创新水平的提高。内生经济增长理论认为研发活动能提升企业价值，创新已成为推动企业价值增长的关键因素，现有研究也证实了这一观点（Hirschey and Weygandt, 1985；Hall, 1993；Chan, 2001；Hsieh et al., 2003；Johnson and Pazderka, 1993；程小可，2010；王燕妮和张书菊，2011；陈守明，2012；郭景先和邱玉霞，2017）。纵观研发投入与企业价值相关性的研究，主要从以下几个方面阐述：

第一，创新投入能提升企业股价。企业研发支出增加，在股票市场上会得到积极且迅速的反映，促进股价上涨，提升企业价值（Chan et al., 1990）。Han and Manry（2004）的研究也证明了研发投入密度和股价具有正相关关系。R&D投资有利于企业的生存和发展，但同时伴随着较高的不确定性（Dasgupta and Stiglitz, 1980），这种高度不确定性是引起股价波动的关键（Lakonishok and Sougiannis, 2001），若投资者对这一风险较为关注，则股价的波动会更加剧烈（Shi, 2003），伴随着投资者对R&D投资项目信心的增强，股价的波动幅度会越来越小（Xu, 2006）。研发投入与企业未来股价的波动正相关（罗婷等，2009；姚靠华等，2013），股价伴随研发支出信息披露的增加而上升。

第二，创新投入是企业获取并保持核心竞争力的根本。研发资源投入是企业创新行为的基础与根本，创新是企业获取技术优势、保持核心竞争力的关键所在（陈丽霖和冯星昱，2015），对企业开发新产品、新工艺、提升企业价值具有重要的促进作用（Guth, 1990；郭景先和邱玉霞，2017）。竞争的行业环境激发了企业的创新意识，从而提升企业的绩效（Porter, 1998）。创新投入有利于企业在市场竞争力获取竞争优势（林慧婷和王茂林，2014）。Deng et al.（1999）证明企业的研发活动对企业未来成长机会也有显著的积极影响。

第三，创新投入能增加企业未来收益，进而提升企业价值。创新理论认为，企业的创新能力影响着企业的长期绩效（Hoskisson et al，1997）。企业进行创新投入所获取的超额利润能够增加企业未来收益，从而提升企业价值（Monte and Papagni，2003；Ehie and Olibe，2010；吴卫华等，2014）。研发投入所产生的高收益与创新投资项目本身的高风险是密切相关的（Lev and Sougiannis，1999）。企业增加当期研发支出，未来几年盈余会有所提高，市场价值也会随之增加（Sougiannis，1994）。研发投入能比其他形式的支出或投资带给公司更高的绩效（Hsieh et al.，2003）。因此，本章以创新投入作为企业创新行为的代理变量，实证检验企业创新行为对企业价值的影响。

综上所述，提出假设：

假设6-1：以创新投入衡量的企业创新行为和企业价值正相关。

二、股权集中在创新行为影响企业价值中的调节作用

以往关于股权集中在创新投入影响企业价值中调节作用的研究结论有：股权集中在创新投入影响企业价值中具有负向调节效应（Hall and Oriani，2006；张其秀等，2012）、正向调节效应（Chang et al.，2008）、调节效应随股权集中程度的变化表现出显著的差异（舒谦和陈治亚，2014；Chen et al.，2014；顾露露，2015）。

最优的股权结构是股权集中与分散相权衡的产物（王奇波和宋常，2006）。合理的股权结构可以促使企业价值最大化，但过于集中的股权结构对企业价值的影响有害无利，原因在于大股东可能会随意挪用公司资金以满足其自身利益最大化，从而损害了企业价值（白重恩等，2005）。张兆国等（2003）将第一大股东持股比例作为衡量股权集中程度的依据：第一大股东持股比例高于50%的，称为股权高度集中的股权结构；比例在20%~50%的称为相对集中的股权结构；比例低于20%的，称为高度分散的股权结构。股权高度集中的现象在我国比较普遍（张其秀等，2012，鲁桐和党印，2014；夏芸，2014），鉴于我国现阶段缺乏对上市公司控股股东的法律约束机制（刘运国和吴小云，2009；陈德萍和陈永圣，2011；罗正英等，2014），第二类委托代理问题所引发的大股东与小股东之间的利

益冲突更加明显，大股东凭借其拥有的绝对控制权，获取较多的私人收益，进而损害小股东利益和企业价值（Shleifer and Vishny，1997；李增泉等，2004；冯根福，2004；唐清泉等，2005；孙兆斌，2006；刘渐和和王德应，2010；Deng et al.，2013）。此外，股权的高度集中也降低了经营者投资创新活动、寻求企业价值最大化的积极性（顾露露等，2015），引发第一类委托代理问题。可见，高度的股权集中会加剧企业的双重委托代理问题（冯根福，2004），从而负向调节研发投入与企业价值的关系。

上市公司适度的股权集中，在避免股权结构中出现股权过于集中现象的前提下，首先，可以有效地遏制大股东对中小股东利益的侵害，减少大股东对上市公司资产的"掏空"行为（李琳等，2009）；其次，适度的股权集中避免了由于股权过于分散所导致的小股东"搭便车"行为的出现，降低了企业的成本，增加了股东财富，提升了企业价值（顾露露等，2015）；最后，适度的股权集中，促使股东利益和创新投入以及企业绩效密切相关，股东监督企业进行创新的动力增强（舒谦和陈治亚，2014；陈丽霖和冯星昱，2015）。可见，第一大股东持股比例控制在合理的范围内，不仅可以制衡第一大控股股东的行为，还可以使得管理层积极作为，降低"道德风险"和"逆向选择"发生的概率。基于此，认为适度的股权集中并不一定会负向调节创新投入与企业价值的关系，而高度的股权集中会负向调节研发投入与企业价值的关系。

根据以上理论分析，提出假设：

假设6-2：高度股权集中负向调节创新投入与企业价值的关系。

三、股权制衡在创新行为影响企业价值中的调节作用

已有文献关于股权制衡在创新投入影响企业价值中的调节作用分为以下几种观点：正向调节效应（张其秀等，2012）、负向调节效应（黄建山和李春米，2009）、股权制衡与研发投入的交互效应不显著（舒谦和陈治亚，2014）。

杰弗里和茨维伯（Jeffrey and Zwiebel，1995）通过合作博弈证明股权结构可以达到三种均衡：一是由一个大股东和无数小股东构成、二是全部由大量小股东构成、三是由多个具有控制权的大股东构成。最合理的股权结构是第三种，即几个持股相对较多的大股东的公司治理模式是最优的（厉以宁，2001；王奇波和宋常，2006）。股权制衡所形成的多个大股东共同

参与上市公司决策制定的公司治理模式，能克服个人主观决策以及能力不足的缺陷，增加决策的有效性（李琳等，2009）。股权制衡也抑制了股权结构中股权集中的不利影响，缓解了公司治理中两类委托代理问题（王奇波和宋常，2006）。

可见，比"股权过于集中"更好的上市公司股权结构是"多股制衡"，但结合我国的实际情况分析：第一，虽然伴随我国经济发展，上市公司治理机制中"股权过于集中"的弊端已经凸显出来，但鉴于我国上市公司中长期存在此类（白重恩等，2005；张其秀等，2012；罗正英等，2014；杨凤和李卿云，2016）的现象，在"多股制衡"的最优公司治理模式下，我国的上市公司并不一定能达到企业价值的最大化，不能盲目地提升股权制衡水平（隋静等，2016）。法乔和朗（Faccio and Lang，2002）、朱红军和汪辉（2004）、徐莉萍等（2006）、孙兆斌（2006）等人的研究也证实了这一点。第二，在股权制衡程度较高的公司治理模式下，意味着前十大（或前五大）股东与第一大股东持股比例之比较高，即表明了股权高度分散，鉴于监督经营者所付出的成本远高于其所获取的收益，会导致众多分散的小股东产生"不作为"和"搭便车"的心理依赖（张兆国，2004；舒谦和陈治亚，2014），此时股权制衡并不一定能正向调节创新投入与企业价值的关系，即股权制衡与创新投入的交互效应不一定正显著。第三，在股权制衡程度较低的上市公司中，意味着股权相对分散，此时第一控股股东仍持有较大份额的股份，其余各控股股东也拥有一定比例的股权，这样避免了控股股东像其他小股东一样产生"搭便车"的行为，此时，股东更有动机、也具备能力去监督管理层的行为（张兆国，2004）。

在上市公司治理机制中，应该如何发挥股权制衡的作用，既保证大股东能有效缓解代理冲突，又防止大股东谋取控制权私有收益（朱德胜和周晓珮，2016），并且能够在股权集中和股权制衡的协调中寻找到企业价值最大化的股权结构安排？对此我们认为，在我国上市公司中，较低程度的股权制衡不仅能缓解双重代理问题、约束大股东的行为，而且符合我国基本国情，保证了股权的适度集中，是更适合我国上市公司的公司治理模式。

根据以上理论分析，提出假设：

假设6-3：在股权制衡程度较低的上市公司中，股权制衡对创新投入影响企业价值的正向调节作用显著。

四、高管股权激励在创新行为影响企业价值中的调节作用

公司治理通过设置激励机制来制约高管的机会主义行为,使高管从企业价值最大化目标出发,合理配置资源。激励机制还有助于鼓励高管的冒险行为(Gormley et al.,2013),增加高管对创新项目的选择、投资及执行效率,可见高管激励在创新投入影响企业价值的调节作用中扮演着重要角色(Lin et al.,2011)。企业的创新如果想取得成功,重点是要拥有有效的技术创新激励体制,只有这样才能调动起企业创新的主动性,使企业保持持续的创新能力(Acs et al.,2002)。

鉴于创新投资项目的信息不对称程度较严重、且投资项目专业性较强,很难对高管实施监督,此时赋予高管一定的股权,促使其和企业的长远目标相一致,不失为一种有效的激励机制(任海云,2011)。第一,高管股权激励作为一种长效激励机制,将高管的利益和股东以及企业的利益紧密地结合在一起,能有效缓解"委托—代理"问题,使高管更加重视企业创新,增加研发投入,获取并保持企业的核心竞争力,提高企业创新水平,获得超额收益(谭洪涛等,2016),进而提升企业价值(曲亮和任国良,2010)。第二,高管股权激励抑制了上市公司中非投资效率的行为,降低了代理成本(吕长江和张海平,2011)。股东也可以将更多的精力用于制定对企业有益企业长期发展战略,而不是思考如何监督高管的短视行为。可见,高管股权激励在创新投入影响企业价值中具有正向的调节效应(Hanson and Song,2000;Wu and Tu,2007;任海云,2011;舒谦和陈治亚,2014;谭洪涛等,2016)。

对此,提出假设:

假设6-4:高管股权激励正向调节创新投入与企业价值的关系。

五、高管薪酬激励在创新行为影响企业价值中的调节作用

确保高管能以企业价值最大化为目标并进行创新投资项目选择的第二种激励机制是高管薪酬激励(白重恩等,2005),设置合理的高管薪酬激励机制能够减少高管自利行为导致的代理问题(Jensen and Meckling,1976)。企业高管的收益主要取决于其所供职的上市公司的经营业绩,若当年投资失误或经营失败,高管面临的风险巨大,而且这一风险无法分

散，从这一角度分析，高管对风险的厌恶程度高于股东。因此，高管为了规避风险，会放弃周期长风险大的创新投资项目，转向短期且易获利的项目，从而损害了企业价值。对高管进行薪酬激励可以抑制上述委托代理矛盾，提高高管的抗风险能力，鼓励其从事对企业长期发展有益的创新投资项目（李春涛和宋敏，2010）。高管的短期报酬能更好地促进企业创新（Balkin et al., 2000）。高管薪酬主要影响短期决策活动（Sanders and Carpenter, 2003），设置高管薪酬激励计划的上市公司，研发参与比例及研发投入都显著高于没有薪酬激励计划的公司（唐清泉和甄丽明，2009；Lin et al., 2009；李春涛和宋敏，2010；陈丽霖和冯星昱，2015），可见，薪酬激励显著地提高了企业的创新性，进而提升企业价值（白重恩等，2005）。

综上所述，提出假设：

假设6-5：高管薪酬激励正向调节创新投入与企业价值的关系。

第二节　研究设计

一、样本选择与数据来源

1. 样本选择

在第三章非平衡面板数据11126个观测值的基础上，进一步剔除了托宾Q值信息披露不全的上市公司观测值392个，最终得到10734个观测值，其中包含8308个披露了研发支出的上市公司的观测值。

数据年限选自2010~2015年六个年度。数据主要来自CSMAR和同花顺数据库，其中财务信息数据和公司治理数据主要来自CSMAR数据库，研发支出数据主要来自同花顺数据库，并通过手工翻阅报表及年报资料予以补充，通过整理所得。为消除离群值的影响，保证分析结果的稳健性，在回归分析之前，所有的连续变量均进行了（1%，99%）的缩尾处理。

2. 样本选择偏误的检验

衡量企业创新行为的研发支出数据包含缺失值、0和大于0的连续变量三种情况，而在实证分析过程中，模型只自动选择了有研发支出披露的观测值，这一情况有可能会导致样本选择偏误问题，从而影响模型估计结果的准确性。为此，本书通过Probit回归对样本选择中可能存在的偏误进

行检验 (Hall and Oriani, 2006; 任海云, 2011; 文芳和胡玉明, 2014)。

以创新投资决策 (InDec) 为因变量, 即企业是否存在研发投入, 将上市公司研发投入设置为虚拟变量, 存在研发投入或有研发活动参与则为 1, 否则为 0。其他变量包括行业研发投资强度 (IndusRD), 取值为对应年度上市公司所属行业的研发支出总额的自然对数; 公司规模 (Size), 以年末总资产的自然对数来衡量; 资产负债率 (Ratio); 公司成立年限 (Age), 企业设立年限加 1 取对数。

检验模型为:

$$\text{InDec} = \alpha_0 + \alpha_1 \text{IndusRD} + \alpha_2 \text{Size} + \alpha_3 \text{Ratio} + \alpha_4 \text{Age} \quad (6-1)$$

其中, α 为常数项, α_1、α_2、α_3 为系数。样本选择偏误检验结果见表 6-1。

表 6-1　　　　　　　　样本选择偏误检验结果表

变量	系数	P 值
IndusRD	0.3007	0.000
Size	0.0745	0.000
Ratio	-1.2482	0.000
Age	-0.5383	0.000
_cons	-5.8870	0.000

数据来源: 笔者运用统计软件 stata 计算整理所得。

模型 (6-1) 的检验结果显示, IndusRD 与 InDec 在 1% 的显著性水平上正相关, 说明行业研发投资强度 (IndusRD) 越高, 其上市公司披露研发数据的概率越大, 即从事了 R&D 活动的上市公司大多披露了研发支出数据, 本书样本选择不存在偏误。

二、变量解释说明及定义

(一) 被解释变量

本章研究借鉴已有研究成果, 选择托宾 Q 比率 (Tobin's Q Ratio) 衡量上市公司价值 (Morck et al., 1988, Connell and Servaes, 1990; Chung et al., 2003; Hirschey and Weygandt, 1985; Lin et al., 2006; Bosworth and Rogers, 2010；何瑛和张大伟, 2015；李秉成和粟烨, 2016；陈志斌等, 2017）。托宾 Q 基于上市公司的市场价值来衡量，反映了上市公司的长期绩效和未来预期现金流收益水平，是对上市公司未来盈利能力的预测，不易被主观所操纵（Hsieh et al., 2003；隋静等, 2016）。

（二）解释变量

创新投入作为企业创新行为的代理变量是本章研究的关键解释变量，用研发投入密度（InDens），即"研发支出除以营业收入"来衡量上市公司创新投入（Wakelin, 2001；Lin et al., 2006；鲁桐和党印, 2014；李文贵和余明桂, 2015）。在稳健型检验中将使用"研发支出除以上市公司总资产"作为创新投入的代理变量（Chen and Huang, 2006；林慧婷和王茂林, 2014）。研发投入密度（InDens）作为相对指标，消除了绝对值的不利影响，更有效地衡量企业创新行为，且国内外已有关于研发投入的研究大都采用"研发支出除以营业收入"（任海云, 2010；陈丽霖和冯星昱, 2015；郭景先和邱玉霞, 2017），或"研发支出除以总资产"（林慧婷和王茂林, 2014；刘和旺等, 2015）来衡量企业的创新投入水平。

（三）调节变量

为了更深入地考察在不同的公司内部治理环境下创新投入对企业价值的影响，将反映公司内部治理的股权结构和高管激励变量作为调节变量引入到实证模型中。股权结构包括股权集中和股权制衡两个方面（陈德萍和陈永圣, 2011）：股权集中用第一大股东持股比例来衡量（Gedajlovic and Shapiro, 1998；Xue, 2007；胡华夏等, 2017）；股权制衡用第二大至第十大股东持股比例之和与第一大股东持股比例之比来衡量（Gomes and Novaes, 2001；Su et al., 2008；王奇波和宋常, 2006；李琳等, 2009；陈德萍和陈永圣, 2011）。高管激励涵盖了高管股权激励和高管薪酬激励两个方面：高管股权激励作为长期激励，以董监高持股数之和加1，取自然对数来计算（Zahra et al., 2000；Wu and Tu, 2007；Fong, 2011；张倩倩等, 2017）；高管薪酬激励作为短期激励，以董监高的年薪总额的自然对数来计算（Balkin et al., 2000；肖利平, 2016）。

（四）控制变量

影响上市公司价值的因素有很多，包含企业自身的、行业的、年度的、宏观经济环境的因素等，结合现有研究文献，选取上市公司的企业规模（size）、资产负债率（ratio）、公司成立年限（age）、员工教育水平（education）、流动比率（cura）、两职合一状态（Daulity）等作为模型的控制变量（Hsieh et al.，2003；Lin et al.，2006；张其秀等，2012；陈守明等，2012；张倩倩等，2017；王一鸣和杨梅，2017）。同时，在所有模型中将年份和行业予以控制，用来控制宏观经济环境和政策变化对实证分析的影响。具体变量的定义及说明如表6-2所示。

表6-2　　　　　　　　　主要变量定义及说明表

变量类型	变量名称	符号	定义及说明
被解释变量	企业价值：托宾Q比率	TbQd	市值①/（资产总计-无形资产净额-商誉净额）
解释变量（创新行为）	研发投入密度	InDens	研发支出/营业收入
		Innov21	研发支出/总资产
调节变量	股权集中度	Share	第一大股东的持股比例
	股权制衡	Balance	第二大至第十大股东持股比例之和与第一大股东持股比例之比
		Balance25	第二大至第五大股东持股比例之和与第一大股东持股比例之比
	高管股权激励	Shainc	董监高持股数量之和加1，然后取自然对数
	高管薪酬激励	Payinc	董监高的年薪总额的自然对数
控制变量	企业规模	Size	年末总资产的自然对数
	资产负债率	Ratio	总负债/总资产
	公司成立年限	Age	企业设立年限加1后取对数
	员工教育水平	Edu	本科及以上员工比例
	流动比率	Cura	流动资产/流动负债
	两职合一状态	Daulity	董事长与总经理兼任情况，兼任取1，否则取0
	行业哑变量	Indus	共18个行业，设置17个行业哑变量
	年度哑变量	accper	总共6个年度，设置5个年度哑变量

注：①市值=（总股数-境内上市的外资股B股）×今收盘价A股当期值+境内上市的外资股B股×今收盘价当期值×当日汇率+负债合计本期期末值。Innov21、Balance25在进行稳健型检验中使用。

三、研究模型及构建

为验证公司治理变量在创新行为影响企业价值中的调节作用,根据以上定义的变量和样本数据结构,运用分层回归方法和分组分析方法验证公司治理变量对研发投入密度与企业价值的影响作用。在实证模型中,本章的主要目标是关注研发投入密度、公司治理变量以及由研发投入密度与公司治理变量共同构造的交互项的系数是否显著,以及系数的正负方向,以验证前文所提出的假设。

(一)股权集中在创新行为影响企业价值中调节作用的检验

$$TbQd = \beta_0 + \beta_1 InDens + \beta_2 Share + \beta_3 InDens \times Share + \beta_4 Size + \beta_5 Ratio + \beta_6 Age + \beta_7 Edu + \beta_8 Cura + \beta_9 Daulity + \varepsilon \quad (6-2)$$

式(6-2)中:

InDens × Share 是构造的研发投入密度变量 InDens 与股权集中度变量 Share 的交互项。使用模型(6-2)进行验证假设时,要以股权集中度变量 Share 的均值为界,大于 Share 均值的一组为股权集中度较高组、低于均值的一组为股权集中度较低组。按照高低两组分别进行实证分析后,如果模型(6-2)中 InDens 的回归系数 β_1 的符号显著为正,则说明研发投入越多,上市公司 TbQd 值越高,表明创新行为提升了企业价值,从而支持了假设6-1;如果 InDens 的回归系数 β_1 的符号显著为负,则说明研发投入越多,企业价值越低,表明创新行为抑制了企业价值的提升;如果 InDens 的回归系数 β_1 不显著,则说明创新行为和企业价值在统计上不具有相关性。

如果模型(6-2)中 InDens × Share 的回归系数 β_3 显著为正,说明股权集中正向调节研发投入与企业价值之间的关系;反之,如果 InDens × Share 的回归系数 β_3 显著为负,则说明股权集中度负向调节研发投入与企业价值之间的关系;如果 InDens × Share 的回归系数 β_3 不显著,则认为股权集中度 Share 对创新行为影响企业价值的调节作用不显著。

(二)股权制衡在创新行为影响企业价值中调节作用的检验

$$TbQd = \beta_0 + \beta_1 InDens + \beta_2 Balance + \beta_3 InDens \times Balance + \beta_4 Size + \beta_5 Ratio + \beta_6 Age + \beta_7 Edu + \beta_8 Cura + \beta_9 Daulity + \varepsilon \quad (6-3)$$

式(6-3)中:

InDens × Balance 是构造的研发投入密度变量 InDens 与股权制衡变量 Balance 的交互项。使用模型（6-3）进行验证假设时，要以股权制衡变量 Balance 的均值为界，大于 Balance 均值的一组为股权制衡程度较高组、低于均值的一组为股权制衡程度较低组。按照高低两组分别进行实证分析后，如果模型（6-3）中 InDens 的回归系数 β_1 的符号显著为正，则说明研发投入越多，上市公司 TbQd 值越高，表明了创新行为对企业价值的提升具有显著的积极效应，从而支持假设 6-1；如果 InDens 的回归系数 β_1 的符号显著为负，则说明创新投入越多，企业价值越低，表明企业创新行为对企业价值有显著的负效应；如果 InDens 的回归系数 β_1 不显著，则说明创新投入和企业价值在统计上不具有相关性。如果模型（6-3）中 InDens × Balance 的回归系数 β_3 显著为正，说明股权制衡正向调节研发投入与企业价值之间的关系；反之，如果 InDens × Balance 的回归系数 β_3 显著为负，则说明股权制衡负向调节研发投入与企业价值之间的关系；如果 InDens × Balance 的回归系数 β_3 不显著，则说明股权制衡程度 Balance 对创新投入影响企业价值的调节作用不明显。

（三）高管股权激励在创新行为影响企业价值中调节作用的检验

$$TbQd = \beta_0 + \beta_1 InDens + \beta_2 Shainc + \beta_3 InDens \times Shainc + \beta_4 Size + \beta_5 Ratio + \beta_6 Age + \beta_7 Edu + \beta_8 Cura + \beta_9 Daulity + \varepsilon \quad (6-4)$$

式（6-4）中：

InDens × Shainc 是构造的研发投入密度 InDens 与高管股权激励 Shainc 的交互项。具体而言，如果模型（6-4）中 InDens 的回归系数 β_1 显著为正，则 InDens 与 TbQd 正相关，说明了创新行为对企业价值的提升具有显著的正效应，从而支持假设 6-1；如果 InDens 的回归系数 β_1 显著为负，则 InDens 与 TbQd 负相关，说明了创新行为抑制了上市公司企业价值的提升；如果 InDens 的回归系数 β_1 不显著，则表明 InDens 与 TbQd 在统计上不具有相关性，即创新行为对企业价值没有影响。如果模型（6-4）中 InDens × Shainc 的回归系数 β_3 显著为正，说明高管股权激励正向调节研发投入与企业价值之间的关系，从而支持了假设 6-4；如果 InDens × Shainc 的回归系数 β_3 显著为负，说明高管股权激励负向调节研发投入与企业价值之间的关系；如果模型（6-4）中 InDens × Shainc 的回归系数不显著，则按照高管股权激励 Shainc 变量的高低进行分组，继续验证。

（四）高管薪酬激励在创新行为影响企业价值中调节作用的检验

$$TbQd = \beta_0 + \beta_1 InDens + \beta_2 Payinc + \beta_3 InDens \times Payinc + \beta_4 Size \\ + \beta_5 Ratio + \beta_6 Age + \beta_7 Edu + \beta_8 Cura + \beta_9 Daulity + \varepsilon \quad (6-5)$$

式（6-5）中：

InDens × Payinc 是构造的研发投入密度 InDens 与高管薪酬激励 Payinc 的交互项。具体而言，如果模型（6-5）中 InDens 的回归系数 β_1 显著为正，则 InDens 与 TbQd 正相关，说明创新行为能促进上市公司企业价值的提升，从而支持假设 6-1；如果 InDens 的回归系数 β_1 显著为负，则 InDens 与 TbQd 负相关，说明增加创新投入抑制上市公司企业价值的提高；如果 InDens 的回归系数 β_1 不显著，则说明 InDens 与 TbQd 在统计上不具有相关性，即是否进行创新投入对企业价值没有影响。如果模型（6-5）中 InDens × Payinc 的回归系数 β_3 显著为正，说明高管薪酬激励正向调节创新投入与企业价值之间的关系，从而支持了假设 6-5；如果 InDens × Payinc 的回归系数 β_3 显著为负，说明高管薪酬激励负向调节创新投入与企业价值之间的关系；如果 InDens × Payinc 的回归系数 β_3 不显著，则按照高管薪酬激励 Payinc 变量的高低进行分组，继续验证。

第三节 实证结果分析

一、描述性统计分析

表 6-3 列出了变量的描述性特征。从表 6-3 可以看出，所选样本中 A 股上市公司 TbQd 的均值为 2.999、中位数为 2.243、标准差为 2.316，标准差较大说明样本上市公司间企业价值差异较大。10734 个观测值中共有 8308 个研发投入密度 InDens 的观测值，其均值为 0.041，最小值为 0，最大值为 0.258，标准差是 0.043，可见我国上市公司的研发投入密度整体水平仍偏低。股权集中度 Share 的均值为 0.364、中位数为 0.348、四分之三位数为 0.476、最大值竟达到 0.750，表明样本公司中控制权较为集中、股权集中度普遍较高现象明显，若缺乏有效的公司制衡机制，那么由第二类代理问题所产生的矛盾不可避免；Share 的标准差 0.153，说明不同

上市公司间的第一大股东持股比例存在差异。股权制衡程度 Balance 的均值为 0.847、标准差为 0.762、最小值 0.036、中位数为 0.631、最大值为 3.803，可见不同的上市公司间股权制衡程度差异显著，部分上市公司股权制衡程度较高。高管股权激励 Shainc 的最小值为 0、四分之一位数为 0、中位数为 13.35、四分之三位数为 18.11、最大值为 20.50、标准差为 7.461，可见，对高管的股权激励力度比较小，且不同上市公司间高管股权激励 Shainc 差异较大。Shainc 标准差较大的原因在于：第一，Shainc 变量用高管持股总数的自然对数表示，绝对数的数值差异较大，取对数之后虽然缩小了这种差异，但仍无法避免；第二，样本中不同上市公司之间的高管持股比例确有差异，这从表 6-3 的数字特征分布中也可以看出。高管薪酬激励 Payinc 的均值为 15.10、标准差为 0.712，相比较高管股权激励而言，样本上市公司间 Payinc 差异较小。控制变量的数字特征表明：流动比例 Cura 均值 2.903，表明样本上市公司平均的资产变现能力较强，短期偿债能力也可以，但标准差 3.587、最小值 0.296、中位数 1.706、最大值 23.05，却表明不同公司间流动比率差异比较大，流动比例过低的上市公司须引起注意。教育程度 Edu 的均值为 0.226，可见样本上市公司中本科及以上员工比例为 22.6%，整体教育水平有待提高。Duality 是虚拟变量，均值 0.255 样本上市公司中有 25.5% 的公司是两职合一状态，即董事长与总经理兼任。

表 6-3　　　　　　　主要变量的描述性统计分析表

变量	数量	均值	标准差	最小值	1/4 位数	中位数	3/4 位数	最大值
TbQd	10734	2.999	2.316	0.944	1.529	2.243	3.554	13.98
InDens	8308	0.0410	0.0430	0	0.0140	0.0330	0.0490	0.258
Share	10734	0.364	0.153	0.0900	0.241	0.348	0.476	0.750
Balance	10734	0.847	0.762	0.0360	0.277	0.631	1.184	3.803
Shainc	10734	11.34	7.461	0	0	13.35	18.11	20.50
Payinc	10734	15.10	0.712	13.39	14.64	15.07	15.53	17.07
Size	10734	21.97	1.273	19.72	21.03	21.77	22.70	25.91
Ratio	10734	0.424	0.221	0.0410	0.238	0.417	0.599	0.891
Age	10734	2.635	0.434	1.099	2.398	2.708	2.944	3.332
Edu	10734	0.226	0.164	0.0240	0.103	0.177	0.307	0.732

续表

变量	数量	均值	标准差	最小值	1/4 位数	中位数	3/4 位数	最大值
Cura	10734	2.903	3.587	0.296	1.128	1.706	3.040	23.05
Duality	10734	0.255	0.436	0	0	0	1	1

资料来源：笔者运用统计软件 stata 计算整理所得。

二、相关性检验分析

对主要变量采用了 Pearson 相关系数矩阵进行了相关性检验，从表 6-4 检验结果可以看出研发投入密度 InDens 与 TbQd 在 1% 的显著性水平正相关，这与预期一致。但由于相关系数检验并没有控制其他影响企业价值的变量，所以一般用于变量间多重共线性的判断，变量之间更具体的关系还是要以后续实证部分分析为主。由表 6-4 可知，各变量之间的相关系数均在 0.7 以下，可见变量之间的多重共线性不明显。由于模型（6-2）~模型（6-5）中均涉及交互项，且该交互项由模型中本就存在的变量构造而成，为了排除变量间多重共线性的干扰，在下一节内容对模型进行方差膨胀因子（VIF）检验。

表 6-4   主要变量相关系数检验表

变量	TbQd	InDens	Share	Balance	Shainc	Payinc	Size
TbQd	1						
InDens	0.317***	1					
Share	-0.120***	-0.168***	1				
Balance	0.165***	0.214***	-0.682***	1			
Shainc	0.156***	0.243***	-0.242***	0.312***	1		
Payinc	-0.116***	0.029***	0.026***	0.057***	0.063***	1	
Size	-0.424***	-0.305***	0.242***	-0.172***	-0.162***	0.520***	1
Ratio	-0.355***	-0.382***	0.075***	-0.206***	-0.273***	0.181***	0.561***
Age	-0.026***	-0.159***	-0.117***	-0.107***	-0.209***	0.081***	0.173***
Edu	0.196***	0.491***	-0.054***	0.120***	0.106***	0.167***	0.00300
Cura	0.208***	0.382***	-0.032***	0.163***	0.212***	-0.133***	-0.349***
Duality	0.134***	0.146***	-0.054***	0.078***	0.235***	-0.103***	-0.209***

表 6-4　　　　　　　主要变量相关系数检验表（续表）

变量	Ratio	Age	Edu	Cura	Duality
Ratio	1				
Age	0.289***	1			
Edu	-0.065***	-0.00700	1		
Cura	-0.628***	-0.237***	0.187***	1	
Duality	-0.191***	-0.154***	0.033***	0.157***	1

注：***、**、*分别表示在1%、5%及10%水平上显著。

三、方差膨胀因子（VIF）检验

由于模型（6-2）至模型（6-5）中的交互项都是由模型中的两个自变量相乘得到，所以交互项与构成它的自变量低次项之间有可能存在着一定程度的相关关系，从而导致多重共线性问题（谢宇，2015）。因此，为保证整体模型以及变量估计结果的准确性，避免多重共线性对实证结果的影响，对模型进行 VIF 检验。

（一）股权集中在创新行为影响企业价值中调节作用的 VIF 检验

为了避免多重共线性问题对实证分析结果的影响，对模型（6-2）进行 VIF 检验。表 6-5 的前两列结果显示，自变量研发投入密度 InDens、股权集中度 Share 及交互项 InDens×Share 的方差膨胀因子（VIF）分别是 6.68、2.06、6.38；且模型（6-2）的平均 VIF 为 2.73，明显大于 1，因此我们判断模型（6-2）中存在一定程度的多重共线性问题。为消除或减弱多重共线性问题对参数估计值标准误的影响，保证模型本身的有效性，对模型（6-2）中的自变量研发投入密度 InDens、股权集中度 Share 及交互项 InDens×Share 进行中心化处理后，再进行实证分析。

表 6-5　　　　股权集中对创新行为调节作用的 VIF 检验表

自变量	VIF	1/VIF
InDens	6.68	0.149605
Share	2.06	0.485410
InDens×Share	6.38	0.156789

自变量	VIF	1/VIF
Size	1.70	0.586982
Ratio	2.35	0.424897
Age	1.13	0.882665
Edu	1.36	0.733013
Cura	1.83	0.544989
Duality	1.08	0.929634
Mean VIF		2.73

资料来源：笔者运用统计软件 stata 计算整理所得。

（二）股权制衡在创新行为影响企业价值中调节作用的 VIF 检验

表 6-6 列示了对模型（6-3）进行 VIF 检验的结果，结果显示自变量研发投入密度 InDens、股权制衡 Balance 及交互项 InDens × Balance 的方差膨胀因子（VIF）分别是 3.47、2.07、4.31；且模型（6-3）的平均 VIF 为 2.14，明显大于 1。鉴于参与构造交互项 InDens × Balance 的自变量 InDens 和 Balance 都会对交互项产生影响，为消除或减弱这种影响对参数估计值标准误的影响，保证模型本身的有效性，对模型（6-3）中的自变量研发投入密度 InDens、股权制衡 Balance 及交互项 InDens × Balance 进行中心化处理后，再进行实证分析。

表 6-6 股权制衡对创新行为调节作用的 VIF 检验表

自变量	VIF	1/VIF
InDens	3.47	0.287976
Balance	2.07	0.483540
InDens × Balance	4.31	0.231853
Size	1.60	0.626045
Ratio	2.38	0.419674
Age	1.10	0.907470
Edu	1.37	0.728988
Cura	1.84	0.542659

第六章 企业创新行为影响企业价值的实证分析 149

续表

自变量	VIF	1/VIF
Duality	1.08	0.930100
Mean VIF		2.14

资料来源：笔者运用统计软件 stata 计算整理所得。

（三）高管股权激励在创新行为影响企业价值中调节作用的 VIF 检验

表 6-7 列示了对模型（6-4）进行 VIF 检验的结果，表 6-7 的结果显示，自变量研发投入密度 InDens、高管股权激励 Shainc 及其由两者共同构造的交互项 InDens×Shainc 的方差膨胀因子（VIF）分别为 6.76、2.02、8.30，且模型（6-4）的平均方差膨胀因子高达 2.94，综合以上内容，我们判断模型（6-4）中存在近似多重共线性问题。为消除或减弱多重共线性问题对参数估计值标准误的影响，保证模型本身的有效性，对模型（6-4）中的自变量 InDens、Shainc 及其交互项 InDens×Shainc 进行中心化处理后，再进行实证分析。

表 6-7　高管股权激励对创新行为调节作用的 VIF 检验表

自变量	VIF	1/VIF
InDens	6.76	0.147830
Shainc	2.02	0.496090
InDens×Shainc	8.30	0.120431
Size	1.59	0.629725
Ratio	2.40	0.417098
Age	1.11	0.901194
Edu	1.38	0.726480
Cura	1.84	0.543051
Duality	1.10	0.907958
Mean VIF		2.94

资料来源：笔者运用统计软件 stata 计算整理所得。

(四) 高管薪酬激励在创新行为影响企业价值中的调节作用的 VIF 检验

表 6-8 列示了对模型 (6-5) 进行 VIF 检验的结果。表 6-8 的结果显示，自变量研发投入密度 InDens 及其和高管薪酬激励共同构造的交互项 InDens×Payinc 的方差膨胀因子 (VIF) 竟分别高达 636.53 和 635.85，且模型 (6-5) 的平均方差膨胀因子高达 142.76，可见模型 (6-5) 中存在严重的近似多重共线性问题。为消除或减弱多重共线性问题对参数估计值标准误的影响，保证模型本身的有效性，对模型 (6-5) 中的自变量 InDens、Payinc 及其交互项 InDens×Payinc 进行中心化处理后，再进行实证分析。

表 6-8　高管薪酬激励对创新行为调节作用的 VIF 检验表

自变量	VIF	1/VIF
InDens	636.53	0.001571
Payinc	2.41	0.414880
InDens×Payinc	635.85	0.001573
Size	2.14	0.467012
Ratio	2.42	0.413557
Age	1.10	0.907213
Edu	1.40	0.716623
Cura	1.88	0.531839
Duality	1.07	0.932594
Mean VIF	142.76	

资料来源：笔者运用统计软件 stata 计算整理所得。

四、回归结果分析

对模型 (6-2) 至模型 (6-5) 进行实证分析，在有交互项的模型中，须先检验模型中低次项的显著性，再验证模型中交互项 (高次项) 的显著性 (谢宇，2013)。为消除或减弱多重共线性问题对参数估计值标准误的影响，保证模型本身的有效性，对模型 (6-2) 至模型 (6-5) 中的自变量 InDens、Balance、Shainc、Payinc 及其交互项 InDens×Share、InDens×

Balance、InDens×Shainc 以及 InDens×Payinc 进行中心化处理后，再进行实证分析，实证结果见表 6-9 至表 6-12。

（一）股权集中在创新行为影响企业价值中调节作用的经验证据

表 6-9 列示了股权集中影响创新投入与企业价值关系的验证结果，采用分组分层回归方法完成模型（6-2）的实证检验。以股权集中度 Share 的均值 0.364 为界，第一大股东持股比例小于 36.4% 的为股权集中程度低组，大于 36.4% 的为股权集中程度高组。分组完成后进行分层回归：第一步做研发投入密度 InDens 与企业价值 TbQd 的回归，第二步自变量中引入股权集中度 Share，第三步引入研发投入密度 InDens 与股权集中度 Share 构造的交互项 InDens×Share。

表 6-9 的（1）、（2）、（3）列报告了股权集中程度低组的回归结果，第（1）列显示在控制了其他变量以后，InDens 与 TbQd 的回归系数为 3.663，t 值为 4.75，且在 1% 的显著性水平上通过检验；第（2）列加入了 Share 变量，此时 InDens 与 TbQd 的回归系数和 t 值分别为 3.665 和 4.75，仍在 1% 的显著性水平上正相关，以上结果充分说明了创新投入能显著提升企业价值。第（3）列中加入了交互项 InDens×Share，InDens×Share 的回归系数为负，但并没有达到传统的显著性水平，据此判断，在股权集中程度低组，股权集中度 Share 对创新投入与企业价值的负向调节作用不明显。

表 6-9 的（4）、（5）、（6）列显示了股权集中程度高组的回归结果，第（4）列中 InDens 与 TbQd 的回归系数为 6.184，t 值为 6.45，并且在 1% 的水平上通过显著性检验；第（5）列加入了 Share 变量，InDens 与 TbQd 的回归系数和 t 值分别调整为 6.226 和 6.50，也在 1% 的水平上通过显著性检验，可见该实证结果进一步验证了创新投入能提升企业价值这一观点。第（6）列中 InDens×Share 的回归系数为 -26.74，t 值为 -3.10，并在 1% 的显著性水平上通过检验，表明了在股权集中程度高组，股权集中度 Share 显著地负向调节了创新投入与企业价值的关系，这也证实了股权集中程度过高会导致第一大股东持股比例较大，上市公司中股权过于集中，参与不确定性高、风险大的创新活动，会导致第一大股东面临无法规避的风险，从而导致其转向风险较小的非创新型项目，进而损害到企业价值。

进一步对股权集中程度低组和高组中有交互项的第（3）列和第（6）列进行邹检验可知，F 统计量为 11.61，p 统计量接近于 0，说明含有交互项的两组回归结果存在显著性差异。表明了股权集中度较低的一组，对创新投入与企业价值关系负向调节效应不显著，而在股权集中程度较高的一组，负向调节效应在1%的显著性水平上通过验证，假设6-2得以验证。综合表6-9中第（1）、（2）、（4）、（5）列的实证分析结果，无论在股权集中程度高组还是低组，InDens与TbQd均在1%的显著性水平上正相关，可见上市公司研发投入越多，意味着其创新意识越强，越有能力获取并保持公司的核心竞争能力，从而提升价值，即创新行为显著地提升了企业价值，实证结果充分证实了假设6-1。除此之外，在回归分析之后进行了VIF检验，检验结果中各变量的VIF值均小于5，证明不存在多重共线性问题，保证了模型检验的有效性。

表6-9 　　　　股权集中对创新行为调节作用的分组回归结果表

变量	(1) TbQd	(2) TbQd	(3) TbQd	(4) TbQd	(5) TbQd	(6) TbQd
	股权集中程度低组			股权集中程度高组		
InDens	3.663*** (4.75)	3.665*** (4.75)	3.391** (2.54)	6.184*** (6.45)	6.226*** (6.50)	9.226*** (6.78)
Share		0.0251 (0.06)	0.0333 (0.08)		0.905*** (3.17)	0.663** (2.24)
InDens × Share			−2.030 (−0.25)			−26.74*** (−3.10)
Size	−0.743*** (−23.62)	−0.743*** (−23.61)	−0.744*** (−23.58)	−0.499*** (−18.72)	−0.520*** (−18.95)	−0.528*** (−19.17)
Ratio	−1.218*** (−6.18)	−1.218*** (−6.18)	−1.218*** (−6.17)	−1.605*** (−8.05)	−1.540*** (−7.69)	−1.540*** (−7.70)
Age	0.288*** (4.05)	0.288*** (4.04)	0.288*** (4.05)	0.00671 (0.10)	0.0272 (0.41)	0.0414 (0.62)
Edu	1.934*** (8.58)	1.936*** (8.55)	1.936*** (8.55)	1.872*** (8.01)	1.859*** (7.97)	1.881*** (8.06)
Cura	−0.0312*** (−3.26)	−0.0312*** (−3.26)	−0.0311*** (−3.25)	−0.00483 (−0.50)	−0.00396 (−0.41)	−0.00485 (−0.50)

续表

变量	(1) TbQd	(2) TbQd	(3) TbQd	(4) TbQd	(5) TbQd	(6) TbQd
	股权集中程度低组			股权集中程度高组		
Duality	0.0964 (1.58)	0.0964 (1.58)	0.0969 (1.58)	0.0902 (1.46)	0.0955 (1.54)	0.104* (1.68)
行业	控制	控制	控制	控制	控制	控制
年度	控制	控制	控制	控制	控制	控制
_cons	18.96*** (25.84)	18.97*** (25.72)	18.98*** (25.69)	15.50*** (19.45)	15.69*** (19.66)	15.78*** (19.78)
Chow Test			11.61 0.0000			
F	129.09	124.61	120.43	112.56	109.28	106.20
P	0.0000	0.0000	0.0000	0.0000	0.0000	0.0000
Adj-R^2	0.4441	0.4440	0.4439	0.4500	0.4514	0.4526
N	4490	4490	4490	3818	3818	3818

注：①回归系数上的 ***、**、* 分别表示在对应的回归系数在1%、5%及10%的显著性水平上通过检验。

②第 (3) 和 (6) 列中交互项的 VIF 值分别为 4.53 和 3.08，其他变量的最大 VIF 值为 5.30，排除变量间多重共线性问题。

③邹检验 (Chow Test) 报告的结果为含有交互项的第 (3) 列和第 (6) 两组模型组间差异的 F 统计量与 p 统计量。

(二) 股权制衡在创新行为影响企业价值中调节作用的经验证据

表 6-10 列示了股权制衡影响创新投入与企业价值关系的验证结果，采用分组分层回归方法完成模型 (6-3) 的实证检验。以股权制衡 Balance 的均值 0.847 为界，"第二至第十大股东持股比例之和与第一大股东持股比例之比"小于 84.7% 的为股权制衡程度低组，大于 84.7% 的为股权制衡程度高组。分组完成后进行分层回归：表 6-10 中第 (1) 列是关于研发投入密度 InDens 与企业价值 TbQd 的回归，第 (2) 列在第 (1) 基础上引入股权制衡 Balance 变量，第 (3) 列是在第 (2) 基础上引入研发投入密度 InDens 与股权制衡 Balance 构造的交互项 InDens × Balance。

表 6-10 中的第 (1)、第 (2)、第 (3) 列显示了股权制衡程度低组的回归结果，第 (1) 列中研发投入密度 InDens 与企业价值 TbQd 的回归

系数为 7.205，t 值为 8.99 且在 1% 的显著性水平上通过检验，说明创新投入能显著提升企业价值；第（2）列加入了 Balance 变量后 InDens 与 TbQd 的回归系数和 t 值分别为 7.186 和 8.96，仍在 1% 的水平上呈现显著的正相关关系。以上结果充分说明了创新投入能显著提升企业价值，支持假设 6-1。第（3）列中加入了交互项，InDens × Balance 的回归系数为 8.694，t 值为 3.02，且在 1% 的显著性水平上呈现正相关关系，据此判断，在股权制衡程度低组，股权制衡 Balance 正向调节了创新投入对企业价值的影响，支持假设 6-3。表 6-10 的（4）、（5）、（6）列报告了股权制衡程度高组的回归结果，第（4）列中 InDens 与 TbQd 的回归系数为 1.347，t 值为 1.51，没有通过显著性检验；第（5）列加入了 Balance 变量，InDens 与 TbQd 的回归系数和 t 值分别调整为 1.345 和 1.51，仍然没有通过显著性检验，可见在股权制衡程度高组，创新投入对企业价值的影响仍然是正的，但是这种正效应不显著。第（6）列中 InDens × Balance 的回归系数为 0.975，t 值为 1.14，没有通过显著性检验，表明了在股权制衡程度高组，股权制衡 Balance 依然正向影响创新投入与企业价值的关系，但是这一正影响不显著。

进一步对股权制衡程度低组和高组中有交互项的第（3）列和第（6）列进行邹检验可知，F 统计量为 8.65，p 统计量接近于 0，说明含有交互项的两个模型回归结果存在显著性差异。这一实证结果也证明了在股权制衡程度低组，股权制衡在 1% 的水平上显著的正向调节了创新投入与企业价值的关系；而在股权制衡程度高组，这一正向的调节效应没有通过显著性检验，假设 6-3 得以验证。除此之外，在回归分析之后进行了 VIF 检验，检验结果中各变量的 VIF 值均小于 5，证明不存在多重共线性问题，保证了模型检验的有效性。

表 6-10　　股权制衡对创新行为调节作用的分组回归结果表

变量	(1) TbQd	(2) TbQd	(3) TbQd	(4) TbQd	(5) TbQd	(6) TbQd
	股权制衡程度低组			股权制衡程度高组		
InDens	7.205*** (8.99)	7.186*** (8.96)	10.53*** (7.71)	1.347 (1.51)	1.345 (1.51)	0.426 (0.35)
Balance		0.0851 (0.85)	0.147 (1.44)		0.00825 (0.18)	-0.00521 (-0.11)

续表

变量	(1) TbQd	(2) TbQd	(3) TbQd	(4) TbQd	(5) TbQd	(6) TbQd
	股权制衡程度低组			股权制衡程度高组		
InDens × Balance			8.694*** (3.02)			0.975 (1.14)
Size	-0.578*** (-24.91)	-0.576*** (-24.67)	-0.580*** (-24.81)	-0.625*** (-16.60)	-0.625*** (-16.60)	-0.625*** (-16.61)
Ratio	-1.081*** (-6.62)	-1.075*** (-6.57)	-1.101*** (-6.73)	-1.818*** (-6.94)	-1.816*** (-6.91)	-1.825*** (-6.95)
Age	0.0139 (0.23)	0.0171 (0.29)	0.0233 (0.39)	0.280*** (3.45)	0.280*** (3.46)	0.278*** (3.42)
Edu	1.480*** (7.35)	1.478*** (7.33)	1.531*** (7.58)	2.292*** (8.62)	2.288*** (8.56)	2.296*** (8.59)
Cura	0.00364 (0.36)	0.00361 (0.36)	0.00222 (0.22)	-0.0322*** (-3.23)	-0.0321*** (-3.22)	-0.0325*** (-3.25)
Duality	0.112** (2.09)	0.108** (2.00)	0.115** (2.12)	0.0544 (0.76)	0.0553 (0.77)	0.0588 (0.82)
行业	控制	控制	控制	控制	控制	控制
年度	控制	控制	控制	控制	控制	控制
_cons	15.48*** (16.76)	15.47*** (16.74)	15.51*** (16.80)	18.05*** (11.69)	18.04*** (11.67)	18.04*** (11.68)
Chow Test			8.65 0.0000			
F	140.30	135.48	131.48	97.92	94.52	91.42
P	0.0000	0.0000	0.0000	0.0000	0.0000	0.0000
Adj-R²	0.4383	0.4382	0.4392	0.4507	0.4506	0.4506
N	5000	5000	5000	3308	3308	3308

注：①回归系数上的 ***、**、* 分别表示对应的回归系数在1%、5%及10%的显著性水平上通过检验。

②第（3）和（6）列中交互项的 VIF 值分别为4.73和2.57，其他变量的最大 VIF 值为4.8，排除变量间多重共线性问题。

③邹检验（Chow Test）报告的结果为含有交互项的第（3）列和第（6）两组模型组间差异的 F 统计量与 p 统计量。

资料来源：笔者计算。

综合表6-9和表6-10的实证结果足以说明：第一，第一大股东持股比例Share高于均值36.4%，那么由于"股权过于集中"的公司治理模式给公司带来的弊端开始凸显，股权集中对创新投入影响企业价值的负向调节作用也变得非常显著；但是当第一大股东持股比例Share低于均值36.4%时，创新投入与企业价值依然是正显著，而且Share的负向调节作用也不明显。第二，在我国上市公司长久以来"股权过于集中"现象支配下，降低第一大股东持股比例，适度的股权制衡对创新、对企业价值的积极影响是非常明显的；但过高的股权制衡程度对企业价值的提升作用反而不明显。表6-10的第（1）、（2）、（3）列也证明了这一点，当"第二至第十大股东持股比例之和与第一大股东持股比例之比"小于84.7%，创新投入与企业价值正相关、股权制衡显著地正向调节创新投入与企业价值的关系；但如果股权制衡比例大于84.7%，不仅股权制衡的正向调节作用变得不显著了，而且连创新投入与企业价值的正相关关系也变得不显著了。因此，要结合我国的社会经济背景来考虑上市公司股权结构的调整，以找到能促进企业创新、同时提升企业价值的最有股权结构。

（三）高管股权激励在创新行为影响企业价值中调节作用的经验证据

表6-11列示了高管股权激励影响创新投入与企业价值关系的验证结果，采用分层回归方法完成模型（6-4）的实证检验。表6-11中第（1）列是关于研发投入密度InDens与企业价值TbQd的回归，第（2）列在第（1）列基础上引入高管股权激励Shainc变量，第（3）列是在第（2）列基础上引入研发投入密度InDens与股权激励Shainc构造的交互项InDens×Shainc。

表6-11第（1）列中研发投入密度InDens与企业价值TbQd的回归系数为4.110、t值为6.92，且在1%的显著性水平上通过检验，说明创新投入与企业价值具有显著的正相关关系，创新投入能显著提升企业价值；第（2）列加入了Shainc变量后InDens与TbQd的回归系数和t值分别为4.076和6.85，仍在1%的水平上呈现显著的正相关关系；可见表6-11中第（1）列和第（2）列的结果充分说明了创新投入能显著提升企业价值，假设6-1再次得以验证。第（3）列中加入了交互项，InDens×Shainc的回归系数为0.123，t值为1.73，在10%的水平上通过了显著性检验，据此判断，高管股权激励在创新投入影响企业价值中起到了显著地正向调节作用，假设6-4得以验证。这也说明高管股权激励作为一种长期激励机制，能提升高管的主人翁意识，将自身利益、股东利益和企业价

值合为一体，为实现企业价值最大化而努力。

表6-11　高管股权激励对创新行为调节作用的回归结果表

变量	(1) TbQd	(2) TbQd	(3) TbQd
InDens	4.110*** (6.92)	4.076*** (6.85)	3.706*** (5.86)
Shainc		0.00272 (0.94)	0.00345 (1.19)
InDens×Shainc			0.123* (1.73)
Size	-0.596*** (-29.39)	-0.596*** (-29.38)	-0.597*** (-29.42)
Ratio	-1.449*** (-10.28)	-1.432*** (-10.08)	-1.442*** (-10.14)
Age	0.116** (2.39)	0.122** (2.49)	0.122** (2.50)
Edu	1.861*** (11.45)	1.856*** (11.41)	1.845*** (11.34)
Cura	-0.0217*** (-3.16)	-0.0217*** (-3.17)	-0.0226*** (-3.28)
Duality	0.0906** (2.07)	0.0840* (1.90)	0.0833* (1.88)
行业	控制	控制	控制
年度	控制	控制	控制
_cons	16.05*** (19.59)	16.02*** (19.55)	16.04*** (19.57)
F	235.63	227.53	220.10
P	0.0000	0.0000	0.0000
Adj-R^2	0.4416	0.4416	0.4417
N	8308	8308	8308

注：①回归系数上的***、**、*分别表示对应的回归系数在1%、5%及10%的显著性水平上通过检验。
②第（3）列中交互项的VIF值为1.33，其他变量的最大VIF值为2.56，排除变量间多重共线性问题。
资料来源：笔者计算。

(四)高管薪酬激励在创新行为影响企业价值中调节作用的经验证据

表6-12列示了高管薪酬激励影响创新投入与企业价值关系的验证结果,采用分层回归方法完成模型(6-5)的实证检验。表6-12中第(1)列是第一步:关于研发投入密度InDens与企业价值TbQd的回归,同表6-11一致;第二步:第(2)列在第(1)列基础上引入高管薪酬激励Payinc变量;第三步:第(3)列是在第(2)列基础上引入研发投入密度InDens与高管薪酬激励Payinc构造的交互项InDens×Payinc。

在没有引入高管激励变量时,表6-12第(1)列同表6-11第(1)列中变量、数据、结果完全一致。表6-12中第(2)列加入了Payinc变量后InDens与TbQd的回归系数和t值分别为3.702和6.23,在1%的显著性水平上通过检验,证实了研发投入与企业价值正相关的观点,再次验证假设6-1。第(3)列中加入了交互项InDens×Payinc,交互项的回归系数为2.085,t值为2.84,在1%的水平上通过了显著性检验,据此判断,高管薪酬激励在创新投入影响企业价值中起到了显著地正向调节作用,假设6-5得以验证。可见,高管薪酬激励作为一种短期激励机制,在公司治理中也扮演着重要角色,对高管进行薪酬激励不仅缓解了高管对选择创新投资项目的焦虑,而且提升了高管的收入水平,增加高管为企业服务的积极性。

表6-12　　高管薪酬激励对创新行为调节作用的回归结果表

变量	(1) TbQd	(2) TbQd	(3) TbQd
InDens	4.110*** (6.92)	3.702*** (6.23)	3.448*** (5.74)
Payinc		0.254*** (7.47)	0.263*** (7.71)
InDens×Payinc			2.085*** (2.84)
Size	-0.596*** (-29.39)	-0.682*** (-29.34)	-0.680*** (-29.24)

续表

变量	(1) TbQd	(2) TbQd	(3) TbQd
Ratio	-1.449*** (-10.28)	-1.278*** (-8.97)	-1.283*** (-9.01)
Age	0.116** (2.39)	0.112** (2.31)	0.115** (2.37)
Edu	1.861*** (11.45)	1.676*** (10.23)	1.680*** (10.25)
Cura	-0.0217*** (-3.16)	-0.0166** (-2.41)	-0.0145** (-2.10)
Duality	0.0906** (2.07)	0.101** (2.32)	0.104** (2.40)
行业	控制	控制	控制
年度	控制	控制	控制
_cons	16.57*** (32.69)	18.43*** (32.71)	18.36*** (32.57)
F	235.63	230.93	223.69
P	0.0000	0.0000	0.0000
Adj-R^2	0.4416	0.4453	0.4457
N	8308	8308	8308

注：①回归系数上的***、**、*分别表示对应的回归系数在1%、5%及10%的显著性水平上通过检验。
②第（3）列中交互项的 VIF 值为1.08，其他变量的最大 VIF 值为2.58，排除变量间多重共线性问题。
资料来源：笔者计算。

综合表6-9～表6-12中控制变量的回归结果，分析控制变量对企业价值的影响。

企业规模 Size 与企业价值 TbQd 在1%的显著性水平上呈现负相关关系。虽然上市公司的规模增大，会带来一定的规模经济效应；但是公司规模越大，会降低决策效率，从而丧失一些有利的投资机会。相对而言，企业规模越小，决策机制则较为简单，能对市场需求做出迅速反应，更易捕捉到有力的投资机会（Sanchez，1995）。此外，企业规模越大，维持正常运营所需成本越高，挤占了创新投入的资金，从而减少创新项目投资，进而影响企业价值（李婧和贺小刚，2012）。所以，企业规模与企业价值具有负相关关系。这一结论与黄建山和李春米（2009）、陈守明等（2012）、张其秀等（2012）的研究结论一致。

企业资产负债率 Ratio 在 1% 的显著性水平上与企业价值负相关。这一结论意味着过高的资产负债率降低了企业的价值。原因在于 Ratio 越高，说明上市公司举借债务较多，财务风险越大，融资成本提高，面临资金链断裂的风险程度提高。虽然一定的财务杠杆会为企业带来收益，但是要合理权衡企业实际情况，保持合适的资产负债水平。这与陈守明等（2012）、隋静等（2016）的研究结论一致。

公司成立年限 Age 与企业价值 TbQd 正相关，但是在不同的模型中，显著性水平有差异：在股权集中程度低组和股权制衡程度高组中，显著性水平达到 1%；在高管股权激励和薪酬激励模型中，显著性水平达到 5%；股权集中程度高组和股权制衡程度低组，没有通过显著性检验。企业的核心能力和竞争优势是需要一定的基础和积累的，而公司成立年限越长，这种累积效应越明显，所以企业成立年限和企业价值正相关。

员工教育水平 Edu 能显著地提升企业价值，且显著性水平达到 1%。企业间的竞争本质上是人的竞争、知识的竞争，员工的文化程度直接关系到企业的专业投资知识和技能，这是一个企业创新的根本和基础，也是企业价值提升的关键。员工文化程度低，往往会因为知识的缺乏而不能很好履行其职责，不仅降低了工作效率，还无形中增加了企业的成本，从而降低了企业价值。

流动比率 Cura 与企业价值 TbQd 大致呈负相关关系。但是在不同的模型中，略有差异：在高管股权激励和薪酬激励模型中，在 1% 的显著性水平上为负；在股权集中程度低组和股权制衡程度高组，均在 1% 的显著性水平上为负；在股权集中程度高组，系数为负，但不显著；在股权制衡程度低组，系数为正，但没有通过显著性检验。流动比率负向影响企业价值原因在于流动资产的盈利能力一般较差，流动比率越高，则意味着企业拥有的流动资产越多，企业的盈利能力受到影响进而影响企业价值。

两职合一状态 Duality 与企业价值 TbQd 正相关，但是在不同的模型中，显著性水平有差异：股权制衡程度低组，显著性水平达到了 5%；在高管股权激励模型中，显著性水平为 5% 和 1%；在高管薪酬激励模型中，显著性水平达到了 5%；股权集中模型和股权制衡程度高组，没有通过显著性检验。董事长与总经理二职合一，有利于明确总经理的任务和职责、赋予其更强的角色和定位、增强其对公司的使命感，保证在创新投资项目选择以及对公司的管理和控制中，都围绕企业价值最大化为目标，从而比两职分离状态对企业价值的提升更有益。

第四节 稳健性检验

为了增强实证分析部分结论的稳健性，本章节将进行以下稳健性检验：第一，变更被解释变量，改变反映企业价值的代理变量。第二，变更主要解释变量，改变作为企业创新行为代理变量的创新投入的测度方法。第三，变更解释变量，改变股权制衡程度的测度方法。

一、改变反映企业价值的代理变量

根据已有研究文献，企业价值的代理变量有总资产收益率、净资产收益率、托宾 Q 值等。同收益率相关的统计指标，使用的都是当期的净利润，能反映短期的企业业绩，但无法代表企业长期的业绩，更不能全面反映企业价值（吴卫华等，2014）。因此，在稳健性检验部分，本章依然选用托宾 Q 值来反映企业价值。根据算法不同，托宾 Q 值分为四种，此处选择用 TbQb[①] 作为企业价值的代理变量（张其秀等，2012）进行稳健型检验。

为消除或减弱多重共线性问题对参数估计值标准误的影响，保证模型本身的有效性，将模型（6-2）~模型（6-5）中的因变量替换为 TbQb 之后，对自变量 InDens、Balance、Shaine、Payinc 及其交互项 InDens × Share、InDens × Balance、InDens × Shain 以及 InDens × Payinc 进行中心化处理后，再进行实证分析，实证结果见表 6-13 ~ 表 6-16。

---

① TbQb = 市值 A/(资产总计 - 无形资产净额 - 商誉净额)，其中，市值 A = (总股本 - 境内上市的外资股 B 股) × 今收盘价 A 股当期值 + 境内上市的外资股 B 股 × B 股今收盘价当期值 × 当日汇率。

（一）股权集中在创新行为影响企业价值中调节作用的稳健性检验

表 6-13 回归结果显示，在和表 6-9 采取同样的分组分层回归、且控制了同样的控制变量以及行业和年度之后，各自变量的显著性水平的方向和程度都没有发生变化。具体而言，在表 6-13 的第（1）、（2）、（4）、（5）列中创新投入 InDens 的回归系数和 t 值分别为 3.657、3.661、6.082、6.126 以及 4.77、4.77、6.37、6.42，相对于表 6-9 中 InDens 对应的回归系数和 t 值，仍是在 1% 的显著性水平上正相关，只是回归系数和 t 值稍有变化。此结果说明创新投入与企业价值具有显著地正相关关系，稳健地支持了假设 6-1。表 6-13 中第（3）列，交互项 InDens × Share 依然是负不显著，第（6）列交互项 InDens × Share 的回归系数为 -27.05、t 值为 -3.15，且在 1% 的显著性水平上通过检验。这表明在股权集中程度高组，股权集中度负向调节了创新投入与企业价值的关系。稳健地支持假设 6-2。

此外，表 6-13 中进一步对股权集中程度低组和高组中有交互项的第（3）列和第（6）列进行邹检验可知，F 统计量为 11.57，p 统计量接近于 0，说明含有交互项的两组回归结果存在显著性差异。在回归分析之后进行的 VIF 检验表明，结果中各变量的 VIF 值均小于 6，排除了多重共线性问题。

表 6-13　　股权集中负向调节的分组回归分析表（改变被解释变量）

变量	（1）TbQb	（2）TbQb	（3）TbQb	（4）TbQb	（5）TbQb	（6）TbQb
	股权集中程度低组			股权集中程度高组		
InDens	3.657 *** (4.77)	3.661 *** (4.77)	3.401 ** (2.56)	6.082 *** (6.37)	6.126 *** (6.42)	9.161 *** (6.76)
Share		0.0474 (0.12)	0.0552 (0.14)		0.940 *** (3.31)	0.696 ** (2.37)
InDens × Share			-1.931 (-0.24)			-27.05 *** (-3.15)
Size	-0.750 *** (-23.96)	-0.750 *** (-23.94)	-0.750 *** (-23.91)	-0.498 *** (-18.75)	-0.520 *** (-19.01)	-0.528 *** (-19.24)

续表

变量	(1) TbQb	(2) TbQb	(3) TbQb	(4) TbQb	(5) TbQb	(6) TbQb
	股权集中程度低组			股权集中程度高组		
Ratio	-2.248*** (-11.46)	-2.248*** (-11.46)	-2.248*** (-11.46)	-2.662*** (-13.41)	-2.594*** (-13.02)	-2.595*** (-13.04)
Age	0.286*** (4.04)	0.286*** (4.04)	0.287*** (4.05)	0.00496 (0.08)	0.0263 (0.40)	0.0406 (0.61)
Edu	1.937*** (8.64)	1.939*** (8.61)	1.939*** (8.61)	1.892*** (8.14)	1.879*** (8.09)	1.901*** (8.19)
Cura	-0.0297*** (-3.13)	-0.0298*** (-3.13)	-0.0297*** (-3.12)	-0.00381 (-0.39)	-0.00291 (-0.30)	-0.00380 (-0.39)
Duality	0.0943 (1.55)	0.0942 (1.55)	0.0947 (1.56)	0.0904 (1.47)	0.0959 (1.56)	0.105* (1.70)
行业	控制	控制	控制	控制	控制	控制
年度	控制	控制	控制	控制	控制	控制
_cons	19.10*** (26.15)	19.10*** (26.04)	19.11*** (26.01)	15.50*** (19.54)	15.69*** (19.75)	15.79*** (19.88)
Chow Test			11.57 0.0000			
F	148.20	143.06	138.27	137.27	133.27	129.46
P	0.0000	0.0000	0.0000	0.0000	0.0000	0.0000
Adj-R^2	0.4787	0.4786	0.4784	0.4999	0.5012	0.5024
N	4490	4490	4490	3818	3818	3818

注：①回归系数上的***、**、*分别表示对应的回归系数在1%、5%及10%的显著性水平上通过检验。

②第（3）和（6）列中交互项的VIF值分别为4.56和3.13，其他变量的最大VIF值为5.58，排除变量间多重共线性问题。

③邹检验（Chow Test）报告的结果为含有交互项的第（3）列和第（6）两组模型组间差异的F统计量与p统计量。

（二）股权制衡在创新行为影响企业价值中调节作用的稳健性检验

表 6-14 列示了股权制衡正向调节作用的稳健型检验结果。表 6-14 在和表 6-10 采取同样的分组分层回归、且控制了同样的控制变量以及行业和年度之后，各自变量的显著性水平的方向和程度都没有发生变化。具体而言，在表 6-14 的第（1）、（2）列中创新投入 InDens 与企业价值变量 TbQb 的回归系数和 t 值分别为 7.133、7.116 以及 8.93、8.91，相对于表 6-10 中 InDens 对应的回归系数和 t 值 7.205、7.186 以及 8.99、8.96 来说，仅仅数值发生了变化，仍是在 1% 的显著性水平上正相关，稳健地支持假设 6-1。表 6-14 中第（3）列，和表 6-10 第（3）列结果一致，交互项 InDens×Balance 与 TbQb 在 1% 的显著性水平上正相关。第（4）、(5)、(6) 列中无论是 InDens 还是 InDens×Balance 都没有通过显著性检验。稳健地支持假设 6-3。

此外，通过表 6-14 中对第（3）列和第（6）列进行的邹检验可知，F 统计量为 8.58，p 统计量接近于 0，说明含有交互项的两组回归结果存在显著性差异。在回归分析之后进行的 VIF 检验表明，结果中各变量的 VIF 值均小于 5，排除了多重共线性问题。

表 6-14　股权制衡正向调节的分组回归分析表（改变被解释变量）

变量	(1) TbQb	(2) TbQb	(3) TbQb	(4) TbQb	(5) TbQb	(6) TbQb
	股权制衡程度低组			股权制衡程度高组		
InDens	7.133 *** (8.93)	7.116 *** (8.91)	10.51 *** (7.73)	1.338 (1.51)	1.336 (1.50)	0.408 (0.34)
Balance		0.0780 (0.78)	0.141 (1.39)		0.00534 (0.12)	-0.00827 (-0.17)
InDens×Balance			8.829 *** (3.08)			0.985 (1.16)
Size	-0.578 *** (-25.00)	-0.576 *** (-24.77)	-0.580 *** (-24.91)	-0.628 *** (-16.78)	-0.628 *** (-16.77)	-0.629 *** (-16.79)
Ratio	-2.129 *** (-13.08)	-2.123 *** (-13.04)	-2.150 *** (-13.20)	-2.858 *** (-10.96)	-2.856 *** (-10.94)	-2.866 *** (-10.97)

续表

变量	(1) TbQb	(2) TbQb	(3) TbQb	(4) TbQb	(5) TbQb	(6) TbQb
	股权制衡程度低组			股权制衡程度高组		
Age	0.0110 (0.19)	0.0140 (0.24)	0.0202 (0.34)	0.275*** (3.41)	0.275*** (3.41)	0.272*** (3.38)
Edu	1.495*** (7.45)	1.493*** (7.43)	1.547*** (7.68)	2.301*** (8.70)	2.298*** (8.64)	2.306*** (8.67)
Cura	0.00490 (0.49)	0.00487 (0.49)	0.00346 (0.35)	-0.0309*** (-3.12)	-0.0308*** (-3.11)	-0.0312*** (-3.14)
Duality	0.112** (2.09)	0.108** (2.01)	0.115** (2.13)	0.0525 (0.74)	0.0531 (0.74)	0.0566 (0.79)
行业	控制	控制	控制	控制	控制	控制
年度	控制	控制	控制	控制	控制	控制
_cons	15.51*** (16.85)	15.50*** (16.83)	15.54*** (16.89)	18.08*** (11.77)	18.08*** (11.76)	18.08*** (11.76)
Chow Test			8.58 0.0000			
F	170.23	164.37	159.48	109.53	105.72	102.25
P	0.0000	0.0000	0.0000	0.0000	0.0000	0.0000
Adj-R²	0.4866	0.4866	0.4875	0.4789	0.4787	0.4788
N	5000	5000	5000	3308	3308	3308

注：①回归系数上的 ***、**、* 分别表示对应的回归系数在1%、5%及10%的显著性水平上通过检验。
②第（3）和（6）列中交互项的 VIF 值分别为4.73和2.57，其他变量的最大 VIF 值为4.8，排除变量间多重共线性问题。
③邹检验（Chow Test）报告的结果为含有交互项的第（3）列和第（6）两组模型组间差异的 F 统计量与 p 统计量。
资料来源：笔者计算。

（三）高管股权激励在创新行为影响企业价值中调节作用的稳健性检验

由表6-15的回归结果可知，在和表6-11控制了相同的控制变量以及将年度和行业进行控制后，表6-15第（1）、（2）列中 InDens 的回归系数和 t 值分别为 4.066、4.033 以及 6.88 和 6.81，相对表 6-11 所示的 4.110、4.076 以及 6.92 和 6.85，回归结果没有显著性变化，依然是在 1% 的显著性水平与企业价值正相关，稳健地支持了假设 6-1。表 6-15 第（3）列交互项 InDens×Shainc 的回归系数和 t 值分别为 0.119 和 1.68，相对于表 6-11 中的回归系数 0.123 和 t 值 1.73，依然是在 10% 的显著性水平上通过检验，可见高管股权激励对创新投入影响企业价值的正向调节作用具有稳健型，假设 6-4 进一步得到验证。

表 6-15　　高管股权激励正向调节的回归分析表（改变被解释变量）

变量	(1) TbQb	(2) TbQb	(3) TbQb
InDens	4.066*** (6.88)	4.033*** (6.81)	3.675*** (5.84)
Shainc		0.00262 (0.92)	0.00333 (1.15)
InDens×Shainc			0.119* (1.68)
Size	-0.598*** (-29.61)	-0.598*** (-29.60)	-0.599*** (-29.64)
Ratio	-2.491*** (-17.75)	-2.474*** (-17.49)	-2.483*** (-17.54)
Age	0.113** (2.35)	0.119** (2.45)	0.120** (2.45)
Edu	1.872*** (11.57)	1.867*** (11.54)	1.857*** (11.47)
Cura	-0.0204*** (-2.98)	-0.0204*** (-2.98)	-0.0212*** (-3.09)
Duality	0.0891** (2.05)	0.0828* (1.88)	0.0821* (1.87)
行业	控制	控制	控制
年度	控制	控制	控制

第六章　企业创新行为影响企业价值的实证分析　　167

续表

变量	(1) TbQb	(2) TbQb	(3) TbQb
_cons	16.10*** (19.75)	16.07*** (19.71)	16.09*** (19.73)
F	278.04	268.47	259.67
P	0.0000	0.0000	0.0000
Adj – R²	0.4829	0.4829	0.4830
N	8308	8308	8308

注：①回归系数上的 ***、**、* 分别表示对应的回归系数在1%、5%及10%的显著性水平上通过检验。
②第（3）列中交互项的 VIF 值为1.33，其他变量的最大 VIF 值为2.56，排除变量间多重共线性问题。
资料来源：笔者计算。

（四）高管薪酬激励在创新行为影响企业价值中调节作用的稳健性检验

由表6－16的回归结果可知，在和表6－12控制了相同的控制变量以及将年度和行业进行控制后，表6－16第（1）、（2）列中 InDens 的回归系数和 t 值分别为4.066、3.652以及6.88和6.17，相对表6－12所示的4.110、3.702以及6.92和6.23，回归结果没有显著性变化，依然是在1%的显著性水平与企业价值正相关，稳健地支持了假设6－1。表6－16第（3）列交互项 InDens × Payinc 的回归系数和 t 值分别为2.073和2.84，相对于表6－12中的2.085和2.84，依然是在1%的显著性水平上通过检验，稳健地支持了假设6－5。

表6－16　　高管薪酬激励正向调节的回归分析表（改变被解释变量）

变量	(1) TbQb	(2) TbQb	(3) TbQb
InDens	4.066*** (6.88)	3.652*** (6.17)	3.400*** (5.68)
Payinc		0.257*** (7.59)	0.266*** (7.83)

续表

变量	(1) TbQb	(2) TbQb	(3) TbQb
InDens × Payinc			2.073*** (2.84)
Size	-0.598*** (-29.61)	-0.684*** (-29.59)	-0.682*** (-29.49)
Ratio	-2.491*** (-17.75)	-2.317*** (-16.35)	-2.322*** (-16.40)
Age	0.113** (2.35)	0.109** (2.26)	0.112** (2.32)
Edu	1.872*** (11.57)	1.685*** (10.33)	1.689*** (10.36)
Cura	-0.0204*** (-2.98)	-0.0151** (-2.21)	-0.0131* (-1.91)
Duality	0.0891** (2.05)	0.0996** (2.30)	0.103** (2.38)
行业	控制	控制	控制
年度	控制	控制	控制
_cons	16.60*** (32.91)	18.49*** (32.97)	18.42*** (32.83)
F	278.04	272.27	263.69
P	0.0000	0.0000	0.0000
Adj-R^2	0.4829	0.4864	0.4868
N	8308	8308	8308

注：①回归系数上的 ***、**、* 分别表示对应的回归系数在1%、5%及10%的显著性水平上通过检验。

②第（3）列中交互项的 VIF 值为1.08，其他变量的最大 VIF 值为2.58，排除变量间多重共线性问题。

资料来源：笔者计算。

综合分析表6-13~表6-16中控制变量的回归结果，与现有研究基本一致。

二、改变反映研发投入密度的代理变量

根据现有研究成果，研发投入密度的代理变量有研发支出总额（姚靠华等，2013）、研发支出的自然对数、研发支出/总资产等。其中"研发支出/总资产"是相对指标，消除了企业规模的影响，因此，在本部分稳健型检验中，参考 Chen（2006）、任海云（2011）的研究成果，采用"研发支出/总资产"Innov21 代替前文的研发投入密度 InDens 进行验证。

为消除或减弱多重共线性问题对参数估计值标准误的影响，保证模型本身的有效性，将模型（6-2）至模型（6-5）中的自变量 InDens 替换为 Innov21"研发支出/总资产"之后，对自变量 Innov21、Balance、Shainc、Payinc 及其交互项 Innov21×Share、Innov21×Balance、Innov21×Shain 以及 Innov21×Payinc 进行中心化处理后，再进行实证分析，实证结果见表6-17~表6-20。

（一）股权集中在创新行为影响企业价值中调节作用的稳健性检验

表6-17列示了股权集中负向调节作用的稳健型检验结果。表6-17在和表6-9采取同样的分组分层回归、且控制了同样的控制变量以及行业和年度之后，各自变量的显著性水平的方向和程度都没有发生变化。具体而言，在表6-17的第（1）、（2）、（4）、（5）列中创新投入 Innov21 与企业价值变量 TbQb 的回归系数和 t 值分别为 8.431、8.436、11.50、11.59 以及 4.71、4.71、5.90、5.95，相对于表6-9中第（1）、（2）、（4）、（5）列中 InDens 对应的回归系数和 t 值 3.663、3.665、6.184、6.226 以及 4.75、4.75、6.45、6.50 来说，仅仅数值发生了变化，仍是在1%的显著性水平上正相关，稳健地支持了假设6-1。表6-17中第（3）列，和表6-9第（3）列结果一致，交互项为负但不显著。表6-17中第（6）列中 Innov21×Share 的回归系数和 t 值分别为 -37.02 和 -2.10，和表6-9第（6）列中交互项 InDens×Share 的回归系数 -26.74 和 t 值 -3.10 相比较而言，只是系数的值有所变化，显著性水平由1%变为5%，仍然通过了显著性检验。即在股权集中程度高组，Innov21×Share 负向调节创新投入与企业价值的关系，稳健地支持了假设6-2。

此外，通过表6-17中对第（3）列和第（6）列进行的邹检验可知，F 统计量为 10.10，p 统计量接近于 0，说明含有交互项的两组回归结果存

在显著性差异。在回归分析之后进行的 VIF 检验表明，结果中各变量的 VIF 值均小于 5，排除了多重共线性问题。

表 6-17 股权集中负向调节作用的分组回归分析表（改变解释变量）

变量	(1) TbQd	(2) TbQd	(3) TbQd	(4) TbQd	(5) TbQd	(6) TbQd
	股权集中程度低组	股权集中程度低组	股权集中程度低组	股权集中程度高组	股权集中程度高组	股权集中程度高组
Innov21	8.431*** (4.71)	8.436*** (4.71)	7.345** (2.31)	11.50*** (5.90)	11.59*** (5.95)	16.29*** (5.49)
Share		-0.0790 (-0.20)	-0.0714 (-0.18)		0.903*** (3.16)	0.817*** (2.84)
Innov21×Share			-8.779 (-0.41)			-37.02** (-2.10)
Size	-0.740*** (-23.49)	-0.740*** (-23.46)	-0.740*** (-23.46)	-0.505*** (-19.01)	-0.527*** (-19.22)	-0.530*** (-19.32)
Ratio	-1.199*** (-6.07)	-1.198*** (-6.06)	-1.199*** (-6.07)	-1.595*** (-7.99)	-1.530*** (-7.63)	-1.499*** (-7.47)
Age	0.271*** (3.83)	0.270*** (3.82)	0.272*** (3.84)	-0.00976 (-0.15)	0.0106 (0.16)	0.0202 (0.30)
Edu	1.968*** (8.82)	1.963*** (8.74)	1.960*** (8.72)	2.018*** (8.85)	2.006*** (8.81)	1.979*** (8.68)
Cura	-0.0201** (-2.12)	-0.0200** (-2.11)	-0.0200** (-2.11)	0.00973 (1.00)	0.0107 (1.10)	0.0114 (1.18)
Duality	0.0948 (1.55)	0.0950 (1.55)	0.0958 (1.57)	0.118* (1.90)	0.123** (1.99)	0.126** (2.04)
行业	控制	控制	控制	控制	控制	控制
年度	控制	控制	控制	控制	控制	控制
_cons	20.15*** (13.93)	20.14*** (13.90)	20.14*** (13.90)	17.91*** (20.85)	18.24*** (21.11)	18.32*** (21.19)

续表

变量	(1) TbQd	(2) TbQd	(3) TbQd	(4) TbQd	(5) TbQd	(6) TbQd
	股权集中程度低组			股权集中程度高组		
Chow Test			10.10 0.0000			
F	129.06	124.59	120.42	112.12	108.85	105.47
P	0.0000	0.0000	0.0000	0.0000	0.0000	0.0000
Adj – R²	0.4441	0.4439	0.4438	0.4491	0.4504	0.4509
N	4490	4490	4490	3818	3818	3818

注：①回归系数上的 *** 、** 、* 分别表示对应的回归系数在1%、5%及10%的显著性水平上通过检验。

②第（3）和（6）列中交互项的 VIF 值分别为 4.44 和 3.06，其他变量的最大 VIF 值为 4.83，排除变量间多重共线性问题。

③邹检验（Chow Test）报告的结果为含有交互项的第（3）列和第（6）两组模型组间差异的 F 统计量与 p 统计量。

（二）股权制衡在创新行为影响企业价值中调节作用的稳健性检验

表 6 – 18 回归结果显示，在和表 6 – 10 采取同样的分组分层回归、且控制了同样的控制变量以及行业和年度之后，各自变量的显著性水平的方向和程度都没有发生变化。

具体而言，在表 6 – 18 的股权制衡程度低组中第（1）、（2）列中创新投入 Innov21 的回归系数和 t 值均为 11.37 以及 6.99，相对于表 6 – 10 中第（1）、（2）列 InDens 对应的回归系数和 t 值 7.205、7.186 以及 8.99、8.96，仍是在 1% 的显著性水平上正相关，只是回归系数和 t 值稍有变化。此结果说明即使更改了研发投入密度变量的计算方法，创新投入与企业价值依然具有显著的正相关关系，稳健地支持了假设 6 – 1。表 6 – 18 中第（3）列，交互项 Innov21 × Balance 的回归系数和 t 值分别为 29.12 以及 4.93，相对于表 6 – 10 中第（3）列 InDens × Balance 的回归系数和 t 值 8.694 以及 3.02，依然是在 1% 的水平上显著为正。在表 6 – 18 的股权制衡程度高组中第（4）、（5）列中创新投入 Innov21 的回归系数和 t 值分别为 6.7、6.712 以及 3.08、3.09，相对于表 6 – 10 中第（4）、（5）列 InDens 对应的回归系数和 t 值，显著性水平提高了，由原先的不显著变为在 1% 的水平上显著;第(6)列中交互项 Innov21 × Balance 依然是正不显著,同表6-10结果一致,稳健地支持了假设6-3。

此外,表6-18中进一步对股权制衡程度低组和高组中有交互项的第(3)列和第(6)列进行邹检验可知,F统计量为9.39,p统计量接近于0,说明含有交互项的两组回归结果存在显著性差异。在回归分析之后进行的VIF检验表明,结果中各变量的VIF值均小于5,排除了多重共线性问题。

表6-18　股权制衡正向调节作用的分组回归分析表(改变解释变量)

变量	(1) TbQd	(2) TbQd	(3) TbQd	(4) TbQd	(5) TbQd	(6) TbQd
	股权制衡程度低组			股权制衡程度高组		
Innov21	11.37*** (6.99)	11.37*** (6.99)	24.00*** (7.91)	6.700*** (3.08)	6.712*** (3.09)	4.853* (1.65)
Balance		0.109 (1.09)	0.155 (1.54)		0.0122 (0.26)	0.00351 (0.07)
Innov21 × Balance			29.12*** (4.93)			2.154 (0.94)
Size	-0.592*** (-25.54)	-0.589*** (-25.25)	-0.591*** (-25.42)	-0.618*** (-16.41)	-0.618*** (-16.40)	-0.618*** (-16.39)
Ratio	-1.067*** (-6.50)	-1.059*** (-6.45)	-1.064*** (-6.50)	-1.777*** (-6.78)	-1.772*** (-6.75)	-1.786*** (-6.80)
Age	-0.0134 (-0.23)	-0.00912 (-0.15)	0.000815 (0.01)	0.286*** (3.55)	0.287*** (3.56)	0.287*** (3.56)
Edu	1.722*** (8.71)	1.716*** (8.68)	1.767*** (8.95)	2.154*** (8.17)	2.146*** (8.09)	2.151*** (8.10)
Cura	0.0215** (2.16)	0.0214** (2.15)	0.0205** (2.06)	-0.0268*** (-2.71)	-0.0267*** (-2.69)	-0.0272*** (-2.74)
Duality	0.132** (2.44)	0.127** (2.34)	0.129** (2.38)	0.0516 (0.72)	0.0529 (0.74)	0.0546 (0.76)
行业	控制	控制	控制	控制	控制	控制
年度	控制	控制	控制	控制	控制	控制

第六章 企业创新行为影响企业价值的实证分析 173

续表

变量	(1) TbQd	(2) TbQd	(3) TbQd	(4) TbQd	(5) TbQd	(6) TbQd
	股权制衡程度低组			股权制衡程度高组		
_cons	15.70*** (16.96)	15.69*** (16.94)	15.67*** (16.96)	17.95*** (11.63)	17.94*** (11.62)	17.91*** (11.60)
Chow Test			9.39 0.0000			
F	138.29	133.57	130.53	98.40	94.98	91.84
P	0.0000	0.0000	0.0000	0.0000	0.0000	0.0000
Adj-R^2	0.4347	0.4347	0.4347	0.4520	0.4518	0.4518
N	5000	5000	5000	3308	3308	3308

注：①回归系数上的 ***、**、* 分别表示对应的回归系数在1%、5%及10%的显著性水平上通过检验。
②第（3）和（6）列中交互项的 VIF 值分别为 4.75 和 2.44，其他变量的最大 VIF 值为 4.86，排除变量间多重共线性问题。
③邹检验（Chow Test）报告的结果为含有交互项的第（3）列和第（6）两组模型组间差异的 F 统计量与 p 统计量。
资料来源：笔者计算。

（三）高管股权激励在创新行为影响企业价值中调节作用的稳健性检验

由表6-19的回归结果可知，在和表6-11控制了相同的控制变量，以及将年度和行业进行控制后，表6-19第（1）、（2）列中 InDens 的回归系数和 t 值分别为 9.403、9.338 以及 7.13 和 7.07，相对表6-11所示的 4.110、4.076 以及 6.92 和 6.85，回归结果没有显著性变化，依然是在1%的显著性水平与企业价值正相关，稳健地支持了假设6-1。表6-19第（3）列交互项 Innov21×Shainc 的回归系数和 t 值分别为 1.063 和 6.55，相对于表6-11第（3）列交互项 InDens×Shainc 的回归系数和 t 值分别为 0.123 和 1.73，依然是在10%的显著性水平上通过检验，可见高管股权激励对创新投入影响企业价值的正向调节作用具有稳健型，假设6-4进一步得到验证。

表6-19　　高管股权激励正向调节作用的回归分析表（改变解释变量）

变量	(1) TbQd	(2) TbQd	(3) TbQd
Innov21	9.403 *** (7.13)	9.338 *** (7.07)	7.529 *** (5.59)
Shainc		0.00291 (1.01)	0.00448 (1.56)
Innov21 × Shainc			1.063 *** (6.55)
Size	-0.597 *** (-29.43)	-0.596 *** (-29.42)	-0.600 *** (-29.66)
Ratio	-1.432 *** (-10.15)	-1.414 *** (-9.94)	-1.423 *** (-10.02)
Age	0.104 ** (2.14)	0.111 ** (2.26)	0.117 ** (2.40)
Edu	1.900 *** (11.88)	1.894 *** (11.84)	1.843 *** (11.53)
Cura	-0.0102 (-1.49)	-0.0103 (-1.51)	-0.0105 (-1.55)
Duality	0.0972 ** (2.23)	0.0902 ** (2.04)	0.0838 * (1.90)
行业	控制	控制	控制
年度	控制	控制	控制
_cons	16.05 *** (19.60)	16.02 *** (19.56)	16.07 *** (19.66)
F	235.81	227.72	222.67
P	0.0000	0.0000	0.0000
Adj-R²	0.4418	0.4418	0.4446
N	8308	8308	8308

注：①回归系数上的 ***、**、* 分别表示对应的回归系数在1%、5%及10%的显著性水平上通过检验。
②第（3）列中交互项的VIF值为1.15，其他变量的最大VIF值为2.56，排除变量间多重共线性问题。
资料来源：笔者计算。

（四）高管薪酬激励在创新行为影响企业价值中调节作用的稳健性检验

由表6-20的回归结果可知，在和表6-12控制了相同的控制变量、以及将年度和行业进行控制后，表6-20第（1）、（2）列中 InDens 的回归系数和 t 值分别为 9.403、7.532 以及 7.13 和 5.60，相对表6-12所示的 4.110、3.702 以及 6.92 和 6.23，回归结果没有显著性变化，依然是在1%的显著性水平与企业价值正相关，稳健地支持了假设6-1。表6-20第（3）列交互项 Innov21 × Payinc 的回归系数和 t 值分别为 2.265 和 1.44，相对于表6-12中的 2.085 和 2.84，显著性水平由 1% 下降到 10%，但依然通过了显著性检验，稳健地支持了假设6-5。

表6-20 高管薪酬激励正向调节作用的回归分析表（改变解释变量）

变量	（1）TbQd	（2）TbQd	（3）TbQd
Innov21	9.403*** (7.13)	7.532*** (5.60)	7.065*** (5.11)
Payinc		0.234*** (6.74)	0.238*** (6.84)
Innov21 × Payinc			2.265* (1.44)
Size	-0.597*** (-29.43)	-0.677*** (-28.84)	-0.677*** (-28.85)
Ratio	-1.432*** (-10.15)	-1.284*** (-9.02)	-1.289*** (-9.05)
Age	0.104** (2.14)	0.0986** (2.04)	0.0979** (2.03)
Edu	1.900*** (11.88)	1.768*** (11.01)	1.770*** (11.02)
Cura	-0.0102 (-1.49)	-0.00694 (-1.02)	-0.00674 (-0.99)

续表

变量	(1) TbQd	(2) TbQd	(3) TbQd
Duality	0.0972** (2.23) (1.60)	0.107** (2.45) (1.59)	0.108** (2.47) (1.61)
行业	控制	控制	控制
年度	控制	控制	控制
_cons	16.05*** (19.60)	17.84*** (20.78)	17.83*** (20.76)
F	235.81	230.47	222.88
P	0.0000	0.0000	0.0000
Adj – R^2	0.4418	0.4448	0.4449
N	8308	8308	8308

注：①回归系数上的 ***、**、* 分别表示对应的回归系数在1%、5%及10%的显著性水平上通过检验。

②第（3）列中交互项的 VIF 值分别为1.11，其他变量的最大 VIF 值为2.58，排除变量间多重共线性问题。

资料来源：笔者计算。

综合分析表6-17~表6-20中控制变量的回归结果，与现有研究基本一致。

三、变更股权制衡程度的代理变量

股权制衡用公司第二至第五大股东持股比例之和与第一大股东持股比例的比值来衡量（肖利平，2016；周瑜胜和宋光辉，2016）。表6-21回归结果显示，在和表6-10采取同样的分组分层回归、且控制了同样的控制变量以及行业和年度之后，各自变量的显著性水平的方向和程度都没有发生变化。

具体而言，在表6-20的股权制衡程度低组中第（1）、（2）列中创新投入 InDens 的回归系数和 t 值分别为7.205、7.207以及8.99、8.99，相对于表6-10中第（1）、（2）列 InDens 对应的回归系数和 t 值7.205、7.186以及8.99、8.96，仍是在1%的显著性水平上正相关，只是回归系数和 t 值稍有变化。此结果说明即使更改了股权制衡程度的测度方法,创新投入与企业价值依然具有显著地正相关关系,稳健地支持了假设 6-1。表 6-20 中第（3）列,交互项 InDens × Balance25 的回归系数和 t 值分别为 6.534 以及 1.91,相对于表 6-10 中第（3）列 InDens × Balance 的回归系数和 t 值 8.694 以及 3.02,显著性水平降到 10%,依然为正相关。第（4）、（5）、（6）列中无论是 InDens 还是 InDens × Balance25 都没有通过显著性检验,稳健地支持了假设 5-3。

表 6-21 还显示了控制变量的回归结果,与现有研究基本一致。

表 6-21　　股权制衡正向调节作用的回归分析表（改变股权制衡变量）

变量	(1) TbQd	(2) TbQd	(3) TbQd	(4) TbQd	(5) TbQd	(6) TbQd
	股权制衡程度低组			股权制衡程度高组		
InDens	7.205*** (8.99)	7.207*** (8.99)	9.247*** (6.93)	1.347 (1.51)	1.343 (1.50)	1.356 (1.10)
Balance25		-0.0185 (-0.16)	0.0334 (0.28)		0.0271 (0.43)	0.0273 (0.42)
InDens × Balance25			6.534* (1.91)			-0.0188 (-0.02)
Size	-0.578*** (-24.91)	-0.579*** (-24.81)	-0.580*** (-24.87)	-0.625*** (-16.60)	-0.625*** (-16.60)	-0.625*** (-16.59)
Ratio	-1.081*** (-6.62)	-1.081*** (-6.62)	-1.098*** (-6.72)	-1.818*** (-6.94)	-1.813*** (-6.91)	-1.813*** (-6.90)
Age	0.0139 (0.23)	0.0131 (0.22)	0.0146 (0.25)	0.280*** (3.45)	0.281*** (3.46)	0.281*** (3.46)
Edu	1.480*** (7.35)	1.481*** (7.35)	1.516*** (7.49)	2.292*** (8.62)	2.283*** (8.55)	2.283*** (8.55)
Cura	0.00364 (0.36)	0.00367 (0.37)	0.00260 (0.26)	-0.0322*** (-3.23)	-0.0321*** (-3.22)	-0.0321*** (-3.21)

续表

变量	(1) TbQd	(2) TbQd	(3) TbQd	(4) TbQd	(5) TbQd	(6) TbQd
	股权制衡程度低组			股权制衡程度高组		
Duality	0.112** (2.09) (1.36)	0.113** (2.09) (1.36)	0.115** (2.13) (1.38)	0.0544 (0.76) (-1.22)	0.0569 (0.79) (-1.22)	0.0569 (0.79) (-1.22)
行业	控制	控制	控制	控制	控制	控制
年度	控制	控制	控制	控制	控制	控制
_cons	15.48*** (16.76)	15.49*** (16.76)	15.51*** (16.78)	18.05*** (11.69)	18.03*** (11.67)	18.03*** (11.67)
Chow Test	0.0000	0.0000	8.38 0.0000	0.0000	0.0000	0.0000
F	140.30	135.44	131.12	97.92	94.53	91.35
P	0.0000	0.0000	0.0000	0.0000	0.0000	0.0000
Adj-R^2	0.4383	0.4382	0.4385	0.4507	0.4506	0.4504
N	5000	5000	5000	3308	3308	3308

注：①回归系数上的***、**、*分别表示对应的回归系数在1%、5%及10%的显著性水平上通过检验。

②第（3）和（6）列中交互项的VIF值分别为4.45和2.72，其他变量的最大VIF值为4.58，排除变量间多重共线性问题。

③邹检验（Chow Test）报告的结果为含有交互项的第（3）列和第（6）两组模型组间差异的F统计量与p统计量。

资料来源：笔者计算。

第五节 本章小结

在当前知识产权强国战略和创新驱动发展战略的指引下，设置合理的股权结构和高管激励模式，完善公司治理机制，不仅对实现经济资源的有效配置、提升上市公司创新能力具有重要意义；而且对提升区域、行业乃至一个国家和地区的创新能力奠定了良好的基础。本章以2010~2015年的A股上市公司为研究对象，验证了公司治理机制中的股权结构和高管激励在创新行为影响企业价值中的调节作用。实证研究结果表明：以创新投入为代理变量的企业创新行为能显著提升企业价值（$p<0.01$）；股权集中

程度较高的上市公司中,股权集中负向调节创新投入与企业价值的关系($p<0.01$);股权制衡程度较低的上市公司中,股权制衡正向调节创新投入与企业价值的关系($p<0.01$);高管股权激励和高管薪酬激励在创新投入影响企业价值中均起着正向的调节作用($p<0.01$)。

  本章研究结论证明,第一,结合我国社会经济政治背景,保持适度的股权集中,不仅能缓解长期以来"股权过于集中"的股权结构下加剧的双重委托代理矛盾,而且考虑了我国上市公司治理机制的实际情况,对于解决目前我国上市公司中的治理问题,以及企业创新能力和企业价值的提升都具有重要的现实意义。第二,理想的股权结构是使企业价值最大化的多个股东互相制衡的状态,但一味地致力于提高股权制衡程度在我国上市公司内无法达到预计的效果,而应该将股权制衡程度控制在一定的范围内。这样不仅能实现"多股制衡"治理模式下对第一大控股股东行为的监督和约束,还符合我国长期以来股权高度集中或相对集中的实际情况。总之,股权高度集中是我国上市公司股权结构的显著特征,这就决定了我国在选择最优股权结构时,必须从实际情况出发,既要借鉴英、美等国家"多股制衡"的良好经验,也必须立足国情,考虑目前上市公司的实际情况,这样才能在完善公司治理机制中有的放矢,达到提升企业价值的目的。第三,制定有效的高管长短期激励机制对解决委托代理问题,促进企业参与创新行为,提升企业价值具有重要的实践意义。只要有委托授权行为的存在,委托代理问题就不可避免,对高管的长期股权激励保证了高管目标和企业价值最大化目标的一致性,降低了"道德风险"和"逆向选择"事件发生的概率;对高管的短期薪酬激励,促使高管更加关注上市公司的长期业绩,而不是仅仅考虑与其收益密切相关的短期业绩,从而做出更多有助于提升企业价值的决策。第四,结合本书第四章的研究结论,鉴于创新项目是集高风险、高收益、高不确定性于一体的长期投资,能提高企业创新行为的股权结构并一定能提高其企业价值。这也解释了为何在第四章中证明了,股权集中程度越高,对企业创新行为抑制作用越强;股权制衡程度越高,越能促进企业创新行为。但本章却证明了,一定程度的股权集中情况下,股权集中并没有负向调节创新投入与企业价值的关系;股权制衡程度高时,股权制衡并没有正向调节创新投入与企业价值的关系。

  以上研究结论表明,立足我国上市公司现有背景,维持一定程度的股权集中、保证适当的股权制衡,同时构建高管的长短期激励机制,是促进企业创新行为,提升企业价值的有益尝试。

第七章

结　语

本章在对全书的理论分析和实证检验结论进行总结和概括的基础上，对如何以创新为导向、基于双重委托代理理论，以价值创造为目标优化公司治理机制提出相应的政策建议，并阐明了本书的局限性以及后续研究方向。

第一节　研究结论

本书以劳动价值论、经济增长理论、创新理论、公司治理理论为理论支撑，在借鉴国内外已有研究成果的基础上，立足我国上市公司实际情况，从技术创新和以公司治理机制为核心的制度创新的关联关系入手，深入剖析和验证上市公司的股权结构、高管激励对企业创新行为影响，并以此为基础探讨股权结构和高管激励在创新行为影响企业价值中的调节作用。经过层层理论分析和实证检验得到以下主要研究结论：

一、证实了股权结构、高管激励与企业创新行为之间的关联关系

公司治理机制制衡和约束企业各方利益，是企业创新的制度基础，贯穿企业创新行为的各个环节。鉴于创新活动的高风险、长周期以及不确定性等异质性特质，委托人和代理人之间的委托代理矛盾更加突出。而我国上市公司股权普遍较为集中，这就要求在公司治理机制中，不仅要考虑委托人和代理人之间的第一类委托代理问题，还要解决股权结构中存在的第二类委托代理问题，即大股东与小股东之间的矛盾，在相关法律制度不完善甚至缺失的国家和地区，股东之间的矛盾和冲突现象更严重。双重委托

代理理论阐明了企业的创新行为在实现价值创造和经济增长的进程中需要解决的这两大主要矛盾。一方面，股东之间矛盾及冲突的解决依赖于股权结构的优化，即如何实现股权集中和股权制衡的最优化安排。股权制衡会增加股东对经营管理者的监督成本，缺乏对管理者监督的积极性。股权集中则会使大股东面临不确定性较高的研发投资，承担较大风险，从而做出对投资项目不利的决策。另一方面，代理人"道德风险"和"逆向选择"行为的遏制依赖于高管激励机制的约束。创新项目投资决策的话语权主要由公司股东及高层领导决定，所以研究高管激励对企业创新行为的影响更为迫切。高管激励机制包含长期激励和短期激励，长期高管持股激励保证了高管和企业长期发展目标的一致性；短期的薪酬激励则保障了董监高等人员在创新失败情况下的基本收益，企业需要激发经理人的创新动力，使之选择创新性投资项目并实施创新活动。因此，可初步认为股权结构和高管激励是影响企业创新行为的重要因素。

以 2010~2015 年沪深 A 股上市公司为研究样本，实证研究结论证实了理论分析部分提出的假设，实证检验结果表明：

第一，股权集中是抑制上市公司创新行为的不利因素。随着第一大股东持股比例的增加，企业参与创新项目投资的积极性逐渐降低、研发支出随之缩减、创新产出也有所下降。且股权集中对企业创新行为的这些不利影响都是极其显著的。

第二，股权制衡是促进企业创新行为开展的有利因素。上市公司的股权制衡程度越高，其参与创新项目投资的意愿越强烈，伴随着较多的研发投入，创新产出也随之增多。且股权制衡对企业创新行为各个阶段的积极影响具有显著性。

第三，高管股权激励和高管薪酬激励是促进创新行为的积极因素。高管激励提高了上市公司参与创新活动投资项目的积极性、加大了创新过程中的研发投入力度、增加了创新产出。此外，市场化程度是影响公司治理机制创新效应的外部促进因素，上市公司所在地区的市场化程度越高，企业创新行为的贯彻实施就越有保障。

二、阐明了股权结构、高管激励影响企业创新行为的产权性质差异

产权性质作为企业制度的核心，决定着公司的治理机制，进而影响企业创新行为。结合企业的产权性质来探讨股权结构、高管激励与企业创新

行为之间的关联关系，难度更大。在国有企业的委托代理关系中，委托人和代理人的控制权和索取权是不对应的，国有企业的控制权掌握在不参与剩余收益分配的政府官员手中，政府官员缺乏动力去监督和激励国有企业的经营者参与创新，从而加重了委托代理问题。相比较而言，民营企业权责清晰，政府干预程度较低，在一定程度上缓解了企业的委托代理问题，因此认为民营企业比国有企业更具有创新性。

国有企业受到政府的干预更多，富有更强的政治使命和承担更多的社会责任，所以在股权集中抑制企业创新行为的前提下，会尽量减少股权集中对创新所带来的消极影响。而民营企业与政府的关联程度以及自我约束程度都较低，所以在股权集中度较高的前提下，对民营企业创新行为的抑制作用会更强烈。第三章证实了股权制衡对企业创新行为的积极影响，由于国有企业中股权集中度相比民营企业较高，因此，股权制衡的积极影响在国有企业中应该会更显著。国有企业中缺乏股权激励等中长期激励机制，因此对国有企业高管实施股权激励，增加高管的决策权，使国有企业高管和国有企业本身形成利益共同体，高管则会在研发决策和创新管理方面做出更多努力。相同的高管薪酬激励，国有企业高管在其政治目标的束缚下放弃创新的概率增加，相比而言，民营企业的高管在薪酬激励下会更多地参与到企业创新行为中。据此认为，不同产权性质下股权集中对企业创新行为的影响是存在差异的。

以 2010~2015 年沪深 A 股上市公司中的国有企业和民营企业为研究样本，基于研究样本终极产权性质差异的比较研究表明：在不同产权性质的上市公司中，股权结构、高管激励对企业创新行为的影响具有显著差异。具体而言：

第一，民营企业的创新性高于国有企业。国有企业中拥有企业控制权和收益分配权的利益主体边界不明确、政治干预以及政绩目标的追逐等是国有企业创新能力弱的主要原因，国有企业创新的积极性有待提升。

第二，股权制衡和高管股权激励更能促进国有企业开展创新行为。国有企业中控制权和收益索取权的分离是委托代理矛盾发生的主要原因，解决这一矛盾最有效的途径是减弱控股股东的权利和鼓励国有企业高管持股。通过股权制衡来保障其他股东利益，避免大股东对其他股东利益的损害；高管持股，让高管从企业长期发展中受益，弥补了国有企业中中长期激励机制的缺失。

第三，高管薪酬激励更能促进民营企业创新行为的贯彻实施；而股权集中对创新行为的抑制作用在民营企业中更加显著。表 5-3 的描述性统计结果显示，国有企业中董监高的年薪总额高于民营企业，所以，薪酬激励机制对民营企业创新行为的促进效应更显著。相对国有企业而言，民营企业中股权制衡状态较好，但由于民营企业的产权性质放大了股权集中对创新行为的负效应，所以更需要完善股权的制衡机制，来避免股权集中对企业创新行为的不利影响。

三、强调创新行为对企业价值的提升作用

研发资源投入是企业创新行为的基础与根本，研发投入是企业获取技术优势、保持核心竞争力的关键所在。创新投入有利于企业在市场竞争力获取竞争优势，企业的研发活动对企业未来成长机会也有显著的积极影响。实证研究结论显示，创新投入增加能显著提升企业价值。这一实证研究结论与内生经济增长理论观点相一致。企业研发支出增加，在股票市场上会得到积极且迅速的反映，促进股价上涨，促使企业价值提升。可见，创新投入能增加企业未来收益，进而提升企业价值。

四、厘清权变因素在创新行为提升企业价值中的调节作用

第四章实证结论认为股权集中对企业创新行为具有消极影响，股权制衡对企业创新行为具有积极影响。在对我国上市公司治理机制进行优化和设置时，结合实际情况分析，第一大股东持股比例控制在合理的范围内，不仅可以制衡第一大控股股东的行为，还可以使得管理层积极作为，减少委托代理矛盾。所以，认为适度的股权集中并不一定会负向调节创新投入与企业价值的关系，而高度的股权集中会负向调节研发投入与企业价值的关系。

在股权制衡程度较高的公司治理模式下，股权高度分散，鉴于监督经营者所付出的成本远高于其所获取的收益，会导致众多分散的小股东产生"不作为"和"搭便车"的行为，此时股权制衡并不一定能正向调节创新投入与企业价值的关系。而在股权制衡程度较低的上市公司中，意味着股权相对分散，此时第一控股股东仍持有较大份额的股份，其余各控股股东也拥有一定比例的股权，这样避免了控股股东像其他小股东一样产生"搭便车"的行为，此时，股东更有动机、也具备能力去监督管理层的行为。高管激励机制能确保高管能以企业价值最大化为目标进行创新投资项目选

择并贯彻实施的,所以设置高管激励机制能够缓解委托代理问题。可见,创新投入提升企业价值的作用机制,受到股权集中、股权制衡、高管股权激励以及高管薪酬激励等权变因素的影响。

以 2010~2015 年的 A 股上市公司为研究对象,以创新投入作为企业创新行为的代理变量,构建了企业创新行为影响企业价值的关联关系模型,来验证股权结构和高管激励这两个权变因素,在创新行为影响企业价值中的调节效应。在检验股权结构的调节效应时,结合我国上市公司实际情况,将研究样本按照股权集中程度、股权制衡程度分别分为高低两组进行检验。实证研究结果表明:

第一,高管激励因素在创新投入提升企业价值中具有正向调节效应。制定有效的高管长短期激励机制对解决委托代理问题,促进企业参与创新行为,进而提升企业价值

第二,过高的股权集中程度在创新投入提升企业价值中具有负向调节效应;而较低的股权集中程度的这一调节效应不显著。保持适度的股权集中,不仅能缓解长期以来"股权过于集中"的股权结构下加剧的双重委托代理矛盾,而且在我国更具有可行性。

第三,较低的股权制衡程度在创新投入提升企业价值中具有正向调节效应;过高的股权制衡程度的调节效应不显著。一味地致力于提高股权制衡程度在我国上市公司内无法达到预计的效果,而应该将股权制衡程度控制在一定的范围内。这样不仅能实现"多股制衡"治理模式下对第一大控股股东行为的监督和约束,还符合我国长期以来股权高度集中或相对集中的实际情况。

可见,本书的实证结论再次证实了过高的股权集中程度会损害企业价值,同时也证实了在我国上市公司中,过高的股权制衡对企业价值的提升也有不利影响,所以,我国上市公司适合于"寡头垄断股权结构",即股权结构需要一定程度的集中,同时存在几个能互相制衡的大股东,保证股权不能过于分散,这样才能保证在创新投入提升企业价值中发挥最大的正向调节作用。

第二节 研究创新

本书的研究创新主要体现在以下几个方面:

第一,以双重委托代理理论为基础,认为良好的公司治理机制才是促

进企业创新的关键所在，提出以创新为导向优化公司治理机制，分别构建了股权结构、高管激励与创新行为的关联关系模型，从理论上阐明了公司治理与创新行为的关联机理。

首先，以英、美国家为代表的国外上市公司治理机制的研究分析中，多是基于西方传统的委托代理理论，这一理论适合于以股权分散为特质的上市公司中，即主要解决委托人和代理人之间的矛盾。但并不适合于类似我国以股权集中为特质的上市公司中，因为股权集中的上市公司不仅存在委托人和代理人之间的矛盾，还存在着大股东与小股东之间的利益冲突。本书结合我国上市公司中股权集中的主要特征，基于双重委托代理理论来设置和优化公司治理机制。其次，以创新作为公司治理机制的起点，基于创新型的资源配置观，提出了支持创新的公司治理机制才是企业创新的逻辑起点。企业的创新行为具有公司治理属性，合理的股权结构安排和有效的高管激励机制设置是促进企业创新的关键因素。基于此，分别构建了股权结构、高管激励与创新行为的关联关系模型，从理论上阐明了公司治理与创新行为的关联机理。

第二，在股权结构、高管激励影响企业创新行为的实证检验及研究分析中，达到了系统性、过程性、动态性的融合及高度统一。首先，系统性。现有关于公司治理与技术创新关联关系的研究中，要么局限于公司治理机制中的某单一变量，即主要研究公司治理中某一项因素对企业创新行为的影响；要么仅研究公司治理如何影响企业创新行为，而忽略了产权性质在其中扮演的角色，或者忽略了公司治理、创新行为最终对企业价值的影响。总之，对公司治理机制影响企业创新行为的研究缺乏系统性的研究思维。本书选取公司治理机制中最为重要的股权结构和高管激励两大因素，以哲学、经济学、管理学理论基础为支撑，层层递进。从考察股权结构、高管激励与企业创新行为的一般关联关系出发；将最终产权性质引入到实证模型中，考察股权结构、高管激励影响企业创新行为的产权性质差异；最终基于股权结构和高管激励双重视角构建企业创新行为影响企业价值的关联模型。实现了以公司治理机制为核心的制度创新与技术创新关联关系研究的系统性。

其次，过程性。诸多关于公司治理与企业创新行为关联关系的研究文献中，构建的企业创新行为衡量变量比较单一，多以研发投入的绝对数或者与其他变量构造的相对数作为创新行为的代理变量。但是在实际的经济活动中，研发投入仅仅代表了企业创新过程的一个阶段，是企业进行创新的必要条件。鉴于创新行为的高风险、长周期、极具不确定性等特征，只用研发投入一个变量来衡量企业创新行为，并以此来考察股权结构和高管激励对企业创新行为的影响，还是值得进一步思考的。本书在考察股权结构、高管激励对企业创新行为的影响中，结合创新活动的全过程：从做出创新投资决策、到决定创新投入、再到最终实现创新产出，每一个阶段都选取相应的代理变量。根据是否进行创新投资，将创新投资决策定为虚拟变量；创新投入选取研发投入与营业收入之比，在稳健型检验中替换为研发投入与总资产之比；创新产出以专利申请量衡量，在稳健型检验部分以发明专利申请量来代替。综上所述，本书中创新行为代理变量的选取体现了过程性。

最后，动态性。现有文献研究中，为促进企业创新而进行的公司治理机制的优化升级，多为静态描述，即仅仅验证了公司治理机制中某些因素是企业创新行为的抑制因素，还是促进因素。并没有将终极产权性质引入到关联关系模型中进行实证检验，忽略了产权性质下公司组织结构安排的差异，以及由此产生的对企业创新行为的影响差异。此外，在借鉴国外相关研究成果的基础上，部分文献照抄照搬，过于强调股权制衡的促进作用以及股权集中的抑制作用，而没有认清我国上市公司中长期以来"股权过于集中"的实际情况，忽视了股权结构和高管激励机制设置过程的实际可行性。这些研究都是缺乏动态性的表现。本书深入细致地对产权性质差异的股权结构、高管激励与企业创新行为进行分析，并针对国有企业和民营企业分别提出了股权结构和高管激励机制的优化措施；而且在股权结构安排上，结合我国实际情况提出了切实可行的优化措施，实现了公司治理机制设置与完善的动态性特征。

第三，基于股权结构和高管激励双重视角构建了企业创新行为影响企业价值的关联关系模型。鉴于公司治理是创新投入作用于企业价值的权变影响因素，结合我国上市公司治理结构实际情况，提出了应以创新为导向、以价值创造为目标来优化公司治理机制。基于理论基础，借鉴已有的国内外研究成果，结合实证研究结论，构建了企业创新行为影响企业价值的关联关系模型。该模型主要考察股权结构和高管激励在创新投入影响企业价值中的权变作用。基于此，研究结论详细阐述了我国上市公司治理机制中如何合理安排股权集中和股权制衡的关系，以及如何设置高管激励机制；提出了良好的公司治理机制，是持续创新的稳定根基；强调以创新为导向、以价值创造为目标来设置和完善公司治理机制。以期为我国上市公司公司治理机制的优化提供经验借鉴。

第三节 政策建议

　　上市公司作为经济活动的主要载体,是国家创新体系的重要组成部分。上市公司创新状况关乎着其所属行业、所在区域以及整个国家创新能力的现状、改善与提升。至此,企业层面创新活动的重要性昭然若揭。若要提升上市公司创新能力,以市场化程度为代表的良好的宏观经济环境是有利的外部保障,而从内部构建的以创新为导向的公司治理机制则是上市公司创新的内生动力。以实证检验部分获取的研究结论为基础,进一步提出了对策建议:

　　第一,加强以创新为导向的公司治理机制的建设,通过合理的股权结构安排和高管激励机制设置,激发企业创新潜能,从而有利于培养创新型企业,提升企业价值,为所属产业、所在区域及国家创新能力的提升奠定坚实的基础。

　　一方面,怎样通过股权结构和高管激励的安排,使上市公司积极投资于创新型项目、提升研发投资强度、并增加创新产出?这一问题的解决本身就是公司重要的经济活动之一;另一方面,在有利于创新行为开展的股权结构和高管激励安排下,怎样更进一步对其细化,在此基础上结合我国实际情况寻找出提升企业价值,且对宏观经济增长有利的股权结构和高管激励机制,直接关系着上市公司创新能力的提升,以及我国创新型国家的建设。研究发现,双重委托代理矛盾是制约企业创新行为顺利实施的关键因素,经理人出于个人利益最大化而损害股东利益,大股东利用其控制权通过侵占中小股东利益而获取私人收益。可见,最优的股权结构安排和高管激励机制设置,必须能有效约束经理人的短期行为、避免大股东的侵占行为、并抑制这两类矛盾对上市公司长期发展的不利影响。所以,应以创新为导向优化公司治理机制,促进上市公司积极开展创新行为,以便在激烈的竞争中保持核心竞争优势,为国家创新体系建设保驾护航。

　　第二,继续深化国有企业改革,优化民营企业的创新环境。增强国有企业创新意识,实现委托人和代理人的权责清晰,达到委托人、代理人与公司长远利益同步发展的协同机制;民营企业作为企业创新的中坚力量,良好的创新环境是其创新行为顺利实施的重要保障。

　　第五章实证结论表明,产权性质差异下公司治理机制的优化措施并不完全相同，这也凸显了国有企业和民营企业因产权性质差异，而应采取不同的创新激励方法。国有企业的实际控制权和收益分配权的权责界定不清晰，是导致创新行为中道德风险和逆向选择发生的主要原因。赋予国有企业委托人最终控制权，保障代理人的索取权，保证国有企业中委托人和代理人的权责清晰，发挥国有企业这一产权性质本身的监督和激励效应，是解决逆向选择和道德风险的有效途径。此外，政府官员作为国有企业的代理人，易受到政绩目标的影响，而采取影响企业长期发展的短期行为。可见，国有企业改革亟待进一步深化，国有企业应更加注重股权制衡的构建以及高管股权激励机制的设置，以鼓励国有企业中企业家的创新精神，从而以创新为导向，基于企业长期永续发展来设置和完善公司治理机制。相比较国有企业而言，民营企业的创新投入和创新产出均处于领先地位。民营企业中创新能力的提升，不仅要着重强调股权制衡的股权结构和高管薪酬激励机制设置，还要注重外部创新环境的影响。加强科技创新体制和政府政策对民营企业的支持力度，扩大民营企业创新项目的融资渠道和范围，以获取较多的政治和资金支持，保证其创新的顺利贯彻实施。

第三，以知识产权强国战略和创新驱动发展战略为指引，通过经济资源的有效配置和制度安排，实现创新模式的转变，切实促进经济又好又快增长，实现创新驱动型发展。

归根结底，国家地区之间的竞争就是创新的竞争，谁获取了别人无法模仿的原始创新优势，那么他就在竞争中赢得了主动权和竞争力。因此，努力提升并保持持续的创新能力是国家在国际竞争中脱颖而出的根本。自知识产权强国战略和创新驱动发展战略实施以来，我国创新能力显著提升，创新产出也逐渐递增。与此同时，需要进一步通过资源的高效配置和科技创新的制度安排，引导模仿创新模式向自主创新模式的积极转变，增强企业自主创新能力，促使经济又好又快地发展，实现创新驱动型经济发展。

第四节　研究局限及后续研究方向

一、研究的局限性

本书选取了公司治理机制创新效应这一热点研究话题，实证检验了股权结构、高管激励对企业创新行为的影响，并对研究结论进行深入剖析，取得了一定的研究成果。但是这一研究主题涉及制度创新、技术创新及其关联关系等多层次、多维度的研究领域，且"创新"本身在界定和衡量方面就存在较大难度，因此，本书存在以下两方面的局限性：

一方面，产权性质差异下股权结构、高管激励影响企业创新行为的研究中，样本选择有待进一步完善。实证分析中，探讨了如何针对国有企业和民营企业分别优化股权结构和高管激励机制。但是由于上市公司产权性质界定、数据获取、其他企业性质特征等方面研究难度的增大，并没有对外资企业和其他性质企业公司治理机制的优化措施进行深入的分析和探讨。后续研究中，可考虑在样本中增加外资和其他性质企业。

另一方面，在研究企业创新行为对企业价值的影响时，选择了创新投入这一视角来衡量企业创新行为，探讨公司治理作为权变因素，在创新行为提升企业价值中的作用机制。但限于研究精力与研究篇幅，本书并没有从创新产出视角来分析企业创新行为对企业价值的影响，后续研究中将予以完善。

二、后续研究方向

围绕本书主题，基于理论分析和实证研究结论，结合本书的局限性，后续主要研究方向可能包含以下几个方面：

第一，进一步研究外部宏观经济环境因素在股权结构、高管激励影响企业创新行为中的调节作用。根据权变理论，公司治理机制对企业创新行为的影响，受到多重因素的制约。上市公司创新行为的外部影响因素主要包括市场、行业、政府推动、知识产权保护等内容。不同行业竞争程度、不同的制度环境、不同的政治关联程度等因素影响下，创新行为都表现出不同的特征。因此，后续研究中，应深入探讨宏观经济环境因素在股权结构、高管激励影响企业创新行为中的调节效应。

第二，将公司治理因素之间的协同作用引入理论分析及实证检验中，揭示公司治理因素及其关联关系在本研究中的影响机理。本书中关于公司治理机制的创新效应的研究，局限于孤立的考察股权结构、高管激励单一公司治理因素在公司治理机制创新效应中扮演的角色，而忽略了公司治理各因素之间的协同作用。公司治理机制的优化应考虑其中各个因素之间的互相关联和相互影响。因此，后续研究中，将深入探讨和分析公司治理因素及其互相之间的协同作用在设置和完善公司治理机制中的作用。

参 考 文 献

[1][美]戴布拉·艾米顿（Debra M. Amidon）：《知识经济的创新战略智慧的觉醒》，金周英等译，新华出版社1998年版。

[2][美]玛丽·奥沙利文（Mary A. O' Sullivan）：《公司治理百年美国和德国公司治理演变》，黄一义、谭晓青译，人民邮电出版社2007年版。

[3][美]汤普森（Tompson J.）：《行动中的组织行政理论的社会科学基础》，敬乂嘉译，上海人民出版社2007年版。

[4]杜义飞：《创新价值的创造与获取冲突、合作与结构》，北京大学出版社2013年版。

[5]安灵、刘星、白艺昕：《股权制衡、终极所有权性质与上市企业非效率投资》，载于《管理工程学报》2008年第2期。

[6]白重恩、刘俏、陆洲、宋敏、张俊喜：《中国上市公司治理结构的实证研究》，载于《经济研究》2005年第2期。

[7]鲍新中、孙晔、陶秋燕、盛晓娟：《竞争战略、创新研发与企业绩效的关系研究》，载于《中国科技论坛》2014年第6期。

[8]彼得·德鲁克：《创新与企业家精神》，北京：机械工业出版社2012年版。

[9]蔡继明：《从狭义价值论到广义价值论》，格致出版社、上海三联书店、上海人民出版社2010年版。

[10]曹廷求、孙文祥、于建霞：《资本结构、股权结构、成长机会与公司绩效》，载于《南开管理评论》2004年第1期。

[11]郦全民：《论汉字的表征效应》，载于《中国社会科学》2015年第2期。

[12]胡潇：《资本介入文化生产的耦合效应》，载于《中国社会科学》2015年第6期。

[13]陈德萍、陈永圣：《股权集中度、股权制衡度与公司绩效关系研究——2007~2009年中小企业板块的实证检验》，载于《会计研究》

2011 年第 1 期。

[14] 陈红、吴卫华：《上市公司股权结构、现金股利政策与投资者保护》，载于《金融发展研究》2011 年第 5 期。

[15] 陈建军、李国鑫、王正沛、雷婷：《中国宇航企业创新认知影响因素研究》，载于《中国软科学》2017 年第 5 期。

[16] 陈信元、汪辉：《股东制衡与公司价值：模型及经验证据》，载于《经济技术经济研究》2004 年第 11 期。

[17] 陈修德、彭玉莲、卢春源：《中国上市公司技术创新与企业价值关系的实证研究》，载于《科学学研究》2011 年第 1 期。

[18] 陈岩、张斌：《基于所有权视角的企业创新理论框架与体系》，载于《经济学动态》2013 年第 9 期。

[19] 陈艳莹：《企业价值的战略涵义》，载于《大连理工大学学报（社会科学版）》2000 年第 1 期。

[20] 陈志斌、吴敏、陈志红：《家族管理影响中小家族企业价值的路径：基于行业竞争的代理理论和效率理论的研究》，载于《中国工业经济》2017 年第 5 期。

[21] 成力为、戴小勇：《研发投入分布特征与研发投资强度影响因素的分析——基于我国 30 万个工业企业面板数据》，载于《中国软科学》2012 年第 8 期。

[22] 程小可、孙健、姚立杰：《科技开发支出的价值相关性研究——基于中国上市公司的经验证据》，载于《中国软科学》2010 年第 6 期。

[23] 党力、杨瑞龙、杨继东：《反腐败与企业创新：基于政治关联的解释》，载于《中国工业经济》2015 年第 7 期。

[24] 董晓芳、袁燕：《企业创新、生命周期与聚集经济》，载于《经济学（季刊）》2014 年第 2 期。

[25] 董晓庆、赵坚、袁朋伟：《国有企业创新效率损失研究》，载于《中国工业经济》2014 年第 2 期。

[26] 方颖、赵扬：《寻找制度的工具变量：估计产权保护对中国经济增长的贡献》，载于《经济研究》2011 年第 5 期。

[27] 冯根福、闫冰：《公司股权的"市场结构"类型与股东治理行为》，载于《中国工业经济》2004 年第 6 期。

[28] 冯根福、韩冰、闫冰：《中国上市公司股权集中度变动的实证分析》，载于《经济研究》2002 年第 8 期。

［29］冯根福：《双重委托代理理论：上市公司治理的另一种分析框架》，载于《经济研究》2004 年第 12 期。

［30］傅家骥：《技术创新：中国企业发展之路》，北京：企业管理出版社 1992 年版。

［31］高闯、张清：《双层股权结构运作与企业创新型发展的关联度》，载于《改革》2017 年第 1 期。

［32］何慧爽：《产品差异化、竞争强度与企业 R&D 策略分析》，载于《科学学研究》2010 年第 9 期。

［33］何威风、刘巍、黄凯莉：《管理者能力与企业风险承担》，载于《中国软科学》2016 年第 5 期。

［34］何瑛、张大伟：《管理者特质、负债融资与企业价值》，载于《会计研究》2015 年第 8 期。

［35］侯军岐、计军恒：《技术创新与企业价值增长及评估》，社会科学文献出版社 2008 年版。

［36］侯永庭、王安民、李素萍：《企业国有资产管理模式研究》，山东人民出版社 1996 年版。

［37］胡华夏、洪荭、李真真、肖露璐：《成本粘性刺激了公司研发创新投入吗？》，载于《科学学研究》2017 年第 4 期。

［38］黄茂兴：《论技术选择与经济增长》，北京：社会科学文献出版社 2010 年版。

［39］江轩宇：《政府放权与国有企业创新——基于地方国企金字塔结构视角的研究》，载于《管理世界》2016 年第 9 期。

［40］教育部高教司、高鸿业：《西方经济学（微观部分·第六版）》，北京：中国人民大学出版社 2014 年版。

［41］荆树伟、牛占文：《企业管理创新的概念及内容界定》，载于《中国管理科学》2014 年第 S1 期。

［42］鞠晓生、卢荻、虞义华：《融资约束、营运资本管理与企业创新可持续性》，载于《经济研究》2013 年第 1 期。

［43］康华、王鲁平、王娜：《股权集中度、CEO 激励与企业研发战略——来自我国上市公司的证据》，载于《软科学》2011 年第 10 期。

［44］柯江林、孙健敏、石金涛等：《企业 R&D 团队之社会资本与团队效能关系的实证研究：以知识分享与知识整合为中介变量》，载于《管理世界》2007 年第 3 期。

[45] 李秉成、粟烨:《动态货币政策、投资水平与企业价值波动》,载于《财经论丛》2016年第8期。

[46] 李春涛、宋敏:《中国制造业企业的创新活动:所有制和CEO激励的作用》,载于《经济研究》2010年第5期。

[47] 李健、杨蓓蓓、潘镇:《政府补助、股权集中度与企业创新可持续性》,载于《中国软科学》2016年第6期。

[48] 李婧、贺小刚:《股权集中度与创新绩效:国有企业与家族企业的比较研究》,载于《商业经济与管理》2012年第10期。

[49] 李琳、刘凤委、卢文彬:《基于公司业绩波动性的股权制衡治理效应研究》,载于《管理世界》2009年第5期。

[50] 李琳、张敦力:《分析师跟踪、股权结构与内部人交易收益》,载于《会计研究》2017年第1期。

[51] 李四海、江新峰、宋献中:《高管年龄与薪酬激励:理论路径与经验证据》,载于《中国工业经济》2015年第5期。

[52] 李文贵、余明桂:《民营化企业的股权结构与企业创新》,载于《管理世界》2015年第4期。

[53] 李文洲、冉茂盛、黄俊:《大股东掏空视角下的薪酬激励与盈余管理》,载于《管理科学》2014年第6期。

[54] 李玉虹、马勇:《技术创新与制度创新互动关系的理论探源——马克思主义经济学与新制度经济学的比较》,载于《经济科学》2001年第1期。

[55] 李政、陆寅宏:《国有企业真的缺乏创新能力吗——基于上市公司所有权性质与创新绩效的实证分析与比较》,载于《经济理论与经济管理》2014年第2期。

[56] 黎文靖、孔东民:《信息透明度、公司治理与中小股东参与》,载于《会计研究》2013年第1期。

[57] 厉以宁:《多股制衡有利于完善公司治理结构》,载于《中国证券报》2001年6月22日。

[58] 林山、黄培伦:《组织结构特性与组织知识创新间关系的实证研究框架》,载于《科学学与科学技术管理》2007年第7期。

[59] 刘和旺、郑世林、王宇锋:《所有制类型、技术创新与企业绩效》,载于《中国软科学》2015年第3期。

[60] 刘华芳、杨建君:《异质股东持股、经理人激励与企业自主创

新投入的实证研究》，载于《管理学报》2014年第1期。

[61] 刘渐和、王德应：《股权结构与企业技术创新动力——基于双重代理理论的上市公司实证研究》，载于《西安财经学院学报》2010年第3期。

[62] 刘启亮、罗乐、何威风、陈汉文：《产权性质、制度环境与内部控制》，载于《会计研究》2012年第3期。

[63] 刘瑞明、石磊：《国有企业的双重效率损失与经济增长》，载于《经济研究》2010年第1期。

[64] 刘小禹、孙健敏、周禹：《变革/交易型领导对团队创新绩效的权变影响机制》，载于《管理学报》2011年第6期。

[65] 刘星、刘伟：《监督，抑或共谋？——我国上市公司股权结构与公司价值的关系研究》，载于《会计研究》2007年第6期。

[66] 刘银国、朱龙：《公司治理与企业价值的实证研究》，载于《管理评论》2011年第2期。

[67] 刘运国、吴小云：《终极控制人、金字塔控制与控股股东的"掏空"行为研究》，载于《管理学报》2009年第12期。

[68] 鲁桐、党印：《公司治理与技术创新：分行业比较》，载于《经济研究》2014年第6期。

[69] 鲁桐：《提高国有企业公司治理的途径》，载于《现代国企研究》2011年第5期。

[70] 陆伟、吴晓明：《公司治理对医药企业创新价值创造率的影响机制与实证研究》，载于《工业技术经济》2017年第9期。

[71] 陆正飞、施瑜：《从财务评价体系看上市公司价值决定——"双高"企业与传统企业的比较》，载于《会计研究》2002年第5期。

[72] 逯东、林高、杨丹：《政府补助、研发支出与市场价值——来自创业板高新技术企业的经验证据》，载于《投资研究》2012年第9期。

[73] 栾斌、杨俊：《上市公司技术创新的就业效应——基于高管持股的门槛效应研究》，载于《科学学与科学技术管理》2016年第7期。

[74] 罗建钢：《委托代理：国有资产管理体制创新》，北京：中国财政经济出版社2004年版。

[75] 罗利元、高亮华、刘晓星：《技术创新与经济增长》，山西教育出版社2008年版。

[76] 罗思平、于永达：《技术转移、"海归"与企业技术创新——基

于中国光伏产业的实证研究》，载于《管理世界》2012 年第 11 期。

[77] 罗婷、朱青、李丹：《解析 R&D 投入和公司价值之间的关系》，载于《金融研究》2009 年第 6 期。

[78] 罗正英、李益娟、常昀：《民营企业的股权结构对 R&D 投资行为的传导效应研究》，载于《中国软科学》2014 年第 3 期。

[79] 吕怀立、李婉丽：《控股股东自利行为选择与上市公司股股权制衡关系研究——基于股权结构的内外生双重属性》，载于《管理评论》2010 年第 2 期。

[80] 吕长江、张海平：《股权激励计划对公司投资行为的影响》，载于《管理世界》2011 年第 11 期。

[81] 吕长江、赵宇恒：《国有企业管理者激励效应研究——基于管理者权力的解释》，载于《管理世界》2008 年第 11 期。

[82] 毛其淋、许家云：《中国企业对外直接投资是否促进了企业创新》，载于《世界经济》2014 年第 8 期。

[83] 潘红波、韩芳芳：《纵向兼任高管、产权性质与会计信息质量》，载于《会计研究》2016 年第 7 期。

[84] 齐旭高、齐二石、周斌：《组织结构特征对产品创新团队绩效的跨层次影响——基于中国制造企业的实证研究》，载于《科学学与科学技术管理》2013 年第 3 期。

[85] 曲亮、任国良：《高管薪酬激励、股权激励与企业价值相关性的实证检验》，载于《当代经济科学》2010 年第 5 期。

[86] 任海云：《公司治理对 R&D 投入与企业绩效关系调节效应研究》，载于《管理科学》2011 年第 5 期。

[87] 任海云著：《公司治理、R&D 投入与企业绩效》，中国经济出版社 2013 年版。

[88] 任力：《经济增长中的技术进步机制》，上海社会科学院出版社 2014 年版。

[89] 沈炳珍：《制度与技术协同演化：马克思经济增长理论及其启示》，载于《演化与创新经济学评论》2009 年第 1 期。

[90] 施先旺、刘馨月：《企业的避税行为会促进技术创新吗》，载于《财会月刊》2017 年第 23 期。

[91] 石晓军、王骜然：《独特公司治理机制对企业创新的影响——来自互联网公司双层股权制的全球证据》，载于《经济研究》2017 年第 1 期。

[92] 舒谦、陈治亚：《治理结构、研发投入与公司绩效——基于中国制造型上市公司数据的研究》，载于《预测》2014年第3期。

[93] 隋静、蒋翠侠、许启发：《股权制衡与公司价值非线性异质关系研究——来自中国A股上市公司的证据》，载于《南开管理评论》2016年第1期。

[94] 孙乐强：《马克思劳动价值论的革命意义及当代价值——对非物质劳动论与知识价值论的再思考》，载于《理论探索》2017年第3期。

[95] 孙艳霞：《基于不同视角的企业价值创造研究综述》，载于《南开经济研究》2012年第1期。

[96] 孙永祥、黄祖辉：《上市公司的股权结构与绩效》，载于《经济研究》1999年第12期。

[97] 孙兆斌：《股权集中、股权制衡与上市公司的技术效率》，载于《管理世界》2006年第7期。

[98] 谭洪涛、袁晓星、杨小娟：《股权激励促进了企业创新吗？——来自中国上市公司的经验证据》，载于《研究与发展管理》2016年第2期。

[99] 汤姆·科普兰、蒂姆·科勒等：《价值评估——公司价值的衡量与管理》，北京：电子工业出版社2002年版。

[100] 汤湘希：《基于企业核心竞争力理论的无形资产经营问题研究》，载于《中国工业经济》2004年第1期。

[101] 汤湘希：《我国无形资产会计研究的回眸与展望》，载于《会计之友（下旬刊）》2010年第6期。

[102] 汤业国著：《中国中小上市公司治理与技术创新的关联性研究》，北京：经济科学出版社2013年版。

[103] 唐国平、李龙会：《股权结构、产权性质与企业环保投资——来自中国A股上市公司的经验证据》，载于《财经问题研究》2013年第3期。

[104] 唐清泉、罗党论、王莉：《大股东的隧道挖掘与制衡力量——来自中国市场的经验证据》，载于《中国会计评论》2005年第1期。

[105] 唐宗明、蒋位：《中国上市公司大股东侵害度实证分析》，载于《经济研究》2002年第4期。

[106] 汪利锬、谭云清：《财政补贴、研发投入与企业价值》，载于《会计与经济研究》2016年第4期。

[107] 王红建、李青原、陈雅娜：《盈余管理、经济周期与产品市场

竞争》，载于《会计研究》2015年第9期。

[108] 王建安：《技术创新与制度创新的匹配机制研究——一个理论框架和两个案例分析》，载于《科研管理》2001年第3期。

[109] 王奇波、宋常：《国外关于最优股权结构与股权制衡的文献综述》，载于《会计研究》2006年第1期。

[110] 王小鲁、樊纲、余静文：《中国分省份市场化指数报告2016》，社会科学文献出版社2017年版。

[111] 王燕妮：《高管激励对研发投入的影响研究——基于我国制造业上市公司的实证检验》，载于《科学学研究》2011年第7期。

[112] 王一鸣、杨梅：《企业创新投入、绩效与市场价值的关系——基于中国上市公司数据》，载于《经济问题》2017年第4期。

[113] 王永海、郑忠良：《企业价值与企业价值增长》，载于《光明日报》2006年2月21日第7版。

[114] 温军、冯根福：《异质机构、企业性质与自主创新》，载于《经济研究》2012年第3期。

[115] 文芳、胡玉明：《中国上市公司高管个人特征与R&D投资》，载于《管理评论》2009年第11期。

[116] 吴建祖、肖书锋：《创新注意力转移、研发投入跳跃与企业绩效——来自中国A股上市公司的经验证据》，载于《南开管理评论》2016年第2期。

[117] 吴卫华、万迪昉、吴祖光：《高新技术企业R&D投入强度与企业业绩——基于会计和市场业绩对比的激励契约设计》，载于《经济与管理研究》2014年第5期。

[118] 吴延兵：《国有企业双重效率损失研究》，载于《经济研究》2012年第3期。

[119] 吴延兵：《中国哪种所有制类型企业最具创新性？》，载于《世界经济》2012年第6期。

[120] 吴易风、朱勇：《经济增长理论：马克思经济学与西方经济学的比较》，载于《当代经济研究》2015年第4期。

[121] 吴易风：《经济增长理论：从马克思的增长模型到现代西方经济学家的增长模型》，载于《当代经济研究》2000年第8期。

[122] 吴易风：《马克思的经济增长理论模型》，载于《经济研究》2007年第9期。

［123］夏芸、唐清泉：《我国高科技企业的股权激励与研发支出分析》，载于《证券市场导报》2008年第10期。

［124］肖利平：《公司治理如何影响企业研发投入？——来自中国战略性新兴产业的经验考察》，载于《产业经济研究》2016年第1期。

［125］谢宇：《回归分析》，社会科学文献出版社2013年版。

［126］徐二明、张晗：《中国上市公司国有股权对创新战略选择和绩效的影响研究》，载于《管理学报》2011年第2期。

［127］徐莉萍、辛宇、陈工孟：《股权集中度和股权制衡及其对公司经营绩效的影响》，载于《经济研究》2006年第1期。

［128］徐向艺、张立达：《上市公司股权结构与公司价值关系研究——一个分组检验的结果》，载于《中国工业经济》2008年第4期。

［129］徐向艺、汤业国：《董事会结构与技术创新绩效的关联性研究——来自中国中小上市公司的经验证据》，载于《经济与管理研究》2013年第2期。

［130］徐欣、唐清泉：《R&D投资、知识存量与专利产出——基于专利产出类型和企业最终控制人视角的分析》，载于《经济管理》2012年第7期。

［131］徐欣：《企业技术引进、产权与倒U型绩效——基于中国上市公司的实证研究》，载于《科研管理》2015年第9期。

［132］晏智杰：《灯火集劳动价值学说研究论文集》，北京大学出版社2002年版。

［133］杨典：《公司治理与企业绩效——基于中国经验的社会学分析》，载于《中国社会科学》2013年第1期。

［134］杨风、李卿云：《股权结构与研发投资——基于创业板上市公司的经验证据》，载于《科学学与科学技术管理》2016年第2期。

［135］杨汉明、刘广瑞：《金融发展、两类股权代理成本与过度投资》，载于《宏观经济研究》2014年第1期。

［136］杨慧军、杨建君：《交易型领导、竞争强度、技术创新选择与企业绩效的关系研究》，载于《管理科学》2015年第4期。

［137］杨建君、盛锁：《股权结构对企业技术创新投入影响的实证研究》，载于《科学学研究》2007年第4期。

［138］杨建君、王婷、刘林波：《股权集中度与企业自主创新行为：基于行为动机视角》，载于《管理科学》2015年第2期。

[139] 杨清香、廖甜甜：《内部控制、技术创新与价值创造能力的关系研究》，载于《管理学报》2017 年第 8 期。

[140] 杨清香、俞麟、胡向丽：《不同产权性质下股权结构对投资行为的影响——来自中国上市公司的经验证据》，载于《中国软科学》2010 年第 7 期。

[141] 姚靠华、唐家财、蒋艳辉：《研发投入、研发项目进展与股价波动——基于创业板上市高新技术企业的实证研究》，载于《中国管理科学》2013 年第 S1 期。

[142] 易靖韬、张修平、王化成：《企业异质性、高管过度自信与企业创新绩效》，载于《南开管理评论》2015 年第 6 期。

[143] 于忠泊、田高良、齐保垒、张皓：《媒体关注的公司治理机制——基于盈余管理视角的考察》，载于《管理世界》2011 年第 9 期。

[144] 余津津、朱东辰：《信息不对称条件下企业家组合报酬契约模型初探》，载于《财经论丛（浙江财经大学学报）》2003 年第 5 期。

[145] 翟淑萍、毕晓方：《高管持股、政府资助与高新技术企业研发投资——兼议股权结构的治理效应》，载于《科学学研究》2016 年第 9 期。

[146] 张敦力、阮爱萍：《股权激励、约束机制与业绩相关性——来自中国上市公司的经验证据》，载于《会计与经济研究》2013 年第 1 期。

[147] 张洪辉、夏天、王宗军：《公司治理对我国企业创新效率影响实证研究》，载于《研究与发展管理》2010 年第 3 期。

[148] 张杰、郑文平、新夫：《中国的银行管制放松、结构性竞争和企业创新》，载于《中国工业经济》2017 年第 10 期。

[149] 张其秀、冉毅、陈守明、王桂：《研发投入与公司绩效：股权制衡还是股权集中？——基于国有上市公司的实证研究》，载于《科学学与科学技术管理》2012 年第 7 期。

[150] 张倩倩、周铭山、董志勇：《研发支出资本化向市场传递了公司价值吗？》，载于《金融研究》2017 年第 6 期。

[151] 张蕊：《论新常态下程序理性与结果理性有机融合的企业业绩评价》，载于《会计研究》2015 年第 10 期。

[152] 张蕊、管考磊：《高管薪酬差距会诱发侵占型职务犯罪吗？——来自中国上市公司的经验证据》，载于《会计研究》2016 年第 9 期。

[153] 张信东、郝盼盼：《企业创新投入的原动力：CEO 个人品质还是早年经历——基于 CEO 过度自信品质与早年饥荒经历的对比》，载于《上海财经大学学报》2017 年第 1 期。

[154] 张妍、魏江、彭雪蓉：《组织间网络与创新关系研究述评》，载于《研究与发展管理》2015 年第 2 期。

[155] 张玉娟、汤湘希：《基于熵值—突变级数法的企业创新能力测度——以创业板上市公司为例》，载于《山西财经大学学报》2017 年第 8 期。

[156] 张兆国：《中国上市公司资本结构治理效应研究》，中国财政经济出版社 2004 年版。

[157] 张兆国、康自强、胡延菊：《试析我国上市公司股权结构的治理效应》，载于《中国软科学》2003 年第 12 期。

[158] 章卫东、黄一松、李斯蕾、鄢翔：《信息不对称、研发支出与关联股东认购定向增发股份——来自中国证券市场的经验数据》，载于《会计研究》2017 年第 1 期。

[159] 赵红梅：《企业技术、制度和管理创新的基础及其关系》，载于《经济问题》2006 年第 7 期。

[160] 赵景文、于增彪：《股权制衡与公司经营业绩》，载于《会计研究》2005 年第 12 期。

[161] 赵树宽、余海晴、姜红：《技术标准、技术创新与经济增长关系研究——理论模型及实证分析》，载于《科学学研究》2012 年第 9 期。

[162] 赵旭峰、温军：《董事会治理与企业技术创新：理论与实证》，载于《当代经济科学》2011 年第 3 期。

[163] 周寄中、薛刚：《技术创新风险管理的分类与识别》，载于《科学学研究》2002 年第 2 期。

[164] 周黎安、罗凯：《企业规模与创新：来自中国省级水平的经验证据》，载于《经济学（季刊）》2005 年第 2 期。

[165] 周美华、林斌、林东杰：《管理层权力、内部控制与腐败治理》，载于《会计研究》2016 年第 3 期。

[166] 周艳菊、邹飞、王宗润：《盈利能力、技术创新能力与资本结构——基于高新技术企业的实证分析》，载于《科研管理》2014 年第 1 期。

[167] 周瑜胜、宋光辉：《公司控制权配置、行业竞争与研发投资强度》，载于《科研管理》2016 年第 12 期。

[168] 朱德胜、周晓珮：《股权制衡、高管持股与企业创新效率》，载于《南开管理评论》2016 年第 3 期。

[169] 朱红军、汪辉：《"股权制衡"可以改善公司治理吗？——宏智科技股份有限公司控制权之争的案例研究》，载于《管理世界》2004 年第 10 期。

[170] 朱乃平、朱丽、孔玉生、沈阳：《技术创新投入、社会责任承担对财务绩效的协同影响研究》，载于《会计研究》2014 年第 2 期。

[171] 朱勇：《新增长理论》，商务印书馆 1999 年版。

[172] Arrow K. J. Uncertainty and the welfare economics of medical care [J]. *The American Economic Review*, 1963, 53 (5): 941 – 973.

[173] Acemoglu D., Johnson S., Robinson J. A. The Colonial Origins of Comparative Development: An Empirical Investigation [J]. *The American Economic Review*, 2000, 102 (6): 3077 – 3110.

[174] Acemoglu D. *Introduction to Modern Economic Growth* [M] Princeton: Princeton University Press, 2009.

[175] Acs Z. J., Anselin L., Varga A. Patents and innovation counts as measures of regional production of new knowledge [J]. *Research policy*, 2002, 31 (7): 1069 – 1085.

[176] Admati A. R., Pfleiderer P., Zechner J. Large shareholder activism, risk sharing, and financial market equilibrium [J]. *Journal of Political Economy*, 1994, 102 (Volume 102, Number 6): 1097 – 1130.

[177] Aghion P., Reenen J. V., Zingales L. Innovation and Institutional Ownership [J]. *American Economic Review*, 2013, 103 (1): 277 – 304.

[178] Akerlof G. A.. The Market for "Lemons": Quality Uncertainty and the Market Mechanism [J]. *Quarterly Journal of Economics*, 1970, 84 (3): 488 – 500.

[179] Alchian A. A., Demsetz H. Production, information costs, and economic organization [J]. *The American Economic Review*, 1972, 62 (5): 777 – 795.

[180] Almeida H., Campello M. Financial Constraints, Asset Tangibility, and Corporate Investment [J]. *Review of Financial Studies*, 2007, 20 (5): 1429 – 1460.

[181] Armbruster H., Bikfalvi A., Kinkel S., et al. Organizational in-

novation: The challenge of measuring non-technical innovation in large-scale surveys [J]. *Technovation*, 2008, 28 (10): 644-657.

[182] Arthurs J. D., Hoskisson R. E., Busenitz L. W., et al. Managerial Agents Watching Other Agents: Multiple Agency Conflicts regarding Underpricing in IPO Firms [J]. *Academy of Management Journal*, 2008, 51 (2): 277-294.

[183] Atkinson A. B., Stiglitz J. E. Lectures on Public Economics [J]. *McGrow-Hill, Maidenhead*, 1980.

[184] Balkin D. B., Markman G. D., Gomez-Mejia L. R. Is CEO Pay in High-Technology Firms Related to Innovation? [J]. *Academy of Management Journal*, 2000, 46 (6): 1118-1129.

[185] Battagion M. R., Tajoli L. Ownership Structure, Innovation Process and Competitive Performance: the Case of Italy [J]. *Kites Working Papers*, 1999.

[186] Belloc F. CORPORATE GOVERNANCE AND INNOVATION: A SURVEY [J]. *Journal of Economic Surveys*, 2012, 26 (5): 835-864.

[187] Berglöf E., Claessens S. Corporate Governance and Enforcement. Word Bank Policy Research Working Paper 3409. September 2004.

[188] Berle A. A., Means G. C. *The modern corporation and private property* [M]. New York: Macmillan Company, 1932.

[189] Bertrand M., Schoar A. Managing with style: The effect of managers on firm policies [J]. *The Quarterly Journal of Economics*, 2003, 118 (4): 1169-1208.

[190] Bianchini S., Krafft J., Quatraro F., et al. *Corporate Governance, Innovation and Firm Age: Insights and New Evidence* [R]. Groupe de REcherche en Droit, Economie, Gestion (GREDEG CNRS), University of Nice Sophia Antipolis, 2015.

[191] Birkinshaw J., Mol M. How Management Innovation Happens [J]. *Sloan Management Review*, 2006, 47 (4): 81-88.

[192] Bodnaruk A., Massa M., Simonov A. Alliances and cor-porate governance [J]. *Journal of Financial Economics*, 2013, 107 (3): 671-693.

[193] Bogliacino F., Prato G. D., Nepelski D. Ownership Structure and

R&D Orientation in ICT Groups [J]. *Eurasian Business Review*, 2013, 3 (2): 164 – 178.

[194] Bosworth D., Rogers M. Market Value, R&D and Intellectual Property: An Empirical Analysis of Large Australian Firms [J]. *Economic Record*, 2010, 77 (239): 323 – 337.

[195] Boubakri N., Cosset J., Saffar W., et al. The Role of State and Foreign Owners in Corporate Risk—Taking: Evidence from Privatization [J]. *Journal of Financial Economics*, 2013, 108 (3): 641 – 658.

[196] Bronwyn H. Hall, Raffaele Oriani. Does the market value R&D investment by European firms? Evidence from a panel of manufacturing firms in France, Germany, and Italy [J]. *International Journal of Industrial Organization*, 2006, 24 (5): 971 – 993.

[197] Cabrera A., Cabrera E. F. Knowledge-sharing dilemmas [J]. *Organization Studies*, 2002, 23 (5): 687 – 710.

[198] Carayannis E. G. Measuring firm innovativeness: towards a composite innovation index built on firm innovative posture, propensity and performance attributes [J]. *International Journal of Innovation & Regional Development*, 2008, 1 (1): 90 – 107.

[199] Cass D. Optimum Growth in an Aggregative Model of Capital Accumulation [J]. *Review of Economic Studies*, 1965, 32 (32): 233 – 240.

[200] Chan S. H., Martin J. D., Kensinger J. W. Corporate research and development expenditures and share value [J]. *Journal of Financial Economics*, 1990, 26 (2): 255 – 276.

[201] Chang S. C., Chen S. S., Lin C. W. The influence of corporate internal governance on the wealth effect of R&D expenditure increases [J]. *NBER Working Paper. NBER*, 2008.

[202] Chen H. L., Huang Y. S. Employee stock ownership and corporate R&D expenditures: evidence from Taiwan's information-technology industry [J]. *Asia Pacific Journal of Management*, 2006, 23 (3): 369 – 384.

[203] Chen I. S., Chen J. K. Present and future: a trend forecasting and ranking of university types for innovative development from an intellectual capital perspective [J]. *Quality & Quantity International Journal of Methodology*, 2013, 47 (1): 335 – 352.

[204] Chen V. Z. , Li J. , Shapiro D. M. Ownership structure and innovation: An emerging market perspective [J]. *Asia Pacific Journal of Management*, 2014, 31 (1): 1 - 24.

[205] Chung K. H. , Wright P. , Kedia B. Corporate governance and market valuation of capital and R&D investments [J]. *Review of Financial Economics*, 2003, 12 (2): 161 - 172.

[206] Coase R. H. The Problem of Social Cost [J]. *Journal of Law & Economics*, 1960, 56 (4): 837 - 877.

[207] Coles J. L. , Daniel N. D. , Naveen L. Managerial incentives and risk-taking [J]. *Journal of financial Economics*, 2006, 79 (2): 431 - 468.

[208] Comanor W. S. , Scherer F. M. Patent Statistics as a Measure of Technical Change [J]. *Journal of Political Economy*, 1969, 77 (3): 392 - 398.

[209] Daft R L. A. Dual - Core Model of Organizational Innovation [J]. *Academy of Management Journal*, 1978, 21 (2): 193 - 210.

[210] Damanpour F. , Evan W. M. Organizational Innovation and Performance: The Problem of "Organizational Lag" [J]. *Administrative Science Quarterly*, 1984, 29 (3): 392 - 409.

[211] Damanpour F. Organizational Innovation: A Meta - Analysis Of Effects Of Determinants and Moderators [J]. *Academy of Management Journal*, 1991, 34 (3): 555 - 590.

[212] Dasgupta P. , Stiglitz J. Industrial Structure and the Nature of Innovative Activity [J]. *Economic Journal*, 1980, 90 (358): 266 - 293.

[213] David P. , Hitt M A, Gimeno J. The Influence of Activism by Institutional Investors on R&D [J]. *Academy of Management Journal*, 2001, 44 (1): 144 - 157.

[214] Demsetz H. Toward a Theory of Property Rights [J]. *American Economic Review*, 1967, 57 (2): 347 - 359.

[215] Deng Z. , Hofman P. S. , Newman A. Ownership concentration and product innovation in Chinese private SMEs [J]. *Asia Pacific Journal of Management*, 2013, 30 (3): 717 - 734.

[216] Deng Z. , Lev B. , Narin F. Science and technology as predictors of stock performance [J]. *Financial Analysts Journal*, 1999, 55 (3): 20 - 32.

［217］Domar E. D. Capital Expansion, Rate of Growth, and Employment ［J］. *Econometrica*, 1946, 14 (2): 137 – 147.

［218］Duqi A., Jaafar A., Torluccio G., et al. Mispricing and Risk of R&D Investment in European Firms ［J］. *European Journal of Finance*, 2015, 21 (5): 444 – 465.

［219］E. Han Kim, Yao Lu. CEO ownership, external governance, and risk-taking ［J］. *Journal of Financial Economics*, 2011, 102 (2): 272 – 292.

［220］Edmans A., Manso G. Governance Through Trading and Intervention: A Theory of Multiple Blockholders ［J］. *Review of Financial Studies*, 2011, 24 (7): 2395 – 2428.

［221］Ehie I. C., Olibe K. The effect of R&D investment on firm value: An examination of US manufacturing and service industries ［J］. *International Journal of Production Economics*, 2010, 128 (1): 127 – 135.

［222］Faccio M., Lang L. H. P. The ultimate ownership of Western European corporations ［J］. *Journal of financial economics*, 2002, 65 (3): 365 – 395.

［223］Faccio M., Marchica M. T., Mura R. Large Shareholder Diversification and Corporate Risk – Taking ［J］. *Review of Financial Studies*, 2011, 24 (11): 3601 – 3641.

［224］Falk M. Quantile estimates of the impact of R&D intensity on firm performance ［J］. *Small Business Economics*, 2012, 39 (1): 19 – 37.

［225］Fisher I. *The Nature of Capital and Income* ［M］. New York: Macmillan, 1906.

［226］Fong E. A. Relative CEO underpayment and CEO behaviour towards R&D spending ［J］. *Journal of Management Studies*, 2010, 47 (6): 1095 – 1122.

［227］Freeman C. *The Economics of industrial innovation* ［M］. Cambridge: The MIT Press, 1982.

［228］Freeman C. The economics of technical change ［J］. *Cambridge Journal of Economics*, 1994, 18 (5): 463 – 514.

［229］Galasso A., Simcoe T S. CEO Overconfidence and Innovation ［J］. *Management Science*, 2011, 57 (8): 1469 – 1484.

［230］Galbraith J. K.. American Capitalism: The Concept of Countervailing Power, Boston: Houghton Mifflin. 1952.

[231] Gayle P. G. Market concentration and innovation: New empirical evidence on the Schumpeterian hypothesis [J]. *Discussion Papers in Economics*, *working paper* No. 01 – 14, Center for Economic Analysis, University of Colorado. 2001.

[232] Gedajlovic E. R., Shapiro D. M. Management and Ownership Effects: Evidence from Five Countries [J]. *Strategic Management Journal*, 1998, 19 (6): 533 – 553.

[233] Gerlach H. A., Rønde T., Stahl K. PROJECT CHOICE AND RISK IN R&D? [J]. *The Journal of Industrial Economics*, 2005, 53 (1): 53 – 81.

[234] Giroud X, Mueller H. M. Does Corporate Governance Matter in Competitive Industries? [J]. *Journal of Financial Economics*, 2010, 95 (3): 312 – 331.

[235] Gomes A., Novaes W. Sharing of Control Versus Monitoring as Corporate Governance Mechanisms [J]. *Unpublished Working Paper*, 2006, 12 (8 – 9): 1309 – 1327.

[236] Gompers P., Ishii J., Metrick A. Corporate Governance and Equity Prices [J]. *Quarterly Journal of Economics*, 2003, 118 (1): 107 – 156.

[237] Gormley T. A., Matsa D. A., Milbourn T. CEO compensation and corporate risk: Evidence from a natural experiment [J]. *Social Science Electronic Publishing*, 2013, 56 (2 – 3): 79 – 101.

[238] Graves S. B. Institutional ownership and corporate R&D in the computer industry [J]. *Academy of management journal*, 1988, 31 (2): 417 – 428.

[239] Griliches Z. Issues in Assessing the Contribution of Research and Development to Productivity Growth [J]. *Bell Journal of Economics*, 1979, 10 (1): 92 – 116.

[240] Gu F., Wang W. Intangible Assets, Information Complexity, and Analysts' Earnings Forecasts [J]. *Journal of Business Finance & Accounting*, 2005, 32 (9): 1673 – 1702.

[241] Guadalupe M., Kuzmina O., Thomas C., et al. Innovation and Foreign Ownership [J]. *The American Economic Review*, 2012, 102 (7): 3594 – 3627.

[242] Guth W. D., Ginsberg A. Guest Editors' Introduction: Corporate Entrepreneurship [J]. *Strategic Management Journal*, 1990, 11 (special issue): 5-15.

[243] Hall B. H., Oriani R. Does the market value R&D investment by European firms? Evidence from a panel of manufacturing firms in France, Germany, and Italy [J]. *International Journal of Industrial Organization*, 2006, 24 (5): 971-993.

[244] Hall B. H. The Stock Market's Valuation of R&D Investment During the 1980's [J]. *American Economic Review*, 1993, 83 (2): 259-264.

[245] Han B. H., Manry D. The value-relevance of R&D and advertising expenditures: Evidence from Korea [J]. *International Journal of Accounting*, 2004, 39 (2): 155-173.

[246] Hanson R. C., Song M. H. Managerial ownership, board structure, and the division of gains in divestitures [J]. *Journal of Corporate Finance*, 2000, 6 (1): 55-70.

[247] Harrod R. An Essay in Dynamic Theory [J]. *Economic Journal*, 1939, 49 (193): 14-33.

[248] Hecker A., Ganter A. The Influence of Product Market Competition on Technological and Management Innovation: Firm-Level Evidence from a Large-Scale Survey [J]. *European Management Review*, 2013, 10 (1): 17-33.

[249] Herz H., Schunk D., Zehnder C. How do judgmental overconfidence and overoptimism shape innovative activity? [J]. *Games and Economic Behavior*, 2014, 83: 1-23.

[250] Hill R. C., Levenhagen M. Metaphors and mental mod-els: Sensemaking and sensegiving in innovative and entrepreneurial activities [J]. *Journal of Management*, 1995, 21 (6): 1057-1074.

[251] Hillier D., Pindado J., Queiroz V. D., et al. The impact of country-level corporate governance on research and development [J]. *Journal of International Business Studies*, 2011, 42 (1): 76-98.

[252] Hirschey M., Weygandt J. J. Amortization Policy for Advertising and Research and Development Expenditures [J]. *Journal of Accounting Research*, 1985, 23 (1): 326-335.

[253] Hirshleifer D. A., Low A., Teoh S. H., et al. Are Overconfident CEOs Better Innovators [J]. Journal of Finance, 2012, 67 (4): 1457 - 1498.

[254] Hitt M. A., Hoskisson R. E., Johnson R. A., et al. The Market for Corporate Control and Firm Innovation [J]. Academy of Management Journal, 1996, 39 (5): 1084 - 1119.

[255] Holderness C. G., Sheehan D. P. The role of majority shareholders in publicly held corporations: An exploratory analysis [J]. Journal of Financial Economics, 1988, 20 (1 - 2): 317 - 346.

[256] Holmstrom B. Agency Cost and Innovation [J]. Journal of Economic Behavior & Organization, 1989, 12 (3): 305 - 327.

[257] Hoskisson R. E., Hitt M. A., Hill C. W., et al. Managerial Incentives and Investment in R&D in Large Multiproduct Firms [J]. Organization Science, 1993, 4 (2): 325 - 341.

[258] Hoskisson R. E., Turk T. A. Corporate Restructuring: Governance and Control Limits of the Internal Capital Market [J]. Academy of Management Review, 1990, 15 (3): 459 - 477.

[259] Hoskisson R. E., Hitt M. A., Ireland R. D. Strategic management: Competitiveness and globalization [M]. St. Paul: West, 1997.

[260] Hoskisson R. E., Hitt M. A., Johnson R A, et al. Conflicting Voices: The Effects of Institutional Ownership Heterogeneity and Internal Governance on Corporate Innovation Strategies [J]. Academy of Management Journal, 2002, 45 (4): 697 - 716.

[261] Hsieh P. H., Mishra C. S., Gobeli D. H. The return on R&D versus capital expenditures in pharmaceutical and chemical industries [J]. IEEE Transactions on Engineering Management, 2003, 50 (2): 141 - 150.

[262] Hsu P., Tian X., Xu Y., et al. Financial Development and Innovation: Cross - Country Evidence [J]. Journal of Financial Economics, 2014, 112 (1): 116 - 135.

[263] Hu A. G. Ownership, Government R&D, Private R&D, and Productivity in Chinese Industry [J]. Journal of Comparative Economics, 2001, 29 (1): 136 - 157.

[264] Ireland R. D., Hitt M. A., Sirmon D. G. A model of strategic en-

trepreneurship: The construct and its dimensions [J]. *Journal of management*, 2003, 29 (6): 963 – 989.

[265] Jefferson G. H., Huamao B., Xiaojing G., et al. R&D Performance in Chinese industry [J]. *Economics of Innovation and New Technology*, 2006: 345 – 366.

[266] Jeffrey L. Coles, Naveen D. Daniel, Lalitha Naveen. Managerial incentives and risk-taking [J]. *Journal of Financial Economics*, 2006, 79 (2): 431 – 468.

[267] Jensen M. B., Meckling W. H., Blomberg Jensen M, et al. Theory of the firm: managerial behavior, agency cost and ownership structure [J]. *Social Science Electronic Publishing*, 1976, 3 (4): 305 – 360.

[268] Jensen M. C., Meckling W. H. Theory of the firm: Managerial behavior, agency costs and ownership structure [J]. *Journal of financial economics*, 1976, 3 (4): 305 – 360.

[269] Johnson L. D., Pazderka B. Firm value and investment in R&D [J]. *Managerial and Decision Economics*, 1993, 14 (1): 15 – 24.

[270] Schumpeter J. A. The Theory of Economic Development: An Inquiry into Profits, Capital, Credit, Interest, and the Business Cycle [J]. *Social Science Electronic Publishing*, 1934, 25 (1): 90 – 91.

[271] Kahn C., Winton A. Ownership structure, speculation, and shareholder intervention [J]. *The Journal of Finance*, 1998, 53 (1): 99 – 129.

[272] Kaplan A. D. H. *Big enterprise in a competitive system* [M]. Brooking Institution, 1954.

[273] Laeven L., Levine R. Beyond the biggest: Do other large shareholders influence corporate valuations [J]. *Unpublished working paper. University of Minnesota*, 2004.

[274] Lakonishok J., Sougiannis T. The Stock Market Valuation of Research and Development Expenditures [J]. *Journal of Finance*, 2001, 56 (6): 2431 – 2456.

[275] Lawson B., Samson D. Developing innovation capabili-ty in organizations: A dynamic capabilities approach [J]. *International Journal of Innovation Management*, 2001, 5 (3): 377 – 400.

[276] Lazonick W. Business organization and the myth of the market economy [M], New York: Cambridge University Press, 1993, 199-202.

[277] Lazonick W. The US stock market and the governance of innovative enterprise [J]. Industrial & Corporate Change, 2007, 16 (6): 983-1035.

[278] Lee P. M., O'Neill H. M. Ownership Structures and R&D Investments of U. S. and Japanese Firms: Agency and Stewardship Perspectives [J]. Academy of Management Journal, 2003, 46 (2): 212-225.

[279] Lerner J., Wulf J. Innovation and Incentives: Evidence from Corporate R&D [J]. Review of Economics & Statistics, 2006, 89 (4): 634-644.

[280] Lev B., Sougiannis T. Penetrating the Book-to-Market Black Box: The R&D Effect [J]. Journal of Business Finance & Accounting, 1999, 26 (3-4): 419-449.

[281] Lev B., Sougiannis T. The capitalization, amortization, and value-relevance of R&D [J]. Journal of Accounting & Economics, 1996, 21 (1): 107-138.

[282] Lhuillery S. The Impact of Corporate Governance Practices on R&D Intensities of Firms: An Econometric Study on French Largest Companies [R]. Switzerland: EPFL, Working Paper, 2006.

[283] Lin B. W., Lee Y., Hung S. C. R&D intensity and commercialization orientation effects on financial performance [J]. Journal of Business Research, 2006, 59 (6): 679-685.

[284] Lin C., Lin P., Song F. M., et al. Managerial incentives, CEO characteristics and corporate innovation in China's private sector [J]. Journal of Comparative Economics, 2011, 39 (2): 176-190.

[285] Lin C., Lin P., Song F. Property rights protection and corporate R&D: Evidence from China [J]. Journal of Development Economics, 2010, 93 (1): 49-62.

[286] Lin Y. F. Corporate Governance, Leadership Structure and CEO Compensation: evidence from Taiwan [J]. Corporate Governance An International Review, 2005, 13 (6): 824-835.

[287] Lin C., Lin P., Song F. M., et al. Managerial incentives, CEO characteristics and corporate innovation in China's private sector [J]. Journal

of Comparative Economics, 2009, 39 (2): 176 – 190.

[288] Lundstrum L. L. Corporate investment myopia: a horserace of the theories [J]. Journal of Corporate Finance, 2002, 8 (4): 353 – 371.

[289] Luong H., Moshirian F., Nguyen L., et al. *Do Foreign Institutional Investors Enhance Firm Innovation*? Working Paper, 2014.

[290] Makri M., Lane P. J., Gomez – Mejia L R. CEO incentives, innovation, and performance in technology-intensive firms: a reconciliation of outcome and behavior-based incentive schemes [J]. *Strategic Management Journal*, 2006, 27 (11): 1057 – 1080.

[291] Malerba F., Orsenigo L. Schumpeterian Patterns of Innovation [J]. Cambridge Journal of Economics, 1995, 19 (1): 47 – 65.

[292] Maury B., Pajuste A. Multiple large shareholders and firm value [J]. Journal of Banking & Finance, 2005, 29 (7): 1813 – 1834.

[293] Mazzanti M., Pini P., Tortia E. Organizational innovations, human resources and firm performance: The Emilia – Romagna food sector [J]. Journal of Socio-Economics, 2006, 35 (1): 123 – 141.

[294] Megginson W. L. *The financial economics of privatization* [M]. Oxford University Press on Demand, 2005.

[295] Miller M. H., Modigliani F. Dividend Policy, Growth, and the Valuation of Shares [J]. Journal of Business, 1961, 34 (4): 411 – 433.

[296] Miozzo M., Dewick P. Building competitive advantage: innovation and corporate governance in European construction [J]. *Research Policy*, 2002, 31 (6): 989 – 1008.

[297] Mirrlees J. A. The Optimal Structure of Incentives and Authority within an Organization [J]. *Bell Journal of Economics*, 1976, 7 (1): 105 – 131.

[298] Mishra D. R. Multiple Large Shareholders and Corporate Risk Taking: Evidence from East Asia [J]. *Corporate Governance An International Review*, 2011, 19 (6): 507 – 528.

[299] Modigliani F., Miller M H. The Cost of Capital, Corporation Finance and the Theory of Investment [J]. *American Economic Review*, 1958, 48 (3): 261 – 297.

[300] Mohamed M., Stankosky M., Murray A. Applying knowl-edge management principles to enhance cross-functional team performance [J]. *Jour-*

nal of Knowledge Management, 2004, 8 (3): 127 - 142.

[301] Monte A. D. , Papagni E. R&D and the growth of firms: empirical analysis of a panel of Italian firms [J]. Research Policy, 2003, 32 (6): 1003 - 1014.

[302] Myers S. , Marquis D. G. Successful industrial innovation: a study of factors underlying innovation in selected firms. Washington: National Science Foundation.

[303] Nagar V. , Petroni K. , Wolfenzon D. Governance Problems in Closely Held Corporations [J]. Journal of Financial & Quantitative Analysis, 2011, 46 (4): 943 - 966.

[304] Negassi S. , Hung T. Y. The nature of market competition and innovation: does competition improve innovation output? [J]. Economics of Innovation & New Technology, 2014, 23 (1): 63 - 91.

[305] Nelson R. R. , Winter S. G. In search of useful theory of innovation [J]. Research Policy, 1977, 6 (1): 36 - 76.

[306] Nonaka I. , Konno N. The concept of "Ba": Building afoundation for knowledge creation [J]. Knowledge Man-agement: Critical Perspectives on Business and Management, 2005, 2 (3): 53 - 60.

[307] North D. C. Economic Performance Through Time [J]. The American Economic Review. 1994, 84 (3): 359 - 368.

[308] North D. C. Institutions, institutional change, and economic performance [M]. Cambridge University Press, 1990.

[309] North D. C. Institutions, transaction costs and economic growth [J]. Economic Inquiry, 1987, 25 (3): 419 - 428.

[310] North D. C. , Knight J. Explaining Economic Change: The Interplay Between Cognition and Institutions [J]. Legal Theory, 1997, 3 (3): 211 - 226.

[311] O'Driscoll G. P. , Rizzo M. J. , Garrison R W. The economics of time and ignorance [M]. Oxford and New York: Blackwell, 1985.

[312] Olivier B. , Stéphanie L, Erdem S M. Ownership struc-tures and R&D in Europe: The good institutional in-vestors, the bad and ugly impatient shareholders [J]. Industrial and Corporate Change, 2013, 22 (4): 1031 - 1068.

[313] Ortega-Argilés R., Moreno R., Caralt J. S. Ownership structure and innovation: Is there a real link [J]. *Annals of Regional Science*, 2005, 39 (4): 637-662.

[314] O'Sullivan M. The innovative enterprise and corporate governance [J]. *Cambridge Journal of Economics*, 2000, 24 (4): 393-416.

[315] Penrose E. T. *The Theory of Growth of The Firm* [M]. Oxford University Press, 1995.

[316] PMI, *A Guide to the Project Management Body of Knowledge* [M]. Newtown Square, Pennsylvania, USA: Project Man-agement Institute, 2000.

[317] Porta R. L, Lopez-De-Silanes F, Shleifer A. Corporate Ownership Around the World [J]. *Nber Working Papers*, 1999, 54 (2): 471-517.

[318] Porta R., Shleifer A. Corporate Ownership Around the World [J]. *The Journal of Finance*, 1999, 54 (2): 471-517.

[319] Porter M. E. Clusters and the new economics of competition. [J]. *Harvard Business Review*, 1998, 76 (6): 77.

[320] Porter M. E. *Competitive Advantage* [M]. New York: Free Press, 1985.

[321] Prahalad C. K., Hamel G. The Core Competence of the Corporation [J]. *Harvard Business Review*, 1990, 68 (3): 275-292.

[322] Priem R. L., Lyon D. W., Dess G. G. Inherent limitations of demographic proxies in top management team heterog eneity research [J]. *Journal of Management*, 1999, 25 (6): 935-953.

[323] Qian Y., Xu C. Innovation and Bureaucracy Under Soft and Hard Budget Constraints [J]. *Review of Economic Studies*, 2010, 65 (1): 151-164.

[324] Rafferty M., O'Connor M L. Corporate Governance and Innovation [J]. *Journal of Financial and Quantitative Analysis*, 2012, 47 (2): 397-413.

[325] Rajan R. G. Insiders and Outsiders: The Choice between Informed and Arm's—Length Debt [J]. *Journal of Finance*, 1992, 47 (4): 1367-1400.

[326] Rappaport A. *Creating shareholder value: the new standard for business performance* [M]. Free Press, Collier Macmillan, 1986.

[327] Rayport J. F. , Sviokla J. J. Exploiting the Virtual Value Chain [J]. *Harvard Business Review*, Nov – Dec. 1995: 75 – 85.

[328] Richard A. D. , Robert Gunther. *Hypercompetitive rivalries: Competing in highly dynamic environments* [M]. Washington, D. C. : Free Pr, 1995.

[329] Richardson S. Over-investment of free cash flow [J]. *Review of Accounting Studies*, 2006, 11 (2 – 3): 159 – 189.

[330] Romer P. M. Endogenous Technological Change [J]. *Journal of Political Economy*, 1990, 98 (5): S71 – S102.

[331] Romero I. , Martínez-Román J A. Self-employment and innovation. Exploring the determinants of innovative behavior in small businesses [J]. *Research Policy*, 2012, 41 (1): 178 – 189.

[332] Anderson R. C. , Reeb D. M. Founding – Family Ownership and Firm Performance: Evidence from the S&P 500 [J]. *Journal of Finance*, 2003, 58 (3): 1301 – 1328.

[333] Sah R. K. , Stiglitz J. E. The Quality of Managers in Centralized Versus Decentralized Organizations [J]. *Quarterly Journal of Economics*, 1991, 106 (1): 289 – 295.

[334] Sanchez R. Strategic flexibility in product competition [J]. *Strategic Management Journal*, 1995, 16 (S1): 135 – 159.

[335] Sanders W. G. , Carpenter M. A. Strategic satisficing? A behavioral-agency theory perspective on stock repurchase program announcements [J]. *Academy of Management Journal*, 2003, 46 (2): 160 – 178.

[336] Scherer F. M. Firm Size, Market Structure, Opportunity, and the Output of Patented Inventions [J]. *American Economic Review*, 1965, 55 (5): 1097 – 1125.

[337] Schumpeter J. A. *Change and Entrepreneur* [M], Cambridge, Mass. : Harvard Universtiy Press, 63 – 84.

[338] Schumpeter J. A. *The Theory of Economic Development* [M]. New Brunswick, NJ: Transaction Publishers, 1996.

[339] Shi C. On the trade-off between the future benefits and riskiness of R&D: a bondholders' perspective [J]. *Journal of Accounting & Economics*, 2003, 35 (2): 227 – 254.

[340] Shleifer A., Vishny R. W. A Survey of Corporate Governance [J]. *Journal of Finance*, 1997, 52 (2): 737-783.

[341] Shleifer A., Vishny R. W. Large Shareholders and Corporate Control [J]. *Journal of Political Economy*, 1986, 94 (3): 461-488.

[342] Shleifer A., Vishny R. W. Politicians and Firms [J]. *Quarterly Journal of Economics*, 1994, 109 (4): 995-1025.

[343] D. J. Smyth, J. M. Samuels, J. Tzoannos. Patents, profitability, liquidity and firm size [J]. *Applied Economics*, 1972, 4 (1): 77-86.

[344] Solow R. M. A Contribution to the Theory of Economic Growth [J]. *Quarterly Journal of Economics*, 1956, 70 (1): 65-94.

[345] Solow R. M. Technical Change and the Aggregate Production Function [J]. *Review of Economics & Statistics*, 1957, 39 (3): 554-562.

[346] Sougiannis T. The Accounting Based Valuation of Corporate R&D [J]. *Accounting Review*, 1994, 69 (1): 44-68.

[347] Spence M., Zeckhauser R. 20 - Insurance, Information, and Individual Action [J]. *American Economic Review*, 1971, 61 (2): 380-387.

[348] Spence M. Job Market Signaling [J]. *Quarterly Journal of Economics*, 1973, 87 (3): 355-374.

[349] Stock R. M., Six B., Zacharias N. A. Linking multiple layers of innovation-oriented corporate culture, product program innovativeness, and business performance: a contingency approach [J]. *Journal of the Academy of Marketing Science*, 2013, 41 (3): 283-299.

[350] Stopford J. M., Baden-Fuller C W F. Creating corporate entrepreneurship [J]. *Strategic Management Journal*, 2010, 15 (7): 521-536.

[351] Su Y., Xu D., Phan P. H. Principal-Principal Conflict in the Governance of the Chinese Public Corporation [J]. *Management & Organization Review*, 2008, 4 (1): 17-38.

[352] Tobin J. A General Equilibrium Approach To Monetary Theory [J]. *Journal of Money Credit & Banking*, 1969, 1 (1): 15-29.

[353] Tosi H. L., Werner S., Katz J. P., et al. How much does performance matter? A meta-analysis of CEO pay studies [J]. *Journal of Management*, 2000, 26 (2): 301-339.

[354] Tseng C. Y., Wu Z. J., Lin C Y. Corporate Governance and Inno-

vation Ability: Empirical Study of Taiwanese Electronics Manufactures [J]. *International Business Research*, 2013, 6 (7): 70.

[355] Vaccaro I. G. , Jansen J. J. P. , Bosch F. A. J. V. D. , et al. Management Innovation and Leadership: The Moderating Role of Organizational Size [J]. *Journal of Management Studies*, 2012, 49 (1): 28 - 51.

[356] Veblen T. *The theory of business enterprise* [M], New York: C. Scribner's Sons. 1904.

[357] Vito J. D. , Laurin C. , Bozec Y. R&D activity in Canada: does corporate ownership structure matter? [J]. *Canadian Journal of Administrative Sciences*, 2010, 27 (2): 107 - 121.

[358] Wahal S. , Mcconnell J. J. Do institutional investors exacerbate managerial myopia? [J]. *Journal of Corporate Finance*, 2000, 6 (3): 307 - 329.

[359] Wakelin K. Productivity growth and R&D expenditure in UK manufacturing firms [J]. *Research Policy*, 2001, 30 (7): 1079 - 1090.

[360] Weinstein D. E. , Yafeh Y. On the Costs of a Bank-Centered Financial System: Evidence from the Changing Main Bank Relations in Japan [J]. *Journal of Finance*, 1998, 53 (2): 635 - 672.

[361] Woodman R. W. , Sawyer J. E. , Griffin R. W. Toward a theory of organizational creativity [J]. *Academy of Man-agement Review*, 1993, 18 (2): 293 - 321.

[362] Wu J. , Tu R. CEO stock option pay and R&D spending: a behavioral agency explanation ☆ [J]. *Journal of Business Research*, 2007, 60 (5): 482 - 492.

[363] Wu J. , Xu D, Phan P H. The effects of ownership concentration and corporate debt on corporate divesti-tures in Chinese listed firms [J]. *Asia Pacific Journal of Management*, 2011, 28 (1): 95 - 114.

[364] Xu B. R&D Progress, stock price volatility, and post-announcement drift: An empirical investigation into biotech firms [J]. *Review of Quantitative Finance & Accounting*, 2006, 26 (4): 391 - 408.

[365] Xu X. , Wang Y. Ownership structure and corporate governance in Chinese stock companies [J]. *China Economic Review*, 1999, 10 (1): 75 - 98.

[366] Xue Y. F. Make or buy new technology: The role of CEO compen-

sation contract in a firm's route to innovation [J]. *Review of Accounting Studies*, 2007, 12 (4): 659 - 690.

[367] Zahra S. A., Neubaum D. O., Huse M. Entrepreneurship in medium-size companies: Exploring the effects of ownership and governance systems [J]. *Journal of management*, 2000, 26 (5): 947 - 976.

[368] Zahra S. A., Neubaum D. O., Huse M. Entrepreneurship in medium-size companies: Exploring the effects of ownership and governance systems [J]. *Journal of Management*, 2000, 26 (5): 947 - 976.

[369] Zhang A., Zhang Y., Zhao R. A study of the R&D efficiency and productivity of Chinese firms [J]. *Journal of Comparative Economics*, 2003, 31 (3): 444 - 464.

[370] Zhang G. Ownership concentration, risk aversion and the effect of financial structure on investment decisions [J]. *European Economic Review*, 1998, 42 (9): 1751 - 1778.

[371] Zhang W. Decision rights, residual claim and performance: a theory of how the Chinese state enterprise reform works [J]. *China Economic Review*, 1997, 8 (1): 67 - 82.

[372] Zwiebel J. Block Investment and Partial Benefits of Corporate Control [J]. *Review of Economic Studies*, 1995, 62 (2): 161 - 185.